BIBLIOTECA DE FILOSOFÍA DEL DERECHO

CARLOS ALARCÓN CABRERA
**(Director)**

Carlos Antonio Agurto Gonzáles
Sonia Lidia Quequejana Mamani
Benigno Choque Cuenca
**(Coordinadores Generales)**

GIUSEPPE CIMBALI
Profesor de la Universidad de Roma "La Sapienza"
(Italia)

# EL DERECHO DEL MÁS FUERTE

EDICIÓN AL CUIDADO DE
CARLOS ANTONIO AGURTO GONZÁLES
SONIA LIDIA QUEQUEJANA MAMANI
BENIGNO CHOQUE CUENCA

Ediciones Olejnik

EL DERECHO DEL MÁS FUERTE


© Ediciones Olejnik
Huérfanos 611, Santiago-Chile
E-mail: contacto@edicionesolejnik.com
Web site: http://www.edicionesolejnik.com

Traducción de JOSÉ BUIXÓ MONSERDA

Primera edición en Ediciones Olejnik: 2023

ISBN: 978-956-407-324-8

Diseño de Carátula: Ena Zuñiga
Diagramación: Janett Ruiz Rebaza



Impreso en Argentina 2023 Printed in Argentina

# ÍNDICE



## APÉNDICE
## POR EL DERECHO DEL MÁS FUERTE
### Polémica con la *Critica Sociale*

«La desigualdad de las facultades ¿qué ha de traer consigo? Ha de traer una desigualdad en la materia de los derechos, es decir, que uno que posea mayor copia de bienes, goce más amplia esfera de libertad, sea más poderoso y otro menos.»

Spedalieri, *Diritti dell'uomo.* Lib. 1.º, cap. 7.º, § 9.

## A Miguel Carnato

Es posible que no lo hayas advertido, pero este mes señala una fecha especial para nosotros: en él se cumple el primer decenio de nuestra amistad. ¿Te acuerdas? En mayo de 1880, allá abajo, en el dulce ambiente universitario napolitano, fue cuando empezó a echar aquellas sólidas raíces que la han ayudado a crecer hermosa y lozana hasta ahora, y que así la conservarán hasta nuestro último suspiro, a pesar de la envidiosa lejanía.

Entonces (también lo recordarás) estaba yo envuelto en la más medioeval oscuridad, pero nada te importaba esto: tu gran cariño te hacía considerar como hecho lo que yo me proponía hacer; soñando con los ojos abiertos, creías también que ya era lo que solo en un porvenir lejano habría podido ser. De este modo saqué de ti, de tu confiada, clarividente y desmesurada simpatía, aquel tuerte y noble alentamiento necesario para que, a través de las dificultades más increíbles, no desesperase de mí y llegase a conducir a puerto, si no todo, buena parte de mi programa. Dichoso yo si durante este tiempo, no he defraudado de algún modo las altas esperanzas que entonces cifrabas tú solo en mi pobre persona.

Inútil es que trate de expresarte cuánta es mi gratitud por todo esto: el bien que te he querido, te quiero y te querré siempre, es la más elocuente prueba de ello. No dejo, sin embargo, de bendecir nuevamente en esta ocasión y con todo el calor de mi alma, el día en que nos encontramos, nos comprendimos y empezamos a querernos, porque ciertamente tú representas para mí uno de aquellos felices encuentros que hasta a los más esquivos reconcilian con las náuseas de la vida.

Permíteme también que hoy ponga a mi pequeño público de parte de nuestros más íntimos sentimientos, escribiendo a título de gratitud tu nombre en la primera página de este libro, libro que te ofrezco también como leve compensación del sabrosísimo pescado de los hermosos lagos puglieses, que tu complacencia no deja faltar ningún año a mi cena de la víspera de Navidad.

Adiós.

Roma, mayo 1890.

GIUSEPPE CIMBALI

# PRÓLOGO
## DE LA EDICIÓN ESPAÑOLA[1]

## I

Admirador incondicional de la gran revolución y conocedor de los sumos beneficios inmortalmente fecundos producidos por la Declaración de los Derechos del Hombre, no podía avezarme a la idea, que tan extensamente venía difundiéndose, de que la anunciada como civilización nueva, es decir, la civilización socialista, no podía crecer y desarrollarse más que fuera del derecho, y posiblemente, contra las supuestas rancias exigencias del derecho mismo. Ante todo, ya negué otras veces, como niego siempre, que la civilización socialista sea una civilización en si. La civilización no podía ser más que una y solo podía tener las mismas inspiraciones, la misma base fundamental, las mismas idealidades. Por otra parte (concediendo que fuese posible), no podía dejar de tener orígenes equívocos una civilización que se proponía combatir con armas no jurídicas, imponerse con una fuerza que no fuese el derecho; pero de todos modos, aquellas corrientes existían en efecto lozanas, amenazadoras y llenas de peligros.

A la gran revolución, que había sido eminentemente universal, se la llamó para desacreditarla revolución burguesa, defendiéndose por consiguiente la necesidad suprema de una nueva revolución, la obrera. Así como con la primera (este era el sofisma que venía divulgándose) había vencido la burguesía y había sustituido en el poder a la aristocracia, así por medio de la segunda vencería el cuarto Estado (el proletariado) y sustituiría en el mismo poder a la burguesía. En el fondo, la doctrina marxista de la lucha de clases y la del materialismo histórico, no significaban otra cosa. Sabido

1 Reproducimos este trabajo de la *Italia Moderna,* de Roma (Año 3.°, fase. 29) en la cual se publicó con el título de *Por la historia del socialismo italiano.* Según el autor, este trabajo forma parte de una *Autobiografía científica,* del mismo.

es que esta doctrina se presentaba como transformación del viejo socialismo, del utópico, que había de abarcar el nuevo régimen de toda la familia humana y había fracasado porque desesperaba de triunfar, o mejor, como reacción contra él; de todos modos, estaba organizada para sugestionar poderosamente la conciencia obrera, para hacerle concebir el soñado predominio como inmediato y al alcance de su mano, y para impelerla a aquellas maravillosas organizaciones que eran la única cosa posible, y son la única cosa útil en disposición de producirse. Pero las organizaciones, que eran y no podían ser más que *fines,* o todo lo más *medios* para *fines* modestos, fueron concebidas y llevadas a la madurez simplemente como *medios* que habían de efectuar la tan decantada sustitución de amos en el campo experimental de la sociedad humana.

Entonces se dijo que el nuevo socialismo, el socialismo científico, positivista o darwiniano, no fiaba más que en la violencia y en el triunfo de esta. En sustancia, se había proclamado la quiebra del derecho por los dos singulares motivos siguientes: porque no bahía asegurado la igualdad de hecho, y porque constituía como el *tílulo* de la nueva aristocracia, que se había formado bajo la misma bandera de la libertad. ¿Acaso no había aún ricos al lado de los pobres como insulto a todo sentimiento humano? ¿Qué beneficio sustancial había traído la revolución, salvo el discutible de la forma? Si en virtud de las funciones constitucionales la ley era la que mandaba, ¿acaso el poder no estaba explotado en realidad por la clase dominante? Y por otra parte, ¿era realizable y quedaba realizada en lodo la mísera justicia que se prometía? ¿Por ventura no se robaba a mansalva detrás de la misma pantalla de la ley? ¿Y la ley misma, se inspiraba siempre en los intereses generales o bien se trasmutaba alguna vez en instrumento del predominio de clase?

Había en esto algo de verdad, pero no todo, y lo que había de tal, lo era bajo un solo y transitorio aspecto. Se imponía por consiguiente la necesidad de hacer plena luz y de poner las cosas en su lugar en interés del orden social y de la civilización. Evidentemente, para llegar a estas consecuencias, que constituían un serio peligro y en las cuales, bien considerado, tenía su apoyo el anarquismo moderno, se partía de pre-supuestos absurdos. Olvidando las inmensas ventajas obtenidas, se exigía del derecho y de la gran revolución que lo hizo triunfar, nada menos que lo que humanamente no podían dar ni darán jamás.

Ahora bien, el derecho por su parte podía desplegar y había desplegado toda su eficacia dentro de los límites señalados por las leyes naturales, pero era imposible olvidarle, vencerle, sobrepujarle. Además, la revolución no podía hacer (y no era poco) más que reducir a la nada todos los insoportables y seculares privilegios legales y ponernos a todos en la base común de las condiciones naturales. Después, ni una ni otro podían transformar al hombre en ángel, para asegurar en esta vida mortal la paz y la armonía que han sido siempre el sueño más lisonjero, pero también el más vano del corazón humano. En otros términos, el derecho y la revolución no podían imponer, a más de la civil, una igualdad de hecho; no podían suprimir las diferencias naturales; no podían impedir los fraudes del hombre, aun de posición elevada. Para que cesase el espectáculo de la indigencia absoluta de algunos semejantes nuestros, ciertamente debía y podía asegurárseles un mínimum para vivir y prosperar; pero habría sido inicuo y tiránico impedir el desenvolvimiento normal (o sea, que no traspasa los límites señalados por la ley) de los que presentan mayor capacidad. Además, con el triunfo del derecho, no había de entenderse excluida la posibilidad de los fraudes, pero ese mismo triunfo implicaba que no quedasen impunes allí donde se hubiesen cometido, y de aquí la necesidad de la lucha para impedir que se cometan y obtener su represión si son cometidos.

Así, el derecho en general no impedía, sino que reclamaba la lucha; y si el derecho cedía a la violencia, no era culpa esto del derecho, sino de los que tenían el interés y el deber, público o privado, de no hacerlo violar[2].

Al rededor de este orden de ideas gira mi libro *El derecho del más fuerte* publicado en 1890, cuyo objeto principal fue demostrar que es justa la mayor protección de la ley para la mayor capacidad individual, que no es tampoco injusta la jerarquía social fundada precisamente en aquellas diversas capacidades naturales, y que es necesaria la lucha por el derecho, pero dentro de los límites del derecho mismo. Combatir por lo imposible es de locos, y ninguna ley puede seguirnos en nuestras locuras. Admití hasta el derecho a la revolución cuando agotados todos los medios legales, no quede otra salvación para la reivindicación del derecho. Quise en resumen determinar los límites de la eficacia del derecho; demostrar que, dentro de estos límites, hay mucho que hacer aún en pro de todos; probar que de aquellos límites no puede salir nunca la civilización y que esta es la única que puede desarrollarse al infinito, pero que no consiente ni puede consentir antagonismos de clase alguna. Para mí no se trataba pues de socialismo, sino de socialidad, y esta había de desenvolverse cada vez más dentro de

2 Para el desarrollo de las ideas indicadas en el texto, véase mi libro: *La Morale ed il Diritto nell'esigenza teorica e nella realtà pratica.* Roma-Turín. Bocca, Ed. 1898.

los límites del derecho. En resumen, para mí, el socialismo bien entendido podía representar la extrema izquierda del Parlamento de la civilización, pero no una civilización nueva y, peor aún, amoral y antijurídica. Y hasta reducido a simple movimiento obrero, el socialismo podía y debía combatir en favor del proletariado, pero en los límites del derecho, fuera del cual habría sido locura o violencia delictuosa. Haciéndose así obra de sabia conservación social, quedaba acreditado el derecho como fruto de la revolución y puesto en claro, que, conquistado el principio, no se había de combatir más que para extender hasta los últimos límites sus próvidas aplicaciones.

Nadie había hecho otro tanto, al menos entre nosotros, y esto lo ha reconocido tan honrada como autorizadamente Alejandro Chiappelli, que en su hermoso libro *Il socialismo ed il pensiero moderno*[3] pudo escribir de mí que «en Italia había sostenido vigorosamente la eficacia de la idea moral y jurídica en el movimiento socialista». Un libro que se colocaba en este elevadísimo punto de vista, que afrontaba una corriente que parecía irresistible y que quería decir la verdad hasta a aquellos que estaban empedernidos en extremo grado en sus errores, podía esperar las mayores alabanzas, pero antes había de esperar que seria mal comprendido y que merecería las mayores censuras.

Séame permitido recordar aquí algunos juicios en pro y en contra. Claudio Janet, en el *Polybiblion,* llamó al *Derecho del más fuerte* «una de las mejores producciones de ciencia social y jurídica según el método naturalista». Juan Boglietti escribió en la *Rassegna di scienze sociali e politiche:* «Ningún libro podía ser más oportuno que este, en un tiempo como el nuestro en que la agitación de las pasiones populares, no refrenadas o francamente alentadas por una ciencia insegura o falsa, desacredita todas las instituciones sociales existentes». Un docto crítico alemán definió mi libro en la *Zeitschrift für Philosophie* «una explicación naturalista del sistema social», añadiendo: «Es satisfactorio el hecho de que en Italia se reconozca y se demuestre elocuentemente, como en este caso, toda la falsedad del método francés de considerar las cosas sociales y jurídicas, que en muchos ambientes ejerce todavía sus efectos». Hubo además quien dijo que el *Derecho del más fuerte* «merecía ser reimpreso a expensas del tesoro público y difundido a miles de ejemplares».

---

3 Florencia, Sucesores Le Monnier, 1897. Existe una traducción española, de D. Miguel Domenge Mir, que forma parte de la BIBLIOTECA SOCIOLÓGICA INTERNACIONAL.

He aquí ahora el reverso de la medalla.

El profesor Ercole Vidari, primero en el *Filangieri* y luego en la *Legge,* después de haberme acusado «de aceptar y deificar el derecho del más fuerte en el sentido más incivilizado y brutal», y después de haber afirmado que yo «me fijo más en el éxito que en los factores del éxito», señalaba mi libro como «peligroso». Rouxel, en el *Journal des Economistes,* dio una carga a fondo contra mi libro, afirmando que «*El Derecho del más fuerte* propone como maestro la zorra». Y no faltó un crítico anónimo, el de la *Tribuna,* para denunciarme al odio y a las venganzas populares calificando mi libro de «antidemocrático». Como si hubiese podido serlo, ni remotamente siquiera, (algunos idiotas conocidos míos me permitirán que lo diga) el que había ilustrado al heroico mártir del derecho humano y de la soberanía del pueblo![4].

No paró aquí la guerra contra el *Derecho del más fuerte.* Contra él descendieron (ni podían menos) las falanges socialistas por medio de su órgano oficial, la *Critica Sociale.*

Esta lucha, que tomó notables proporciones y fue muy significativa por los aspectos que vino a presentar y los benéficos efectos que contra toda expectativa vino a producir, merece una indicación no sumaria.

## II

La polémica es bastante conocida, y no siendo yo el único interesado, hasta puedo decir que disfruta de alguna celebridad. Reunida en 1894 en un opúsculo aparte, corrió desde la *Critica Sociale* por el mundo con fisonomía autónoma. Hace algunos años creí oportuno injertarla al árbol que la había provocado, cuando no creado, y volví a publicarla como apéndice a la tercera edición del *Derecho del más fuerte.*

En esta polémica, si no contra Toscana entera, estuve solo contra tres, a despecho de las acostumbradas reglas caballerescas. Abrió el fuego sobre

4 Véase mi discurso: *Nicola Spedalieri propugnatore e martire della sovranità del popolo,* pronunciado el 20 de Julio de 1903 en el teatro Cossa, en una reunión anunciada por la Società Giuditta Tavani-Arquati. —Roma, Tipografía Cooperativa Editrice.— Para mayores desenvolvimientos, remito a mis dos volúmenes: *Nicola Spedalieri publicista* del secolo XVIII.—Città di Castello, S. tapi, editore. 1888.

mí Adolfo Zerboglio. Intervino inmediatamente en la refriega Felipe Turati, que empezó por apoyar los silogismos claudicantes de Zerboglio y acabó por tener en la contienda la parte preponderante, y llegó por último Pascual Di Fratta, que entonces actuaba de socialista bajo el pseudónimo de *Lucio,* y se ingenió en buscar argumentaciones sofísticas para hacer menos plausible y más chocante la siguiente tesis final de Turati: que «el derecho no existe, y que es todo lo más la expresión de la fuerza que *deviene»!*

Parecerá casi imposible, pero Colajanni pudo escribir de esta polémica, resumiéndola y caracterizándola, lo siguiente: «En esta interesante polémica se produjo una inversión de partes entre Cimbali, Zerboglio y Turati. El segundo acusó a Cimbali de ser un adorador del éxito; pero cuando el acusado se defendió a su vez, se convirtió en acusador, demostrando que los adoradores del éxito habían de buscarse en los intérpretes monosilábicos del materialismo histórico»[5]. Así fue en realidad, y precisamente por esto fue la polémica singular y bastante significativa. Hizo ver marcadamente las dos tendencias que desde entonces trabajaban el socialismo en general y especialmente el italiano, o sea la tendencia vieja, que aun tenía fe y fe ilimitada en el derecho, y la tendencia nueva, que siguiendo las huellas de Carlos Marx, había convertido bismarckianamente la fuerza y la violencia en un Ídolo, Esta polémica hasta fue causa entre nosotros del agotamiento de una tendencia y del surgir de la otra.

Luchó contra mí según los cánones de la primera tendencia Zerboglio, el cual, rehaciendo la superficial critica de otros, amplió contra mí la acusación de adorador del éxito a toda costa y sostenedor de un darwinismo social a lodo trance. El pensamiento hubiera sido ciertamente elevado si la acusación hubiese sido fundada; por lo contrario, la base de hecho sobre la cual se discutía era completamente distinta. Al hablar del derecho del más fuerte o del más capaz, yo no había podido referirme más que a la *fuerza* en cuanto es *justa,* a la *capacidad* en cuanto es *legítima.* En este delicado asunto, yo había adelantado constantemente con la antorcha del derecho en la mano, y no tenía la culpa de que mi contradictor, algo miope, creyese que semejante antorcha «aun estando en mis intenciones, no se manifestaba suficientemente en mi libro». Después, el sentimiento del derecho era tan completo y tan intenso en mi, que para todos había convertido yo la lucha por el derecho en una necesidad y un deber. Esto había dicho yo en mi libro, y lo repelía entonces cogiendo al toro por las astas al llegar a sostener

5 *Il Socialismo,* 2.ª edición. — Palermo, Sandron, editor, 1899.

que, en caso preciso, la lucha por el derecho podía y debía transformarse en revolución, porque cuando el derecho no puede afirmarse con la ley, ha de afirmarse contra la ley.

Es clara que, a pesar de las extremas consecuencias a que llegaba, mi doctrina era demasiado severa para un socialista palingenésico y hasta podía parecerle cruel; ciertamente que pretender conciliar los dictados del derecho (elemento voluntario) con las indeclinables necesidades de la naturaleza (elemento fatal), significaba la muerte de toda ilusión y de toda utopía; es claro que mi última palabra no era de paz, sino de lucha, aunque de lucha jurídica; pero si después de destruidos todos los odiosos privilegios legales continuaban en pie todos los privilegios naturales merecedores de la protección del derecho, nadie podía hacerme responsable de un hecho tal vez no irracional y que de lodos modos estaba por encima del arbitrio y del poder humano. Más de lo que yo había concedido a la iniciativa reformadora, no podía concederse; no podía irse más allá de lo que yo había ido en este camino. Mi victoria, pues, no podía ser dudosa.

Además de Zerboglio, el mismo Turati quedó en este terreno batido, o por lo menos entre la espada y la pared. También delante de este último había procurado salvar el edificio de la civilización moderna, esforzándome en convencerle de que ninguna injusticia toleraba ni podía tolerar con plena conciencia y propósito decidido, y de que la instituciones habían sido expresamente creadas para destruir todas las iniquidades cuando hubiesen existido o hubiesen quedado reconocidas. No había dejado de hacer observar (cosa bastante notable) que, en todo caso, la culpa no habría sido de la sociedad ni de sus instituciones, sino nuestra. En la actualidad, nosotros constituimos y representamos libremente el Estado y todos tenemos, no solo el derecho, sino el deber de asentarlo y hacerlo prosperar sobre la base de la justicia y del bienestar para todos. Disparar flechas contra la sociedad, significaba pues simplemente equivocar el blanco: los dardos habían de lanzarse contra los hombres, contra los que al hacer traición a la ley y al derecho, hacían traición a la sociedad y a sus semejantes. La *organización* era el *non plus ultra* de cuanto podía desearse: por lo tanto, únicamente los órganos podían ser dignos de censura, merecedores de castigo. Así, la Democracia era el verdadero socialismo.

Bien se ve que esto era coger al charlatán en sus propias redes. Es cierto que Turati, que entre tanto había quedado solo en el campo, no podía declararse vencido; pero tiene alto valor de significación el siguiente homenaje por él tributado con caballerosa sinceridad a su adversario: «Deseamos que Cimbali se separe de ese hato de eunucos (de las cariátides del presente). Tiene firme puño y sólido corazón: abra, pues, todas sus puertas a la verdad humanitaria, que es la opuesta a la verdad halagüeña para las clases dominantes, y si alguna resiste con tenacidad, que la rompa. Perderá la cátedra de un Ateneo, pero habrá tentado los peldaños de la Tribuna de la cual salen los fatídicos apostolados que aceleran la historia.» Excuso decir que el canto de la sirena era extremadamente seductor; pero por mucho que me lisonjease, no le di oídos. De todos modos, desalojé a Turati de la cómoda posición que había tomado, y que le permitía erigirse en acusador gratuito de la sociedad democrática salida de la gran revolución. En lo sucesivo, tan solo le restaba volver a entrar en la órbita de las instituciones libres, o renegarlas, renegando con ellas sus principios inspiradores. Yo persistía, apremiando cada vez más.

## III

Con su ingénita agudeza, Turati advirtió inmediatamente el cariz bastante feo que tomaba la lucha, y acaso por vez primera debió echar de ver que el socialismo a la vieja manera (el socialismo llamado utópico) estaba vencido para siempre, y que el socialismo había acabado para siempre o había de ser, para tener todavía una larva de existencia, darwinianamente brutal. Por otra parte, Turati comprendió y declaró que mi libro «tenía más relaciones de las que a primera vista parecía tal vez a alguien, con todos los problemas que agitan la vida de hoy»; y armado de punta en blanco, cambió de táctica, presentándome un aspecto socialista suyo particular bien distinto del que me había mostrado poco antes, y que yo había descuidado por completo según la opinión general. En una palabra, al Turati paladín del nuevo socialismo no le bastaba la revolución o la fuerza para el derecho: quería la revolución o la fuerza sin el derecho y hasta contra el derecho. Así, los papeles se trocaron verdaderamente (como advirtió muy bien Colajanni), y mientras yo peroraba por el derecho, Turati entonaba solemnes himnos a la violencia. Había entre nosotros la siguiente escasa diferencia: yo aspiraba a que se fijase *antes* lo que fuese *justo* pedir a la sociedad en favor de los ideales humanos, y que *después,* se procurase obtenerlo por todos los medios, incluso los *ilegales* después de haber agotado los legales, de modo que hubiese una lucha del derecho contra la ley; Turati, en cambio, aspiraba a que se obtuviese *primero* lo que se quería, sin sutilizar previamente si era licito o ilícito, justo o inicuo, sin perjuicio de llamarlo justo, aunque no fuese intrínsecamente tal, después de haberlo obtenido. Discutir previamente sobre lo lícito y lo ilícito, sobre lo justo o lo inicuo, a él le parecía metafísico. Según él, el derecho no era un precedente, sino un consiguiente, o peor aún, la expresión de la fuerza que se impone hasta contra la ley, hasta contra la razón y la caridad humana. Era violencia antes; pero una vez impuesto, se hacía llamar derecho por los tontos para hacer olvidar sus violentos orígenes.

En vano protestaba yo en nombre del derecho, de la libertad y de la lógica, contra estas concepciones que eran teóricamente un error y prácticamente un peligro; en vano protestaba yo que estas teorías eran reaccionarias y liberticidas, que así se volvía a la Edad media: a mis protestas se respondía con los siguientes aforismos que eran la quintaesencia del materialismo histórico, último y desesperado refugio del socialismo: «Nosotros andamos por el terreno de los hechos, no por el de los raciocinios». —«Nuestra afirmación de que el derecho es la expresión de la fuerza que *deviene,* está conforme con la experiencia histórica y con las concepciones positivas.»—«Nosotros tomamos el derecho tal como lo encontramos en la historia, no como lo concibe cada cerebro.» —«Los conflictos son permanentes. Cesada una contienda, producida una adaptación a un orden de relaciones, decimos entonces que esto es justo, que así había de ser, y también nos parece justo y necesario lo que mejor armoniza con la adaptación ya consumada e irrevocable.»— «La justicia es para nosotros un resultado de los hechos, no una idea divina, pensada *ab aeterno*».

Naturalmente, aquí se hicieron más vivas mis protestas. Yo dije que el derecho es «juez», no «rufián» de los hechos, y que la humanidad solamente podía amoldarse a las adaptaciones conformes a la justicia, y no a las impuestas por la violencia: contra estas últimas había de rebelarse sin más. Además, sorprendido grandemente de que el derecho lo negase una persona que, al menos en la apariencia, daba muestras de combatir por las mejoras sociales, prorrumpí en estas palabras: «Vosotros, los que creéis necesaria la palingenesia social, sois los que en realidad habríais de tener, no solo la verdadera idea del derecho, sino hasta el sentimiento místico, exagerado, agresivo del mismo. En nombre del derecho se ha luchado en todo tiempo por las grandes reivindicaciones humanas; en su nombre se han alcanzado las más fecundas victorias, y solo con esta bandera podréis combatir victoriosamente vosotros, si verdaderamente deploráis abusos y si de veras creéis que hacen falta nuevas reparaciones en el sistema social». Las respuestas fueron variaciones sobre estos otros aforismos del materialismo histórico de rigor, formulados así por Turati: «Los vencedores dictan la ley, imponen un derecho a los vencidos.» —«Pobres de nosotros si el socialismo no pudiese ni debiese dañar a nadie. Oh, sí, daña y daña cruelmente a la burguesía: quiere nada menos que desarmarla y derrotarla.» — «El socialismo no es una teoría que se impondrá a los hechos porque es justa y en cuanto es justa.» — «Nosotros los socialistas pensamos que esta evolución es conforme al curso fatal de los acontecimientos.» — «Cuando el proletariado será más fuerte, impondrá su voluntad, que será entonces su derecho.» — «En la historia, el derecho, hijo de la fuerza, sirvió de lenón a todos los abusos de la fuerza.» — «Nosotros hemos salido fuera de la iglesia, o sea fuera del derecho[6].»

# IV

Decir todo esto no era agradable, pero parecía tolerable para el que se desquitase con la idea de la fatalidad de estos movimientos anormales y violentos. No en vano se había inventado la doctrina del «Materialismo histórico», es decir, de la historia que se hace por sí misma, sin nuestra intervención consciente. Desde este punto de vista, el hallazgo podría ser un acto de habilidad, y por consiguiente el materialismo histórico podría significar, o querer hacer como tantos dementes lo que se sabe que no es posible hacer como hombres razonables, o fingir que se hace por sí aquello que nos repugnaría que se creyese hecho por nosotros. Las partes quedaban así totalmente invertidas: yo representaba el derecho y la libertad, y los socialistas la fuerza y la violencia. Y esta clase de socialismo era ciertamente peor que el más exagerado individualismo, porque, en el fondo, el individualismo es justicia, es libertad, es honradez. Este socialismo era peor aún que el anarquismo, porque en el fondo, el anarquismo puede ser error en la concepción de ciertas finalidades humanas, puede ser también error en la elección de los medios, pero tiene una fe que no es egoísta, tiene un ideal que no es feroz, tiene un objetivo que abraza toda la humanidad.

En cambio, este socialismo era arbitrariedad, atropello, tiranía. Nada importaba que los déspotas fuesen ahora los más contra los menos, al paso

---

6 Estas brutales ideas fueron en un tiempo profesadas en el *Avanti* por Leónidas Bissolati, que ahora figura con Turati en el estado mayor de la fracción reformista del socialismo italiano. Véase en la *Patria* de Agosto de 1901 un artículo mío: *Derecho, fuerza y socialismo,* en contestación a uno suyo del *Avanti* en que desarrollaba la siguiente tesis socialista: «Nosotros somos la fuerza: por consiguiente, somos el derecho.

que antes eran los menos contra los más: el fondo malvado y bestial era idéntico. Contra este nuevo despotismo habría hecho falta si hubiese tomado pie, y la haría si lo tomase, una revolución al revés. Habíamos tenido la de abajo hacia arriba; ahora habríamos tenido o habríamos de tener una de arriba hacia abajo. De todos modos, ante estas tendencias brutales, el socialismo no podía considerarse ya como la extrema izquierda del parlamento de la civilización, sino como la extrema derecha. Era una nueva aristocracia que, basándose en nuevas violencias, quería traer nuevos insoportables privilegios. Así, de estas dos fases del socialismo puede decirse lo siguiente: que cuando quiso ser fiel al derecho, fue utopía; cuando quiso desprenderse de él, fue delincuencia.

Ahora, al verse obligado el socialismo a declararse desligado de todo sentimiento de justicia y de honradez, y a revestir manifiestamente la fisonomía del crimen, quedaba, no solamente juzgado sino desahuciado. Ciertamente podía explicarse esta actitud del socialismo por el deseo de tener un predominio, cualquiera que este fuese, por la necesidad de vencer a toda costa, pero de todos modos, esto era un peligro para la civilización; era una corriente renovada de violencia, que habría podido producir nuevos bárbaros y nueva barbarie.

Del nuevo aspecto ofrecido por Turati, se dio cuenta bien pronto y con sorpresa Aquiles Loria, el cual, viendo que, hasta cierto punto, podía confundirse a Turati con uno de los sostenedores más brutales de la Santa Alianza, le escribió en 1902 lo siguiente en la misma *Critica Saciale:* «Por lo menos, así lo veo yo y así lo veías tú mismo en una hermosísima critica del *Derecho del más fuerte* de Cimbali, publicada en 1891». En resumen, Loria, que solamente recordaba la primera actitud adoptada por Turati para conmigo, no podía convencerse de cómo la idea de la violencia estaba ahora de parte de Turati y de sus compañeros. Precisamente por esto escribí yo en la *Nota final* de la Polémica:

«Pues bien: todo esto significa por una parte negar la ciencia y la historia, por otra abrigar propósitos criminales. Se niega la ciencia, porque ha sido fin de esta buscar normas de la vida social tan objetivas y tan correspondientes a las necesidades de la naturaleza, que asegurasen el bienestar de todos, grandes y pequeños, fuertes y débiles. Se niega la historia, porque la burguesía, si ha cometido algún exceso en las aplicaciones, ha combatido sin embargo para extender a todos los hombres, sin distinción de clase, los beneficios de la reivindicación de los derechos naturales inherentes a la persona humana. Después, se abrigan propósitos criminales, porque incitar a las clases sociales a dominarse una a otra alternativamente, es como incitar al ladrón al hurto, al asesino al homicidio. Después de esto, no quiero repetir la acusación de facineroso dirigida al socialismo anárquico, y que está plenamente justificada por el hecho de que no solamente está fuera de la ley, sino, lo que importa más, fuera del derecho. Solo diré que me da miedo el porvenir de la humanidad, cuyo corazón amenazan con tanta violencia los nuevos bárbaros llamados socialistas, que instrumentos inconscientes de tinieblas, declaran abierta y cínicamente que combaten, no por santos ideales de justicia provechosos para todos los hombres, sino por el bienestar egoísta de la clase que dicen representar[7].»

## V

Resulta, pues, que en Turati hablaba entonces el sistema, no el convencimiento. Que sus convicciones eran otras y de muy distinto modo elevadas y profundas, me lo había demostrado poco antes de aquella Polémica ilustrando con memorables palabras el Programa de la Revista de ciencias sociales y jurídicas *Lo Spedalieri,* que yo había fundado en Roma en 1892 para resistir las nuevas y peligrosas corrientes darwinianas y empiristas infiltradas en la ciencia social. He aquí lo que escribió a este propósito Turati en su *Critica Sociale:*

«Esta abundante eflorescencia en la dirección sociológica parece haber anegado, diré mejor, sofocado, quitándole la luz y el aire, la vegetación de los estudios del derecho puro, más delicada, más antigua y casi exhausta. Diríase que la estadística, la antropología, las leyes de Darwin y de Spencer, el método histórico, la comprobación de los hechos, han ocupado el sitio de las fórmulas jurídicas abstractas. Como reacción contra la antigua ilusión de que las ideas gobiernan el mundo, se manifestó la tendencia a negar a las ideas todo imperio, toda influencia sobre las cosas. Se promulgan leyes para subvenir a necesidades momentáneas, sin remontarse a ningún principio regulador o razón general, y por lo tanto para deshacerlas al día siguiente; toda alusión a principios, hasta parece inficionada de doctrinacismo, y se cae como es natural en un miope y grosero empirismo.

A esta corriente quiere resistir José Cimbali con su *Spedalieri,* Revista trimestral de ciencias sociales y jurídicas que se publica en Roma en gran-

---

7 V. *Lotta di classe e civiltà,* en mis *Saggi di filosofia sociale e giuridica.* — Roma, Turín, Fratelli Bocca, editori, 1903.

des fascículos, el primero de los cuales ha aparecido ya. Se levanta pues en nombre del derecho contra el empirismo, de la razón contra el hecho crudo y brutal, de la justicia ideal contra la política a la cual parangona, si no va acompañada de la razón jurídica, al asesino y al ladrón. Tal es aún, por desgracia, especialmente en las relaciones externas entre las naciones. Cimbali pone su empresa bajo los auspicios del nombre y del centenario de Spedalieri, «el mártir glorioso de la soberanía del pueblo, que lanzaba desde Roma su obra sobre los *Derechos del hombre,* que significó muerte para los tiranos, liberación para los pueblos».

Nos place ese despertar de los estudios de filosofía jurídica (y no de pura ermenéutica) anunciados con tan juvenil entusiasmo, y pensamos que la gran lozanía de la sociología no está en contradicción con aquéllos, antes bien les prepara un *humus* mucho más fecundo y nutrido para echar profundas raíces. La vida del derecho es perenne como la de la sociedad: la muerte de su tronco no es más que aparente, sus hojas se secan y reverdecen a cada estación. Los leguleyos se entretienen con las hojas secas; los espíritus jóvenes y audaces no se sobresaltan con las rachas que las desprenden y llevan lejos allanando el pulular de los gérmenes que prometen a las inminentes primaveras nuevas sombras más espesas.

El Turati que había escrito todas estas espléndidas cosas de mí y de mi dirección científica, era completamente distinto del Turati de la Polémica. Naturalmente, en vista de que partía de principios opuestos y hasta de su negación, recordé en la Polémica aquellos elogios; pero Turati haló de parar el golpe afirmando que «los elogios no eran adhesiones». Si fueron o no adhesiones, podrá juzgarse releyéndolos y teniendo también en cuanta que el mismo Turati, a vuelta de algunos años, siguió la voz de la convicción que en aquellos elogios se transparenta, repudió las seducciones anárquicas, y volvió a entrar en el camino real del reformismo, que no puede dejar de tener por base el derecho.

## VI

Indudablemente, ideas feroces como las que Turati desarrolló en la segunda parte de la Polémica, pueden con facilidad profesarse como subentendidos y como presuposiciones, pero no pueden sostenerse con igual facilidad cuando se profesan abiertamente. He aquí por qué el socialismo ni entre nosotros ni en ninguna parte pudo detenerse en la segunda fase, en la fase brutal que sublevaba la conciencia de los mismos adheridos al partido, o al menos su grandísima mayoría, la cual continuaba creyendo que el primer deber de los seres civilizados es la fraternidad, sus armas la libertad, la honradez y la justicia.

El socialismo se vio obligado por consiguiente a encarnarse en una nueva forma, a presentarse en una nueva fase. Así, no fue ya utópico, no fue ya violento, sino progresista o reformista solamente.

La aceptación del programa mínimo y el propósito de hacerlo valer en virtud y dentro de la órbita de las instituciones liberales (que forman el ideal de las instituciones humanas) son precisamente la señal de esta benéfica transformación del socialismo. De tal modo, este vuelve a ser la extrema izquierda del Parlamento de la civilización, y encontrado el buen camino, puede llegar a ser verdaderamente útil. Nada importa que en este terreno no pueda hablarse ya de socialismo, y que la única palabra (palabra digna) que de hoy más deba pronunciarse, sea la de Democracia[8].

---

8 A la presión de estas ideas se debe que los socialistas alemanes, conocedores de lo que valen las instituciones liberales, llamen a su antiguo y glorioso partido *socialismo democrático.*

La cuestión del nombre ha sido planteada entre nosotros, hace poco, por *L'azione socialista,* surgida para combatir el socialismo italiano sindicalista, anti-estatista y revolucionario. Ha confesado que el socialismo que tiene la intención de defender, se sirve de las armas de los regímenes democráticos (sufragio universal, conquista de los poderes, uso de estos para acelerar la evolución socialista, etc.); pero ha rehuido seguir el ejemplo de Alemania llamándolo *socialismo democrático* por temor «a ser interpretado como un socialismo que quiere aliarse a la democracia burguesa, o aparecer tan amansado que fuese un *quid* intermedio entre el socialismo genuino y el partido democrático». Le gustarla llamarlo «socialismo sin adjetivos», pero «con la condición de que al nuevo sindicalismo revolucionario se le considere fuera de la concepción y de los métodos del partido socialista». V. el número de 18 de Junio de 1905.

De cualquier modo, las cosas so imponen a los nombres y ni siquiera un Estado socialista (o sea un Estado avanzado) podría dejar de tener por base instituciones liberales o democráticas. En él está implícito el reconocimiento de todos los derechos naturales del hombre, y en primer lugar los de libertad y propiedad individual. Comp. Anio. Menger, *Lo Stato Socialista,* Turín *(Piccola Biblioteca di Scienze Moderne),* Fratelli Bocca, Editori, 1904. En Francia ha habido un ministro socialista, Millerand, que hizo un gran bien dentro de los límites de las instituciones democráticas francesas. V. mi artículo *Un Ministro Socialista* en la *Rivista d'Italia,* fascic. Junio 1902.

Después de haberse efectuado en otras partes, también entre nosotros se ha producido, con beneficio para todos, esta feliz evolución del socialismo, y se encarna como en su expresión más elevada precisamente en Felipe Turati, contra el cual combatía yo hace doce años en favor de las mismas ideas que poco más o menos defiende él ahora. Su conocidísimo y debatidísimo opúsculo: *El partido socialista y el actual momento político,* publicado en 1901, es a este propósito toda una revelación. Este opúsculo, que solamente fue considerado como una explicación del ministerialismo de los socialistas italianos, tiene otra importancia más general: es el síntoma de la última fase del socialismo. Aquel a quien yo acusaba en 1891 de facineroso, o por lo menos de incitador de crímenes, diez años después, arrepentido de sus antiguas faltas, dirige la misma acusación a los gusanos roedores de su partido, a los cuales llama «anarcoides», y escribe contra estos y sus sistemas de ideas y de lucha: «Pero a todas estas variedades es común un carácter: el desdén de las reformas, la falta de sentido de la gradualidad evolutiva, la simplicidad infantil de las ideas, la obsesión de la catástrofe, el culto, confesado o no, de la violencia redentora.»

¿Qué otra cosa le reprochaba yo entonces? Pero Turati no se detiene aquí. «Cuando un socialista, añade, sienta semejantes premisas, el anarquista es (y con justicia) quien saca después las consecuencias. Son las venganzas de la lógica. Empollando huevos de pato, no es lícito quejarse de que cuando los pollos han roto el cascarón, corran a chapuzarse en el estanque.» La conclusión general es la siguiente: «El partido socialista, que hace mucho tiempo relegó la sublevación al número de los medios antirrevolucionarios, no puede ni debe triscar con argumentos y métodos que, lógicamente, solo van a parará la rebelión.»

Nadie creería esta ruidosa palinodia, pero es mi hecho que nadie puede poner en duda. Ciertamente se fulminó en 1901 contra Turati el anatema que en 1891 había proferido él con mucho menores razones contra mí, que no estaba afiliado a ningún partido y mucho menos al suyo; pero no son los chillidos de pocos e ignorantes discípulos que se creen más o menos fundadamente traicionados por el maestro, los que detendrán la evolución de ideas que se impondrá a ellos después de haberse impuesto al maestro.

No diré ahora que esta benéfica evolución del socialismo en Italia se deba en todo o en parte a mí; pero tratándose de un *hecho,* supongo que no se querrá negar que he luchado en pro de tal evolución, y que esta se ha producido, tal vez, casualmente, después de un combate cuerpo a cuerpo por el que alguien[9], generosamente, me ha atribuido valor.

Roma, junio 1905.

GIUSEPPE CIMBALI

9 Ghiappelli, ob. cit., cap.: *La idea moral en el socialismo.*

# PREFACIO
## DE LA TERCERA EDICIÓN ITALIANA

Desde la publicación de su *Nueva fase del derecho civil,* mi hermano Enrique había despertado una expectación tan general como profunda con la promesa de otra obra cuyo solo título, *La fuerza elemento constitutivo del derecho,* pareció todo un programa de renovación, a más de jurídica, moral, social y política.

Por desgracia, aquella obra, que tanto tiempo anheló con increíble entusiasmo y de la cual se ha dicho con razón que habría sido su obra más personal, porque habría reflejado por entero el temple diamantino de su carácter heroico[10], quedó anunciada solamente: la muerte prematura le impidió escribirla. Sin duda no podía soñar nunca que su astro se ocultaría antes casi de haberse presentado luminoso en el horizonte, y por esto, aguardando siempre para escribir aquella obra un momento de tregua de sus variadísimas ocupaciones, acabó por no escribir de ella ni una línea siquiera. El que intimó con él, sabe muy bien que en trabajos de aquel género le hubiera gustado poner toda su alma, bastándole entretanto la simple meditación, a la cual se entregaba de un modo especial cuando hacía sus acostumbradas excursiones solitarias fuera de los muros de Roma, para respirar libremente ese aire clásico que a él le parecía, y lo está realmente, saturado de ideas.

---

10 «Siempre recordaré los largos paseos que dábamos juntos con paso apresurado, casi corriendo: él agitado por sus proyectos, que coloreaba con ardiente fantasía y desplegaba ante mi como una visión radiosa; yo entusiasmado por su fuerza de voluntad y de acción siempre en lucha, siempre victoriosa. Porque la fuerza era su nota fundamental; su libro más íntimamente personal seguramente hubiera sido *La fuerza y el derecho,* por el preanunciado, pero desgraciadamente interrumpido por la muerte.» Ángel Majorana, en el Número único del periódico *Nel primo anniversario della morte di Enrico Cimbali,* Roma, Fratelli Bocca, Editori, 1888.

Por una suprema ironía, después de su muerte han llegado a mí, de Italia y del extranjero, particularmente de Alemania, Francia y España, frecuentes preguntas sobre aquella obra, y yo, con el corazón que cualquiera puede imaginar, he tenido que limitarme a responder que era inútil buscar porque no se había escrito la obra pedida con tanta insistencia.

Estas circunstancias, tristes y alegres a un tiempo, me indujeron a meditar sobre aquel grandioso asunto, y poco a poco se fortaleció en mí el deseo de fecundarlo para ver de sacar de él, si no el fruto que habría logrado el que primero lo anheló, por lo menos el que podían dar de sí mis escasas fuerzas, lisonjeándome el pensamiento de que algo sería recoger y conservar aquel noble germen.

He de confesar que inmediatamente se determinó cierta discrepancia entre la idea de mi hermano y yo. Por más que hice, no llegué a convencerme nunca de la posibilidad de que la Fuerza pudiese ser *demento constitutivo* del Derecho, mientras que todo inducía a hacerme creer que la Fuerza es solamente un *medio* (y un *medio* tan solo en manos del Poder Público) para hacer valer el derecho. Usualmente hablando, si la Fuerza pudiese ser elemento del Derecho, o sea, si la Fuerza pudiese transformarse en Derecho, no habría ya garantía para los débiles y de la civilización se volvería a la barbarie. El título mismo, pues, acabó por no agradarme, y como se ve, no lo he adoptado.

No sé si fue está en realidad la idea (a decir verdad un poco incivilizada y brutal) que tuvo mi hermano, y mucho menos conozco el desenvolvimiento que él habría debido darle; pero a juzgar por el espíritu que animó lodos los actos de su vida, me parece que no entendió la palabra *Fuerza* en el indicado sentido vulgar, sino que le dio el sentido de *Capacidad,* de la *Capacidad* que viene directamente de las manos de la naturaleza (la cual se complace en hacer de los hombres otros tantos seres profundamente diferentes entre sí en fuerza física, moral e intelectual) y que puede hacerse valer legítimamente sin ofensa ajena. En efecto, nada hacia mi hermano, nada ambicionaba si antes no sentía en sí *Fuerza, Capacidad* para poder obtenerlo: de aquí el constante equilibrio que había en él entre su pensamiento y sus acciones, y de aquí también la confianza inmensa, casi ciega, que infundía en todos. También de palabra se explicó en esto con lucidez. Una vez, habiéndosele pedido un autógrafo durante su ruda lucha por la elevación en esta gloriosa capital del mundo, escribió: «No pido nada al mundo, al que siento dispuesto a concederme poco, si antes no siento que poseo la *fuerza* de obtener lo que me corresponde[11].»

Mi espíritu descansó tranquilamente en esta interpretación, porque encontré razonabilísima y próvida la proporción entre la *Fuerza* o *Capacidad* y el *Derecho.* Hasta puedo añadir que toda la crítica abstracta dirigida en todos los tiempos a la estructura de la sociedad humana, me pareció entonces que brotaba del falso método de no tener para nada en cuenta, en los estudios sociales y jurídicos, la importancia fundamental de aquella proporción. En resumen, encontré justo que en el mundo tuviese más el que da más, que fuese más considerado el que representa algo más que los otros, y que tuviese mayores derechos el que tiene mayor fuerza o capacidad física, moral, intelectual, económica, civil y política. Miradas desde este punto de vista, nada injusto me ofrecían ya las profundas desigualdades sociales: teniendo su fundamento en la naturaleza, por necesidad habían de tener un fundamento en el Derecho, el cual no puede hacer más que amoldarse a las exigencias de la naturaleza misma.

Inspirado en estas ideas, he cambiado el título de mi hermano, *La fuerza elemento constitutivo del derecho,* que podía dar lugar a alguna duda, y he bautizado mi trabajo con el de *El derecho del más fuerte.*

Y este libro lo lanzo en la tempestuosa corriente de la opinión pública en momentos de graves perturbaciones psicológicas y sociales, suplicando al que lo lea que atribuya lodo su mérito (dado que en él pueda encontrarse alguno) a mi hermano y maestro y a sus altas inspiraciones, y todo su demérito a mí, a mí, que en este último caso habría cometido, contra los dictados de mi propia teoría, la falla de haber intentado arrebatar una centella al sol.

11 Ese autógrafo se lo había pedido el Cav. Jacinto Menozzi, Bibliotecario del Senado y coleccionador apasionadísimo de autógrafos. Su colección fue adquirida por el marqués Cayetano Ferrajoli, y continúa en la rica biblioteca dejada por este a su familia. Véase, en el citado Número único, el capítulo titulado *La personalità di Enrico Cimbali,* en el cual se publicaron, juntamente con el citado más arriba, otros pensamientos de mi hermano.

# INTRODUCCIÓN

## Las nuevas bases de la ciencia social y jurídica

1. Confesión.—2. La sucesión de los ideales.—3. Funestas consecuencias de la metafísica revolucionaria.—4. El verdadero problema social.—5. Necesidad de un nuevo examen de las prerrogativas humanas: sus límites.—6. Proceso de eliminación y reintegración: utopías y realidad.—7. El método naturalista y la ciencia social y jurídica.—8. Nuestro intento: sistema de la igualdad jurídica.—9. Verdad e impopularidad.

1. Lo confieso, y deseo que esta confesión se me tenga en la debida cuenta. No pocas veces se libra dentro de mí una curiosa batalla: por una parte, quisiera enamorarme y combatir por el triunfo de las que se llaman *ideas generosas* y son sueños de mentes enfermas; pero por otra parte, aquel terrible duendecito, aquel diablillo socrático que a los veinte años me hacía concebir el sistema de la desilusión universal[12], es decir, la afirmación absoluta de la realidad de la vida y de la historia tal cual es, sin engaños ni lisonjas de clase alguna, no me permitió en modo alguno extender mis juveniles entusiasmos ni un ápice más allá de los confines de lo posible y realizable. Ante esta resistencia absolutamente invencible, me pregunto muchas veces: ¿me faltará acaso alguna de las facultades más sublimes que honran a la raza humana? ¿Estaré hundido en el fango hasta el punto de no concebir que exista, siquiera en lo alto, la luz pura? ¿Será una desgracia para mí y para los que me leen o escuchan la piedra infernal de mi intelecto refractario, a cuyo contacto se disuelven como pompas de jabón concepciones psicológicas sociales y jurídicas que parecen tanto más hermosas y dignas cuanto menos se apoyan en la base indestructible de los hechos y de las

12 Giuseppe Cimbali, *Confessioni d'un disilluso.* Roma, Fratelli Bocca, Editori, 1882.

leyes de la naturaleza? —He aquí porqué, cuando me asaltan estas dudas, quisiera humillarme y aparecer como un verdadero réprobo ante aquellos *magnánimos* que, en los pindáricos vuelos de su exaltada fantasía, conciben repúblicas y monarquías, construcciones hipotéticas de la sociedad humana, de las que tan sabrosa y sabiamente se reía Niccolò Machiavelli[13]. Y no es esto todo. Para mí constituye un tormento mucho más feroz el pensar que tal como estoy psicológicamente constituido, en épocas santamente revolucionarias (como la que se presentó, supongamos, en el siglo pasado) quizá no habría tenido la capacidad de compenetrarme con los espíritus acalorados que querían trastornar ni más ni menos que el orden universal; convencido de la mayor de las paradojas, quizá habría permitido que no se conquistase lo que efectivamente era de conquistar, y así habría sido segura mi condena a una infamia eterna.

2. Aquí, yo mismo lo reconozco, las acusaciones que me dirijo son no poco exageradas. Para tranquilizarme, basta reflexionar que cada época de la vida y de la historia tiene su genio particular, su ambiente especial, a tenor de los cuales se piensa, siente y obra; así es que en un período de ascetismo hay muchas probabilidades de volverse asceta; en un período de empresas caballerescas se imitan las gloriosas gestas de Don Quijote, y, por último, en un período de revolución se vuelve uno revolucionario, precisamente al igual que en un periodo de naturalismo invasor como el que atravesamos, nos sentimos amantes del orden y muy poco de la cháchara.

Esto prueba que el ideal de la vida y de la historia no es uno solo y típico: cambia sustancialmente con el cambiar vertiginoso de todas las complicadas vicisitudes individuales, sociales y hasta naturales. Siendo así, resulta simplemente ridículo combatir en todo tiempo por un determinado ideal ya muerto y sepultado. Este es el espectáculo que ofrecería el jacobino rezagado que quisiese combatir aún por la Declaración de los derechos del hombre en un tiempo en que las Constituciones de los países libres son la aplicación viviente de la misma, o los veteranos de las batallas patrias que

13 «Siendo el intento mío escribir cosa útil a quien la comprenda, me ha parecido más conveniente andar tras de la verdad efectuar de la cosa que tras la imaginación de la misma; y muchos se han imaginado Repúblicas y Principados que jamás han sido vistos ni conocidos como existentes en verdad; porque está el cómo se vive tan alejado del cómo se debería vivir, que el que deja lo que se hace por lo que se debería hacer, aprende más bien la ruina que su salvaguardia». Machiavelli, *Il Principe,* cap. XV.

pretendiesen que los jóvenes continuasen palpitando de entusiasmo por la conquista de nuestra unidad e independencia nacional, que es un hecho consumado desde hace veinte años por lo menos. No todas las épocas están destinadas en el curso del tiempo a enarbolar los mismos principios, a luchar por las mismas ideas, a llevar a cabo las mismas empresas; esto sería una monotonía eterna y mortal. Por otro lado ¡ay del que no comprendiendo el genio de su tiempo, continúa suspirando por un pasado que no vuelve, o anhelando un porvenir incompatible con la naturaleza humana!

Así pues, cuando está conquistada la libertad, es un contrasentido alimentar hervores revolucionarios, y es posible dedicarse impunemente a lo que puede llamarse con exactitud el heroísmo de la paz, el interés del orden constituido.

3. Existe una reliquia, en verdad algo triste, de aquellas épicas luchas del pensamiento y de la acción que aseguraron al género humano la preciosa conquista de la libertad y la igualdad: es lo que constituye la parte falsa y absurda del que generalmente se llama *problema social de nuestros tiempos.* Partiendo de principios sanos y verdaderos se ha llegado, por una interpretación errónea (favorecida por la tendencia de los hombres a los ensueños y a las abstracciones) a consecuencias no solamente erróneas, sino, lo que es peor, deletéreas, debiendo atribuirse a ellas el malestar acentuado y amenazador del mundo social contemporáneo.

Caídos bajo los golpes inexorables del naturalismo resurgente los viejos privilegios y el decrépito derecho divino, que hacía considerar los pueblos como propiedad privada de los que se hallaban encargados de su mando, abrirnos horizontes nuevos con todas las promesas del bienestar y de la prosperidad general. Las cadenas que obligaban a los hombres a ser simples instrumentos de los caprichos ajenos y no verdaderas personas, quedaron rotas; las infranqueables barreras, especie de columnas de Hércules puestas entre clase y clase de ciudadanos, se desvanecieron como la niebla ante los rayos del sol, y se inauguró el reino de la libertad y de la igualdad, es decir, el reinado del Derecho, cuya imagen augusta habían tapado tantos siglos con un velo negro la prepotencia de las castas y el despotismo de los soberanos. De aquí todas las garantías de las prerrogativas de los pueblos, las reformas de las leyes civiles, penales y administrativas, los nuevos principios inspiradores de los gobiernos, que quedaron trastornados de arriba abajo; en una palabra, la libertad y la igualdad de los hombres tuvo la aplicación más vasta y más segura.

Pero, según acostumbra suceder con las conquistas que acaban de hacerse, no se podía en esta aplicación dejar de llegar al exceso. La libertad se interpretó en general como libertinaje, y la igualdad de derecho se interpretó, con no menor generalidad, como igualdad de hecho. Desde el momento en que la libertad es una prerrogativa sagrada e intangible, las masas entre las cuales se difundieran los hallazgos del derecho nuevo, no llegaron a concebir una limitación razonable de la misma en interés del cuerpo social. Al igual, desde el momento en que todos los hombres son iguales así ante la naturaleza como ante la ley, no se quiso, o por mejor decir, no se supo distinguir entre igualdad de derecho e igualdad de hecho. No se quiso o no se supo comprender que aquí se trata de sustancia y no de forma, y que las formas no pueden nivelarse porque a ello se opone la voluntad de la naturaleza; nacieron las eternas quejas contra las injusticias sociales, y todavía dura el odio de los que no tienen contra los que tienen, de los que están abajo contra los que están arriba, de los menos capaces contra los más capaces. Más aún: la declaración de los derechos hizo olvidar la declaración de los deberes, y mientras todos pretenden, nadie quiere cumplir las obligaciones inherentes a las pretensiones, sin querer comprender que es imposible pretender ninguna cosa sin dar en correspondencia también alguna cosa, que no se puede tener más de lo que se da, y en fin, que no se da nada por nada; en resumen, sin comprender que la pretensión no constituye la capacidad, sino que la capacidad es la base de la pretensión.

Un motivo hay a propósito para arraigar en las masas y basta en el vulgo de los pensadores la convicción de que estos equivocados principios constituyen un Evangelio real y verdadero, capaz de tener sus mártires propios y de llegar a su cuarto de hora de triunfo. Ese motivo radica en el hecho de que, materialmente hablando, el armazón social, aun después del soplo revolucionario, ha continuado siendo el mismo: organismo había en ella antes y organismo hay en ella después; jerarquía había en ella antes y jerarquía hay en ella después; mando por una parte y obediencia por otra había en ella antes, y mando y obediencia hay en ella después; deleites arriba y sufrimientos abajo había en ella antes, y deleites arriba y sufrimientos abajo hay en ella después. Nada queda realmente por decir sobre esto considerado como hecho.

Sin embargo, no se considera que una cosa era el organismo de antes y otra cosa es el organismo de ahora. En realidad, mientras que antes todo el organismo social era medio para un fin que estaba fuera de él, y este fin era el bienestar de unos pocos, de los príncipes, ahora, si bien este organismo continúa siendo medio para un fin, este fin es el bienestar de los que forman el mismo organismo. Pero hay más aún. Es indudable que la vida del organismo moderno requiere la jerarquía, pero también está fuera de duda que la jerarquía de ahora no es la jerarquía de otro tiempo: entonces había entre clase y clase, según se ha indicado, barreras infranqueables como si las más altas temiesen el contagio de las más bajas, mientras que ahora el paso de una clase a otra es libre, y el que tiene capacidad para subir sube, sin encontrar en su marcha ascendente obstáculo artificial de ninguna clase. Por último, es verdad también que existen ahora, como antes, los que están arriba y los que están abajo; pero es preciso reflexionar que antes los puestos más elevados, el gobierno, eran detentados por el privilegio, que se transmitía de generación en generación, mientras que ahora, abolido el privilegio, aquellos puestos los ocupan los más capaces, y así como un noble puede quedar reducido a zapatero de viejo, así un zapatero de viejo puede llegar a ser jefe de un Estado[14].

4. ¿No hay pues, en sustancia, problema alguno social que resolver en nuestros tiempos? Para contestar a esta pregunta negativamente, sería menester todo el optimismo abstracto de aquella escuela que por fortuna ha terminado su misión y que tenía por máxima las cuatro palabras más vacías de sentido que se han escrito jamás, palabras que aplicadas en todo tiempo, hubieran dado por resultado que la civilización humana diese aún y para siempre sus primeros vagidos: aludo al famoso *dejar hacer, dejar pasar* de los fisiócratas[15].

---

14 En Francia, la patria de la Revolución, va surgiendo una escuela critica que se propone hacer notar el daño que a la vida moderna ocasiona la aplicación de los principios revolucionarios. Véase Paul Laffitte, *Le paradoxe de l'égalité,* París, Hachette y C. ª, 1887; Th. Ferneuil, *Les principes de 1789 et la science sociale, París,* Hachette y C.ª, 1889. — Anatolio Leroy-Beaulieu, *La Revolution et le libéralisme,* París, Hachette y C.ª, 1890. No hablo de Taine y de su obra *Les origines de la France contemporaine,* porque es historiador más bien que sociólogo y jurista, y por esto no podemos tomar en cuenta su critica ultra-reaccionaria. Parece que a Taine alude Ferneuil cuando escribe: «Criticar los principios de 1789 en provecho de una rehabilitación de las doctrinas del antiguo régimen, sería a nuestro modo de ver una tentativa ilusoria que nacería muerta. A nuestro juicio, la democracia futura tan solo se establecerá sobre una base de organización mucho más amplia, más elástica, más abierta, en que las partes del conjunto, estrechamente ligadas unas a otras, formarán un todo solidario». Prefacio, página VII.

15 «La doctrina predominante entre los pensadores y los hombres públicos durante la segunda mitad del siglo pasado y la primera mitad del presente, se

Actualmente es cosa averiguada que la providencia de las cosas se actúa en el mundo, no por sí misma, sino por medio de los hombres, los cuales reflejan sus leyes en su conciencia, se las imponen como ley propia y contribuyen eficazmente, a manera de instrumentos necesarios al par que conscientes y libres, al movimiento eterno, al espectáculo tempestuoso y augusto de la vida universal[16]. He aquí por qué se encuentran más adelantados y por qué dominan a los demás los hombres y pueblos que son más activos, que interpretan y actúan mejor las leyes del orden establecido; al contrario, los inertes sucumben en la lucha, y como esponjas secas son impelidos por el mar hacia la arena de la orilla, donde acaban por languidecer de inanición. Para dar una idea de la necesidad absoluta de la actividad consciente del hombre así para la vida como para la civilización, alguien ha llegado a decir, con excesivo celo, que la civilización es el resultado de la lucha contra la naturaleza; pensamiento exorbitante que, si da una idea bastante lisonjera de la grandeza de la personalidad humana, hace abstracción de la ley inexpugnable según la cual a la naturaleza se la vence obedeciéndola. Esto se ve reflexionando que cada descubrimiento útil hecho por los genios benéficos de la humanidad, no es una victoria en perjuicio de la naturaleza, sino un premio que la naturaleza misma nos da como madre próvida por haber sabido, con trabajos y persistencia heroica, encontrar en su inagotable seno lo apropiado a nuestras necesidades.

Pero dejando aparte este orden superior de ideas y llegando a la materia que nos ocupa, es fácil deducir, de cuanto se ha indicado en sentido general, que si jamás puede sustraerse el hombre, cuando piensa y cuando obra, a la necesidad imperiosa de interpretar y actuar las leyes de la vida y de la sociedad, con mayor razón es evidente que tampoco puede hacerlo en nuestros días en que la actividad humana, desarrollada tan lozanamente, hasta milagrosamente, da pasos de gigante, vuela por la escala infinita del progreso, aumentando sin número las relaciones civiles, complicándolas de

---

mostraba poco favorable a extender las facultades del Estado. Del siglo XVIII quedaron varias frases célebres que sirvieron a dos o tres generaciones. *No gobernar demasiado, decía* D'Argenson; *Dejar hacer y dejar pasar,* escribía Gournay; *Propiedad, seguridad, libertad, he aquí todo el orden social,* pensaba Mercier de la Rivière; y el revoltoso abate Galiani llegaba todavía más allá con la frase: *El mundo marcha por si solo».* P. Leroy-Beaulieu, *Lo stato moderno e i suoi uffici,* en la *Biblioteca di scienze politiche,* Vol. VII, Libr. I, capítulo 2.°.

16 Véase para mayor desarrollo de esta idea, mi libro *La volontà umana in rapporto all'organismo naturale, sociale e giuridico.* Boma, Fratelli Bocca, Editori, 1889.

una manera casi inextricable y creando muchísimas otras de día en día. He aquí la razón por la cual, digan lo que quieran ciertos censores del Estado y de las legislaciones[17], la obra de los legisladores en nuestros tiempos ha de ser más previsora, más vigilante y más compleja. Cuanto más complicada se ha vuelto la vida, tanto más tempestuosa es la lucha de los intereses, y más difícil por tanto resulta para la antorcha del Derecho iluminar el gran teatro y poner a cada cual en su lugar, atribuyéndole lo suyo y haciendo que el débil no sucumba a la prepotencia del fuerte en la lucha social, que se agrava cada vez más. Y así resulta grave, hasta gravísimo por este lado el problema social y jurídico de nuestros tiempos, y la responsabilidad de los que están a la cabeza del movimiento jamás ha sido tan grave como ahora, por la sencilla razón de que jamás la vida y la civilización humana han estado desarrolladas en el extremo en que lo están ahora.

5. Así entendido, el problema social (que será tan eterno como la humanidad) no es propiamente el problema tal como ahora se entiende por lo común. Generalmente, al exagerar los principios de libertad y de igualdad se pretende, como antes se ha indicado, trastornar la sociedad humana y reconstruirla sobre bases abstractas, revestidas de colores tan espléndidos como engañosos por la fantasía enferma de los poetas-filósofos humanitarios[18].

Verdaderamente, si estas utopías sociales no saliesen del reino rosado de la discusión seudocientífica, serían completamente innocuas y no podrían suscitar preocupación de ninguna clase en los amigos verdaderos o por lo menos desapasionados de los hombres. Lo serio del caso está en que esto resulta absolutamente imposible, puesto que los hechos nacen de las ideas como el trueno del rayo, y la discusión sostenida en los libros pasa inmediatamente a las escuelas, de las escuelas a las reuniones, de las

---

17 Los individualistas unilaterales a lo Spencer se escandalizan ante el espectáculo de las demasiadas leyes que los pueblos civilizados se ven obligados a darse, sin considerar que el dominio de los tiempos modernos pertenece al Derecho, y que aumentando las relaciones civiles de un modo increíble, la misma civilización ha de crear por necesidad las normas para regularlas. V. Enrique Cimbali, *La nuova fase del diritto civile ne'rapporti economici e sociali* Turín, Unión Tipográfico-editora, 1889, 2.ª edición, y del mismo autor: *Le obligazioni civili, complemento e funzione della vita sociale,* Turín, 1887.

18 A. S. Schäffle, *La quintessenza del Socialismo,* traducción Roncalli, Genova; Donath, editor, 1890. Es este un opúsculo de oro que presenta los principios del socialismo contemporáneo en sus proporciones, verdaderas si, pero siempre absurdas.

reuniones a los congresos, de los congresos a las plazas, convirtiéndose en agitación y mugido como de mar que se prepara a la tempestad y amenaza catástrofes horrendas.

De esto surge la necesidad de hablar franca y sinceramente, de elevar la voz en favor de la verdad verdadera, de la justicia justa y del bien, bien entendido; porque nada hay en el mundo más humillante y aflictivo al mismo tiempo, que sufrir o ver sufrir por cosas totalmente inexistentes, por conquistas imaginarias, por la realización de esperanzas imposibles. Al menos, semejante tesoro de fuerzas podría aplicarse a objetos útiles, que podrían reportar un provecho seguro.

Pero hay más. Una profunda sentencia de Vico nos advierte que ciertos principios, cuando son llevados al exceso, pierden su carácter y ceden el campo a sus contrarios. Ahora bien, no hay duda alguna de que en los países libres del mundo (y desgraciadamente, muchos no son libres aún) los principios de igualdad y de libertad han sido aplicados hasta el punto a que podía extenderse su aplicación. El mal está en que empieza a pasarse de la señal, y esto, ateniéndonos a la infalible sentencia de Vico, es mal síntoma, porque cuando un principio como el de libertad cede el campo a su opuesto, nos encontramos en plena tiranía: por otro lado, cuando un principio como el de igualdad se ve forzado a ceder también su puesto a su contrario, estamos en el reino del privilegio y de la prepotencia legalmente constituida. De ahí se sigue que cuando todos quieren ser amos, acaban por ser todos esclavos. De otro modo ¿cómo se explicaría Napoleón después de 1789?

He ahí por qué la mejor salvaguardia del derecho de libertad y de igualdad consiste en velar porque no se intenten y mucho menos se hagan falsas aplicaciones del mismo[19]. Con frecuencia se ha visto que ciertos retrógrados han favorecido las reformas más radicales, no ciertamente por amor a la libertad, sino para desacreditarla por medio del espectáculo de la licencia, para fomentar la reacción y volver muchos siglos atrás. También se ha visto a menudo (y la historia del rey Bomba lo enseña) que ciertas revoluciones han sido promovidas por los mismos tiranos interesados en enturbiar las aguas para tener luego pretexto legitimo (aparentemente legitimo) para quitar a los pueblos las pocas prerrogativas que, en momentos de necesidad suprema, no por virtud, les habían concedido. Únicamente en

19 «En el momento en que nos encontramos, la igualdad necesita defensa contra sus mismos partidarios: está amenazada, no por un principio contrario, sino por la exageración de su propio principio.» Laffitte, ob. cit. pág. 22.

esta ley psicológica e histórica podría acaso encontrar cierta base la Interpretación, por otra parte muy discutible, que algunos quisieran dar al *Principa* del gran Secretario florentino, o sea, en el sentido de que aconsejaba a los poderosos los medios infernales y tiránicos para la conquista y conservación de los Estados, a fin de obligar a los pueblos, con aquellos excesos inhumanos, a la reconquista de su libertad y de su independencia[20].

6. Aunque los odios contra la constitución del cuerpo social sean los más feroces del mundo, aunque los golpes materiales que de estos odios derivan sean los más decisivos de todos, sus esfuerzos no producen nada verdaderamente sano y duradero. Es cierto que en momentos de confusión todo puede quedar revuelto, pueden deplorarse asesinatos y saqueos, pueden las desastrosas consecuencias hacer llorar mucho tiempo a sus víctimas; pero al fin, pasados aquellos momentos, cada cosa vuelve fatalmente, por su fuerza propia, a imponerse por sí misma, a tomar el camino antiguo, despreciando así la suprema locura de los que no solamente quieren sobreponerse a los caprichos de los hombres, sino a las leyes eternas e indestructibles de la naturaleza[21]. Y leyes naturales precisamente son las que presiden la unión social, ya que según se ha repetido hasta la saciedad, y con todo, nunca bastantemente, el hombre es un animal eminentemente político.

No hay duda de que cuando hay un derecho por reivindicar, no soy de los últimos en reconocer que, no bastando la razón, puede recurrirse legítimamente a la violencia, violencia que no sin razón se ha llamado *ultima rallo,* como para justificar su necesidad. Pero aquí, el problema que se trata

---

20 «Para algunos, sus escritos daban inicuos consejos para hacer segura la tiranía; según otros, el *Principe* era una sátira sangrienta de los déspotas, hecha para afilar los puñales contra ellos e instigar a los pueblos a la rebelión.» Pascual Villari, *Niccolo Machiavelli e i suoi tempi:* Florencia. Sucesores Lemonnier, 1877, vol. 1.°, Prefacio.

21 «La Revolución ha podido romper los casilleros artificiales de una sociedad ya antigua, y sustituir esta organización vieja por otra nueva en la cual los derechos políticos estuviesen repartidos con más equidad, pero no podía hacer lo que precisamente empieza a reprochársele que no haya hecho, es decir, no haber transformado las condiciones materiales y asegurado el bienestar del mayor número. Y no podía hacerlo, porque las leyes sociales no son facticias como las leyes políticas; dimanan de una necesidad ineluctable y de una concesión misteriosa que el hombre no puede alterar.» Conde D'Haussonville, *Le socialisme d'Etat et le socialisme chrétien,* en la *Revue des Deux Mondes* de 16 Junio 1890, pág. 867.

de discutir es completamente distinto, pudiendo enunciarse en la forma siguiente: ¿Llegados por la gracia de Dios y más por voluntad nuestra, a la afirmación absoluta de los derechos de la persona humana, queda algo todavía por conquistar ideal y prácticamente en el terreno social, político y jurídico? O al contrario, convencidos de que, si no práctica, al menos idealmente, hemos llegado al vértice de la escala de las conquistas liberales, ¿sería prudente detenernos y decir: querer ir más allá es locura, porque tan solo encontraríamos el abismo, y añadir: tratemos de conservar lo mejor posible lo que ya hemos conquistado?

Para cerrar de antemano el paso a toda respuesta que pueda llegar a mí de parte de los que atronaron mis oídos llamándome fácil optimista, admitiré también que no estamos aún en el vértice de las conquistas liberales y que, aun idealmente, queda mucho por hacer. Sin embargo, sería el colmo de la necedad negar que, de todos modos, en este camino se ha hecho bastante: seria como negar que el sol ilumine. Ahora bien: aun hecha esta concesión, no desaparece en las presentes circunstancias la urgente necesidad de preocuparnos un poco de lo que ha de entenderse por límite de los derechos y por orden social, y de lo que hace falta para que este orden se conserve en pie y para que prosperando este, haga prosperar al mismo tiempo a aquellos para quienes está constituido. Quizá no ha faltado motivo legítimo para que atentos todos a reivindicar la dignidad de los miembros del cuerpo social, nadie o bien pocos se hayan cuidado de los límites de la dignidad humana y de las prerrogativas del cuerpo mismo; pero ahora que el panteísmo social ha quedado destruido y que se ha afirmado la libertad o más bien la personalidad humana, parece oportuno atender un poco a los derechos del orden, tanto más cuanto que, según el espíritu moderno, los derechos del orden se resuelven al final de la jornada en mayor garantía de los de los hombres coasociados. Es posible, lo repito, que las conquistas liberales hayan de extenderse aún de mucho; pero, lo repito también, para proceder con entero conocimiento de causa, es preciso rehacer el camino inspirados en principios completamente diferentes, para ver en realidad hasta dónde puede el hombre extender legítimamente sus pretensiones y en qué punto debe plegarse no menos legítimamente a las exigencias de la socialidad y del orden. En resumen, es urgente la necesidad de que después de la declaración de los derechos del hombre, se haga la de los derechos de la socialidad y del orden: cualquier falta de equilibrio, cualquier desproporción entre los derechos del uno y los del otro, entre sus derechos y sus obligaciones, entre sus pretensiones y su capacidad, no puede ser sino fatal para los mismos hombres.

Por lo demás, respecto del edificio de la ciencia social como respecto del de la ciencia general, continúa teniendo un valor inestimable el dicho de Lactancio: *Primas sapientiœ gradus est falsa intelligere, secundas vera cognoscere.* Es verdad que se han dado los primeros pasos de la nueva ciencia social, pero esto no quita la necesidad de que, antes de ir más adelante, la misma ciencia social y jurídica sufra este proceso en santa paz: solo en sus resultados concretos podrá encontrar una base sólida y granítica. Y si, como se hará en estas páginas, semejante proceso tiene por guía constante un espíritu desapasionado y positivamente liberal, nada podrán temer los fanáticos de la doctrina de los límites que redunde en daño de la libertad y de la dignidad.

7. Lo que yo defiendo no debería ser en sustancia más que un proceso de eliminación y de reintegración juntamente, o sea, de eliminación de toda idea abstracta y absurda en la teoría de las prerrogativas humanas, y de afirmación contemporánea de toda idea sana y positiva. Por desgracia, la humanidad ya no está en la infancia, y es del caso decirle ciertas verdades a la cara, sin tanto circunloquio hipócrita. Por otro lado, toda ilusión que se alimentase todavía sobre la naturaleza y sobre las leyes de los hechos sociales, produciría dos daños: ofendería la austera dignidad humana, y al crear y alimentar pretensiones absurdas, crearía y alimentaria fuentes de agitaciones tan inútiles como violentas, tan absurdas como desastrosas.

Fortalecidos, pues, con los medios que nos ofrece la psicología social, es preciso empezar por declarar la guerra a todas las ilusiones sociales, para asegurar el régimen social sobre las bases de la verdad, de la razón y de la justicia.

En efecto, nada obtendremos del progreso de las ciencias naturales y filosóficas, mientras no se aplique el mismo método de investigación analítica e inflexible al estudio de las relaciones entre hombre y hombre, viendo de sacar de él los mismos benéficos efectos. Hasta puede decirse que el progreso de las ciencias naturales y filosóficas no tendría valor alguno si en último análisis no se resolviese en ventaja de los hombres: una ciencia que andase por las nubes y no viviese más que para las nubes, sería metafísica, y los hombres no están creados para alimentarse del aire como los camaleones. Y aire puro es la metafísica.

Hace más de un siglo que un publicista italiano, sin ser todavía escuchado, escribía con gran ardor, buen sentido y lógica:

«El espíritu de los sistemas quedó totalmente abolido de las ciencias físicas, y se reconoció que para conocer la naturaleza precisan hechos, no hipótesis. Pero este espíritu tan enemigo del progreso de las ciencias todavía no se ha abolido de las investigaciones del hombre, como si el hombre no fuese de igual modo para nosotros un fenómeno semejante a todos los demás de la naturaleza, y como si la ciencia de este *ser* no hubiese de tratarse lo mismo que se trata el resto de la física»[22].

Nosotros queremos exactamente lo mismo: queremos que la ciencia de las relaciones de los hombres entre sí, que es la ciencia social, sobre la que ha de erigir después su edificio la soberana ciencia del Derecho, sea estudiada en todo y por todo con el método experimental con que se estudian las otras ciencias de la naturaleza o de la física, según dice característicamente nuestro viejo y sin embargo siempre nuevo publicista napolitano. Y piénsese bien que este método no ha de detenerse en la forma, en la corteza, como se ha hecho y se va haciendo: ha de llegar a la sustancia, a la medula. Hasta ahora no se ha hecho más que bastardear la ciencia social y jurídica con una terminología propia de otras ciencias; ¡era una cuestión de cosas y han hecho de ella una cuestión de palabras! Por esto puede decirse que, más bien que ir adelante, hemos vuelto hacia atrás.

8. No es mi propósito, ni por otra parte bastarían mis fuerzas para ello, someter a semejante proceso toda la ciencia social y por consiguiente toda la ciencia jurídica. Por lo contrario, y para mostrar mediante la prueba de los hechos cuánto habría que hacer en este terreno, me limitaré a discutir uno de los muchos aspectos que este problema fundamental ofrece a la atención de los estudiosos. Me limitaré así a examinar desde este elevado punto de vista el problema de la igualdad jurídica de los hombres en su esencia y en sus variados efectos, y me extenderé hasta demostrar las razones por las cuales continúa siendo verdadera la fórmula excomulgada del *Derecho del más fuerte*. Todas las utopías antiguas y modernas sobre este decisivo punto nacen de ciertas ilusiones fundamentales que es preciso destruir con la luz de la ciencia moderna, la cual no debe tolerar ninguna. Dése de una vez su nombre a cada cosa; cuando menos, la crudeza de la realidad podrá llegar a nosotros compensada por la mayor conciencia de nosotros mismos y por el hecho de saber que no somos víctimas miserables de ilusiones infantiles; porque realmente es una ilusión infantil creer que los *hechos* tienen culpa al

22 Francisco Antonio Grimaldi, *Riflessioni sopra l'ineguaglianza degli uomini*. Nápoles, 1779, en casa de Vicente Mazzoli-Vocola. Introducción.

seguir un camino muy diferente del que nosotros anhelamos con las *ideas*. Las *ideas* son al contrario las que han de adaptarse a los hechos.

Pero ciertas ilusiones se cultivan o inconscientemente o por especulación refinada. De aquí dos clases de democracia: la de buena y la de mala fe. Generalmente, los principios democráticos exagerados y absurdos son profesados por el pueblo, bestia enorme que jamás se elevará a las luces de la razón. En cambio, son demócratas de mala fe los que, a falta de cosa mejor, especulan para elevarse con la naturaleza fantasiosa y crédula de las plebes, que por ignorancia o por deseo de emanciparse, aunque solo sea fantásticamente, de los sufrimientos reales de que son víctimas, parecen hechas exprofeso para seguir las perspectivas más seductoras y más engañosas, y para convertirse por lo tanto en instrumento de la ambición baja y cubierta de oprobio de los Rabagás de lodos los tiempos. El conde de Haussonville escribía recientemente de Francia y podía referirse a todo el mundo también: «Lo que ha traído la desconfianza en la libertad política, ha sido las desilusiones que ha engendrado.» Pues bien: ¿de dónde han nacido las desilusiones sino de las ilusiones abrigadas?

Pero ciertas ideas extravagantes, sean parto de la ignorancia y de la ingenuidad de los unos o de la mala fe de los otros, producen siempre la misma consecuencia: desacreditar la verdadera democracia. Predicada la democracia como lo es en general, no puede dejar de quedar herida en el corazón por la acusación de mentirosa que le dirigen los enemigos del progreso. A un viejo garibaldino, convertido ahora en uno de nuestros numerosos Subsecretarios de Estado, le he oído decir: «Con la libertad no se puede gobernar.» Estos revolucionarios impenitentes, que han predicado siempre la licencia, acaban por no tener fe en la libertad, la creen inconciliable con el orden, y cuando llegan al poder se vuelven peores que los tiranos por derecho divino, justificando así la acusación de embustero dirigida al liberalismo. Ahora bien, la verdadera democracia no es ni debe ser embustera. Prometiendo tan solo lo que puede realizar, quedará organizada y acreditada de un modo decisivo y hará caer en el vacío las acusaciones, hasta aquí no infundadas, con que la han abrumado los odiadores de la luz y los paladines de los viejos regímenes.

9. Lo repito. Estudiado el problema social y jurídico con este sistema (sistema que en mi concepto es conservador sobre la base de una absoluta libertad) debería ser favorecido por los amigos verdaderos de los hombres. Digo *debería* a prevención. Sé muy bien que los más, parte de buena parte

de mala fe, rehúyen las afirmaciones satánicas de la realidad; pero también sé que no hay que maravillarse de ello: si así no lo hiciesen, harían traición a su misión, que es la de ilusionarse o ilusionar.

En cuanto a mí, si supiese que la ilusión o la mala fe de algunos puede vencerse, diría, para buscar manera de doblegarles a consejos más suaves en mi favor, que fuera del de la verdad, no tengo interés alguno en profesar las doctrinas implacables y severas que profeso. El mundo no lo he hecho yo: lo encuentro tal como quedó hecho, y mi culpa (si culpa puede llamarse) está en no encontrarlo tan mal hecho como van predicando «aquellos hipercríticos que quieren corregir las pruebas de imprenta de la creación declarándola errónea en sus líneas fundamentales, y que proponiéndose ideales imposibles de corregir, descuidan las enfermedades congénitas a la naturaleza humana, y combaten en nombre de la perfección las obras imperfectas, pero relativamente útiles»[23].

Pero tampoco abrigo esta esperanza y por esto no quiero mendigar escusas preventivas. Ciudadano de la tierra y sujeto también por lo tanto a la inflexibilidad de las leyes sociales y jurídicas, que con especial predilección voy aclarando, también yo quiero decir libremente mi opinión sobre uno de los problemas más vitales de cuantos tan de cerca nos tocan. Por otra parte, el que tiene la conciencia tranquila puede desafiar toda impopulari-

---

23 Luis Luzzatti, *La pace sociale all'Esposizione di Parigi,* en la *Nuova Antologia* de 16 Diciembre 1889. — A. este propósito Renan escribió una página que vale todas las filosofías del mundo: «Encuentro superficiales las objeciones que algunos sabios elevan contra el finalismo, haciendo notar ciertas imperfecciones de la naturaleza; los defectos del cuerpo humano, por ejemplo. Olvidan que las condiciones de la creación están limitadas por el balance de ventajas e inconvenientes contradictorios. Es una curva determinada por el encuentro de sus coordenadas, y escrita de antemano en una ecuación abstracta. Una palanca mejor en el antebrazo, nos habría conformado como unos pelicanos; un ojo que evitase los defectos del ojo actual, caería probablemente en inconvenientes más graves... Una humanidad que no fuese revolucionaria, que no estuviese atormentada por las utopías, se parecería a un hormiguero, a una China que cree haber encontrado la forma perfecta y no sale de ella. Una humanidad que no fuese supersticiosa seria de un positivismo desesperador. Ahora bien, la naturaleza tiene una especie de previsión; no crea lo que estaría destinado a morir por efecto de un vicio interno. Adivina los callejones sin salida, pero no se aventura en ellos.» *Examen de conscience philosophique,* en la *Revue des Deux Mondes,* de 15 Agosto 1889. Todo esto había sido resumido por Giordano Bruno en una sencilla fórmula: *El mundo está bien tal como está.*

dad y hasta debe estar orgulloso de ella, porque es más fácil complacer que disgustar a las turbas[24]. Pero si al que quiere vigilar constantemente en la verdad se le puede conceder un momento de abandono, me permito concebir tan solo un piadoso deseo: quisiera que los hombres un poco templados y de buena voluntad, aun no dejándose convencer del todo por los hechos que denunciaré, formulasen su juicio sobre mí, cualquiera que este fuese, en la forma siguiente: tiene mal genio, pero dice la verdad.

24 «El pueblo fía más en los ambiciosos, los cuales hablan la jerga de sus pasiones, que en el hombre de bien que se esfuerza en ilustrarle.» Heine, citado por Lombroso en el *Delitto politico,* Turín, Fratelli Bocca, Editores, 1890.

# CAPÍTULO PRIMERO

## Vida, organismo y jerarquía social

1. Vida y organismo social. — 2. Variedad de los órganos sociales. — 3. Su diverso valor. — 4. Sus diversas funciones. — 5. Su constitución jerárquica. — 6. Relaciones entre el organismo y la vida social.

1. El discurso sobre las intimas relaciones del estómago con todos los miembros del cuerpo humano, dirigido por Menenio Agripa a la plebe de Roma para inducirla a abandonar el Monte Sacro en que se había refugiado por odio a los patricios y volver a la ciudad para reanudar sus habituales ocupaciones, no ha de relegarse sin más ni más al número de las fábulas más o menos acertadas y de más o menos seguro efecto del mundo antiguo: tiene por lo contrario una base fisio-sociológica de la mayor importancia. Después de todo, Menenio Agripa profesaba inconscientemente una teoría que han aclarado los estudios modernos, o sea, la de que la sociedad humana es un verdadero organismo al igual que el cuerpo humano, y que por consiguiente, así como este sufre cuando sufre un órgano, así aquélla sufre también al abstenerse de sus funciones uno de sus órganos, cosa que es un mal para todos, para los enfermos como para los sanos, para los de mala como para los de buena voluntad.

Así pues, los elementos que componen la sociedad humana no están fuera de alguna ley, de alguna regla lija e inflexible; que por necesidad de las cosas, más bien están tan ligados entre sí y son sus relaciones tan íntimas e inalterables (relaciones de mando y obediencia, de superioridad e inferioridad) que dan la idea más exacta del organismo del cuerpo social semejante al cuerpo humano, tal como en forma de fábula fue explicada por aquel viejo romano tan benemérito de la cosa pública[25].

---

25 Compárese Herbert Spencer, *Principes de Sociologie,* París, Germer, Baillière y C.ª, 1879, Vol. 2.°

En nuestros tiempos, gracias a los estudios experimentales aplicados también en su mayor parte a los hechos sociales y humanos, se ha insistido en esta idea mucho, hasta demasiado, porque se ha llegado al exceso. En efecto, no solo se ha venido afirmando experimentalmente que el cuerpo social tiene su anatomía, su fisiología, su patología y su terapéutica[26], como el cuerpo humano, sino que se ha llegado a decir que gobiernan el cuerpo social las *mismas* leyes que, gobiernan el cuerpo humano. Esto es ciertamente una exageración, y creer que es *identidad* lo que es simplemente *analogía* puede originar pésimas consecuencias: basta considerar que los que propenden a la *identidad* so ven obligados, por necesidad lógica de las cosas, a admitir la consecuencia absurda de que los individuos, como órganos, no representan más que el papel de medio, y que la sociedad resultado de su organización representa la parte del fin, siendo así que, en el fondo, es lodo lo contrario, ya que la sociedad es medio y los individuos fin, por ser la sociedad en sí misma un ente abstracto. De aquí ciertas teorías antiliberales, según las cuales los individuos solo tienen deberes y no derechos. Semejantes erróneas deducciones provienen de considerar equivocadamente a los individuos como simples órganos materiales de la sociedad, cuando los individuos son al contrario personas dotadas de espíritu deliberante, de alma consciente, y no de fuerza agente tan solo. Por esto la organización, hecha exclusivamente en su favor, no les aplasta, no los destituye de todo valor, antes bien les ennoblece y pone en condiciones de desarrollar mejor todas sus cualidades innatas.

Esta obediencia pasiva solamente se encuentra (y hasta cierto limite) en los elementos del cuerpo humano, porque este forma un organismo concreto; no se encuentra ni puede encontrarse en el cuerpo social porque este forma un organismo discreto. Y sin embargo, considerando bien los mismos órganos del cuerpo humano (cuyo conjunto da la vida) no son considerados únicamente como simples instrumentos, como simple medio: también ellos tienen sus derechos; y si no se les da lo que les corresponde, se vengan no funcionando o funcionando mal. La higiene del cuerpo se funda precisamente en esta ley, y los antiguos, que sabían muy bien lo que se hacían, decían *mens sana in corpore sano*[27]. Al igual, en los organismos artificiales o

26 Schäffle, *Struttura e vita del corpo sociale.* Prospecto enciclopédico de una real anatomía, fisiología y psicología de la sociedad humana, etc. Véase la traducción italiana en la *Biblioteca degli Economisti,* vol. 7.°, serie 3.ª

27 «Supóngase que ejercitando su cerebro incesantemente, desde la mañana hasta la noche, un hombre que es presa de dificultades pecuniarias tenga que

mecánicos, si no se tiene el mayor cuidado con cada uno de los órganos, no se obtiene la función deseada o se obtiene mal.

Pero dejando a un lado las exageraciones del principio, continúa en pie la afirmación de que la sociedad humana, aunque *sui generis,*. constituye un verdadero organismo: tiene sus órganos que desempeñan sus funciones relativas, y el conjunto de estas funciones forma después lo que se llama vida social. Conjunto de funciones significa que las unas se entrelazan con las otras, que las unas completan a las otras. Verdaderamente, si en tanto hay vida social en cuanto hay organización social, en tanto hay organismo social en cuanto los órganos que lo componen, impotentes considerados aisladamente, sirven admirablemente para el fin a que están destinados por naturaleza, cuando cooperan juntos al fin común. Un hombre solo acabaría, tarde o temprano, por ahorcarse: acompañado aun cuando solo sea de un ser semejante a él, crea.

2. Los elementos que componen el organismo social son de una variedad prodigiosamente infinita como los que forman el organismo individual. Cuadre o no a los que pueden perder el tiempo necesario para convertirse en censores de las leyes de la naturaleza, esta variedad ha existido, existe y existirá siempre, porque está en el mismo orden de las cosas. Nosotros, que únicamente tratamos de explicarnos los hechos que se nos presentan delante en la vida del universo, diremos que esta variedad infinita es muy próvida; que al disponerla, la naturaleza fue más sabia que sus censores, ya que solo del contraste nace la armonía, mientras que la uniformidad sería monotonía, muerte.

*Per troppo variar natura e bella*

Sin fantasear pues infecundamente sobre lo que habría podido ser, pero no es, y observando tan solo lo que es, digamos que la sociedad humana es una composición de seres de la forma más variada. Empezando por el sexo, vemos en el género humano una distinción fundamental, la de

descuidar los avisos de las sensaciones corpóreas para obedecer a su deseo concienzudo de pagar sus deudas: podría llevar esta sumisión de las sensaciones simples a las complejas hasta el punto de quebrantar su salud y faltar a su finalidad, que habría realizado si hubiese disminuido la sumisión. *Es claro pues que la subordinación de los sentimientos inferiores es condicional. La supremacía de los sentimientos elevados ha de ser determinada.*» Spencer, *Le basi della morale,* trad. italiana. — Milán, Fratelli Dumolard, cap. 7.°, pág. 133.

varón y hembra. Después viene la distinción de la edad: de la infancia a la adolescencia, de la adolescencia a la juventud, de esta a la virilidad, de esta a la madurez y de la madurez a la ancianidad y luego a la muerte, se recorre una escala de numerosísimos peldaños. En tercer lugar, viene la distinción de la raza, ya que entre blancos, negros y amarillos (según los productos de los climas) existe una diferencia infinita, sea de forma externa, sea de estructura moral, sea de usos y costumbres[28].

Además, aunque así los hombres como las mujeres nazcan siempre y en todas parles dolados del mismo organismo, este, siempre, en todos y en todas partes, cambia esencialmente de individuo a individuo. Entre tantas miríadas de individuos humanos como vienen al mundo, jamás podrían confundirse dos por el hecho de parecerse como dos gotas de agua; puede existir esta semi-identidad entre dos gemelos, pero en el fondo una media semejanza física cubre la mayor diferencia espiritual. De ahí las profundas diferencias desde el punto de vista de la belleza, de la fuerza física, de la fuerza del ingenio, de los sentimientos, del carácter y así sucesivamente. *Cada persona es un mundo,* como dice el proverbio español, y los unos diferimos de los otros en todo y tan profundamente, que andaríamos constantemente a bofetadas si el vínculo de la sociedad, que es la base de nuestra misma vida individual, no fuese tan fuerte, y más que fuerte, tan indispensable. No importa que los unos parezcamos locos a los otros: lo interesante es que de algún modo seamos recíprocamente de utilidad elemental.

---

28 «Los varios grupos humanos se separan unos de otros por una estructura diferente peculiar a cada grupo, y por diferencias funcionales especialmente en la actividad del cerebro y en el uso y extensión de esta actividad. Nadie, ni aun el monogenista más convencido, podría afirmar que haya igualdad entre papuas y chinos, entre fueguianos y europeos, entre negros de África y esquimales. Las diferencias de color en la piel, de estructura en los cabellos, de forma en el cráneo y en la cara, de disposición en los miembros de todo el cuerpo son tales, que es imposible sostener la igualdad física. En cuanto a las diferencias de actividad cerebral para las funciones psíquicas, son tan manifiestas en los fenómenos sociales en que se manifiestan, en los hábitos, en las tendencias, en todos los modos de vivir, que también bajo este aspecto es imposible afirmar la igualdad de los hombres... Pero (dirán los más convencidos de la igualdad humana) por lo menos los individuos de una raza pueden considerarse iguales entre sí. La más obvia observación demuestra que los hombres, tomados individualmente, son desiguales.» Sergi, *Le degenerazioniumane,* Milán, Fratelli Dumolard, 1899. Cap. 1.º: *Le diseguaglianze umane.*

3. Ser un individuo intrínseca y extrínsecamente diferente de los demás, significa también tener un valor distinto. Por esto un individuo, aun cuando constituya un determinado organismo perfecto, representa un valor mínimo frente a otro individuo que tenga aquel organismo en proporciones más vastas y también más completas y perfectas. Así la mujer comparada con el hombre: la mujer, como mujer, es un ser completo; pero ante el hombre (rey del universo) representa la parte del débil, que necesita de ayuda, de sustentamiento, aun cuando lo compense después con el afecto, con la gracia, con la voluptuosidad, que os su fuerza. Además, tomad un hombre y una mujer cualquiera: considerados en sí mismos, forman dos personalidades perfectas, pero palidecen si se les compara con un hombre más robusto y con una mujer más hermosa. Al igual, es hermosa y benéfica la luna cuando rompe con su luz plateada la oscuridad opresora de la noche, pero palidece cuando surge con el sol la luz triunfante del día. Más aún: tomad un cretino y un genio: el cretino, como tal, llega a la perfección; solo ante el genio ocupa el polo opuesto. Y aquí es preciso proclamar, de una vez para siempre, que el hecho de faltar determinadas facultades a ciertos seres no significa que sean imperfectos: son perfectos a despecho de esto que ordinariamente parece imperfección, Puede por lo tanto un ser valer menos que otro, pero en su esfera es perfecto siempre, aunque se trate del ser más inútil y más microscópico[29].

De esto se sigue que siendo todos los seres humanos infinitamente distintos los unos de los otros, tienen también un valor infinitamente distinto, que va de lo mínimo a lo máximo.

4. Lo mismo que en cualquier cuerpo orgánico, no todas las partes constitutivas del cuerpo social tienen la misma importancia, ni tampoco representan toda la misma parte. Si así fuese, se excluirían recíprocamente, y en vez de organizar y dar vida, serian causa de desorganización y de muerte. He aquí porqué la vida social nace, se mantiene y prospera a través de la más paladina disparidad de sus elementos y de las funciones que estos ejercen. Cada elemento individual desempeña, a tenor de su capacidad, una función conforme a ella: no se ha visto nunca a un zapatero de viejo hacer estatuas, como no se ha visto jamás al león ser manso como el cordero.

---

29 «Los naturalistas llaman abusivamente imperfectos a los animales más simples.» Grimaldi. Ob. cit. Parte 1.ª, pág. 11.

Ni siquiera en las épocas primitivas existe, como podría creerse y se ha creído, un verdadero estado de igualdad; aun entonces, en aquellas actividades iniciales, se encuentran las mismas desigualdades de hecho que en diferentes proporciones observamos en las sociedades adelantadas, puesto que también los salvajes salen de las manos de la naturaleza con aptitudes diferentes entre sí. También entonces tenemos por consiguiente un organismo social apoyado en el orden jerárquico de los órganos, orden jerárquico fundado a su vez en las diversas capacidades. Por esto se ve cuánto se equivocó Rousseau al considerar la civilización como causa primera y única de las desigualdades humanas, sin pensar que la civilización no hace más que continuar la obra de la naturaleza, y que la desigualdad es el carácter fundamental así de las sociedades primitivas como de las civilizadas.

La mente humana vacila maravillada cuando se pone a observar en el campo desmesurado del consorcio civilizado lo que, en el mismo día, a la misma hora, en el mismo instante, hacen todos los hombres que viven en la tierra. Mientras escribo, mi sirviente me hace oír el crujido de las cacerolas en la cocina, por la calle un vendedor ambulante pregona frutas frescas, un judío va pidiendo ropa vieja, una criada de la casa de enfrente sacude alfombras, los herreros baten el hierro sobre el yunque, los serradores de mármol trabajan y cantan, por la calle de Turín chirrían las pesadas ruedas de los ómnibus, de la próxima estación del ferrocarril llegan hasta mí los silbidos de los trenes que salen y llegan... ¡Qué profunda diversidad de ocupaciones! ¿Qué estará haciendo el Papa en el Vaticano? ¿y el rey en el Quirinal? ¿y el primer Ministro en la Consulta o en el Palacio Braschi? Podría extender la enumeración a toda la vida romana, a toda la vida italiana, a toda la vida europea, a toda la vida del mundo. Pues bien: estas diversas actividades, que desempeñan a un mismo tiempo funciones tan diferentes y de tan diverso valor, concurren a formar el milagro palpitante y viviente que se llama vida humana. Parece imposible, pero una función no destruye la otra, antes bien todas se completan, ya que en general los unos viven de lo que hacen los otros: cada cual aporta su contribución a lo que después, transformado de mil y mil modos, sirve para todos[30].

30 «He querido hacer ver la existencia de las desigualdades que se encuentran en los hombres, y lo errónea que es, a mi juicio, la opinión sobre la igualdad humana tal como por lo general es proclamada. Si hubiese de emitir un juicio, empezaría por decir que este fenómeno es útil para la existencia de la sociedad. Por su medio se desenvuelve la gran variedad individual humana sin la cual es imposible la división del trabajo y el mecanismo social, tan complejo

5. Bien mirado, la sociedad humana, o sea el grandioso organismo social, se nos presenta en forma de una inmensa pirámide constituida en la siguiente forma: en la base, de extensión ilimitada, se encuentra el vulgo de los hombres; los órdenes intermedios están ocupados por los hombres mediocres; dominando la cima y por consiguiente todo el edificio, los hombres más virtuosos (tomada la palabra *virtud* en el sentido de *fuerza* que le dio la latinidad clásica) o sea los más capaces. En resumen, el mundo humano, como el mundo animal y en general como el mundo universal, está dispuesto jerárquicamente: cada elemento vale lo que es, está en el lugar que merece; el que vale más es más que el que vale menos y ocupa un puesto superior. Nada hay que pueda trastornar este orden, por ser este orden mismo el fundamento esencial de la vida así fisiológica como social[31]. Y así como fisiológicamente no puede suceder que los pies piensen y manden, así tampoco sucede ni puede suceder socialmente que el vulgo piense y mande. Fisiológicamente piensa y manda la cabeza; socialmente, piensan y mandan los mejores.

No hay en esto violencia alguna: los mismos débiles se doblegan ante los fuertes, voluntariamente, como conscientes de su poca capacidad y de su destino, y la gran máquina marcha adelante. Es cierto que en determinados momentos estallan rebeliones porque los fuertes se imponen más de lo debido, y de ahí las terribles venganzas populares que se presentan de tanto en tanto, dejando en la historia surcos purpúreos e indelebles de sangre; pero estas venganzas son tanto más pasajeras cuanto más violentas: de un momento a otro las cosas vuelven a lomar el cariz antiguo, si bien inspiradas en principios más racionales y más justos. Mientras en aquel momento de transición parece que el mundo ha de quedar trastornado para siempre, los enanos continúan siendo enanos y los gigantes; los pocos mandarán lo mismo y los muchos obedecerán, o mejor, habrán de limitarse a hacer valer sus pretensiones dentro de su restringidísimo campo de acción, porque en el fondo, en la civilización moderna todos mandamos y obedecemos algo a un mismo tiempo, por haberse abolido ya la institución de los dueños del

---

en las sociedades civilizadas, como es imposible el organismo social que consiste en la armonía de elementos diferentes para un fin único. La uniformidad de caracteres, de tendencias, de fuerzas físicas y psíquicas, seria causa de disociaciones más bien que de armonía orgánica de la sociedad.» Sergi, obra y lugar citados.

31 «Hay en la naturaleza de las cosas una ironía que se ríe del legislador y se venga de los golpes de este» Leroy-Beaulieu, Ob. cit., libro 3.°, cap. 4.°

género humano por derecho divino y haberse justificado el gobierno como medio para el mayor bienestar de los hombres. Los mismos que hacen las leyes son los primeros obligados a observarlas. De todos modos, como quiera que aun en el mando y en la obediencia hay una gradación infinita, mandan y obedecen más los más capaces, mandan y obedecen menos los menos capaces, son más considerados y más prósperos los más capaces, menos considerados y menos prósperos los menos capaces. Y esta ley se llama precisamente ley de la jerarquía social.

6. Siendo esta ley fundamental en la vida social, como en la natural, resulta de ella que cuando el respeto a la misma se debilita, la vida social se resiente bastante de ello. He aquí porqué, cuando los elementos del organismo se hallan en fermentación y en lugar de atender a sus funciones se ponen a holgar, la vida del organismo, si no se detiene del todo, va mal, decae, y de ahí las grandes crisis económicas que siguen constantemente a las grandes crisis políticas, que a su vez están determinadas por las grandes crisis filosóficas o de la conciencia. En resumen, destruida o aminorada la armonía de las funciones, la función por excelencia (que en este caso es la vida social) se perturba, claudica, y en lugar de dar pasos adelante, cuando no se detiene, da pasos hacia atrás. Por esto la vida social está en relación perfecta con el organismo social: marcha bien la vida si marcha bien el organismo; va mal la vida si va mal el organismo.

Al decir esto, o sea al determinar una ley según la cual vive el consorcio humano, no se entiende esperar que este prospere siempre. El organismo social está sujeto a las crisis, como el individual a las enfermedades, de suerte que ciertos momentos de confusión y de retorno, de reflujo *(ricorso)* como diría Vico, son inevitables, superiores a la voluntad humana; solo que así como un individuo puede evitar muchas desdichas si sabe proporcionar bien sus derechos y sus deberes, sus pretensiones y sus obligaciones, de igual modo todo el cuerpo social podría evitar muchas crisis fatales si los que lo componen tuviesen plena conciencia de sí y no pretendiesen más de lo que tienen derecho a pretender.

# CAPÍTULO II

## Jerarquía y capacidad

1. Eterno estado violento de la sociedad humana. — 2. Causas y necesidad de la lucha por la existencia. — 3. Predominio de los más capaces y sumisión de los menos capaces. — 4. Ordenamiento jerárquico de los dominadores y de los dominados.

1. Bien considerada, la sociedad humana, cuyo fundamento hemos demostrado que es una jerarquía inflexible, es equilibrio de fuerzas más bien que unión de fuerzas. Ya la idea de unión, que supone algo material e inorgánico, es incompatible con la idea de fuerza, por ser la fuerza una cosa eminentemente activa y palpable, de suerte que varias fuerzas no pueden estar juntas más que por virtud del equilibrio, o sea contrabalanceándose mutuamente.

Indudablemente, el armazón necesario para mantener este equilibrio no es pacífico, más bien lo sostiene una vigilancia, una actividad continua, persistente. La inercia o el sueño se castiga con una pena inexorable: o se pierde lo que se posee, o no se adquiere lo que se tiene derecho a adquirir. Cada cual tiende a sobrepujar a los otros, y si con frecuencia no se llega a realizar este intento, se debe esto, más que a la voluntad, a la impotencia propia o a la resistencia encontrada. Ahora bien, precisamente ese instinto innato de ofensa y defensa (del cual no puede prescindirse nunca a menos de querer sucumbir) hace que la sociedad sea un perenne estado violento. En el curso normal de las cosas, ese estado violento queda disimulado por la apariencia tranquila del equilibrio, en cuanto por lo general se miran los efectos sin remontarse a las causas; pero observando bien, se ve claro que el equilibrio solo nace de la contraposición violenta de las fuerzas en movimiento. Así, un hermoso cuerpo de mujer encanta, pero no se piensa al verle que bajo aquella epidermis fascinadora se entrecruzan músculos y nervios y circula prosaicamente la sangre. Cuando a lo que parece haber sido pacífico sucede lo que se llama estado bélico, es que el equilibrio de las fuerzas se ha roto en aquel momento dado por efecto de la preponderancia de una u otra: entonces la lucha no puede disimularse, cambian los medios de combate y de aquí los delitos, las revoluciones y las guerras en el campo social, como las erupciones, los temporales y los terremotos en la naturaleza, y como quiera que *violentum est durabile,* estas cosas pasan pronto, restableciéndose inmediatamente el equilibrio. Esto significa que las fuerzas sociales (fuerzas que están representadas por las lindas personitas llamadas hombres) son en el campo común enemigas por instinto y por necesidad. Los hombres se excluirían recíprocamente si por próvida disposición de las cosas los unos no fuesen, hasta sin quererlo, provechosos a los otros, y por consiguiente no hubiesen de protegerse mutuamente. Así queda justificado (digan lo que quieran los pensadores seráficos) el sentimiento de Hobbes, el cual decía que los hombres están unidos en sociedad por utilidad mutua más bien que por amor reciproco[32]. Así pues, en el seno de la sociedad humana se libra una batalla perenne, batalla que con una frase de moda se llama *lucha por la existencia.* Veamos algo mejor cómo se origina y se mantiene perennemente esta lucha.

2. El hombre, al igual que todo ser viviente, tiende por naturaleza a extender su dominio hasta donde se extiende su pensamiento, su fuerzan Sin embargo, en esta tendencia ingénita encuentra dos grandes opositores: la naturaleza y el hombre. Dejemos a un lado las oposiciones de la naturaleza porque no es este el lugar de fijarnos en ellas, y detengámonos en las que el hombre encuentra en su semejante. En la tierra, o para hablar con más propiedad, en el terreno social, los hombres se encuentran en la siguiente condición: tener tendencia a la expansión máxima de su actividad, y no poder actuar esta tendencia por el hecho de que teniendo la esfera social límites determinados, no puede permitir ocupaciones infinitas. De esto se sigue que los hombres se ven obligados en la esfera común a limitar por sí mismos la de su actividad particular.

Pero la tendencia a la expansión por una parte y la necesidad del límite por otra, son dos fuerzas contrarias, y así como aseguran el desenvolvimiento de la vida y del progreso indefinido del espíritu humano, así también tienen a los hombres en un estado de tensión extrema y con-

---

32 «Omnis igitur societas vel commodi causa, vel gloriae, hoc est, sui, non sociorum amore contrahitur». Hobbes, *Elementa philosophica de cive,* caput 1.°, § 11.

tinua. Pues bien, ese estado de tensión es estado de lucha, *la lucha por la existencia*[33].

33 «Según Darwin, el mundo es un vasto campo de batalla, y el hombre mismo lucha de continuo por su existencia y prosperidad, sea con los agentes externos, sea con los organismos de grupos diferentes que le asaltan abiertamente y se deslizan a hurtadillas en sus tejidos, sea con los individuos de su propia especie.

La dureza de esta lucha dependerá principalmente de la escasez de alimento, sea absoluta o bien relativa al número de individuos que lo buscan. Por consiguiente, la lucha será más encarnizada en años de carestía que en años de abundancia, y si por cualquier motivo el número de los individuos de una especie tuviese que aumentar de un modo extraordinario, la lucha entre estos numerosos individuos se volverá igualmente viva. El rigor de la lucha está en cierto modo en relación con la afinidad sistemática, porque los individuos de una misma especie y la especie de un mismo género, tienen con frecuencia, aunque no siempre, hábitos parecidos y siempre una semejanza mayor o menor en la estructura. Esta regla también puede hacerse extensiva a la especie humana, en la cual la concurrencia entre los varios individuos es tanto más viva cuanto más semejantes son sus aspiraciones, de donde deriva lo que llamamos celos del oficio.

Esta lucha impulsa a los organismos a ocupar los lugares vacíos de la naturaleza, es decir, los puestos no ocupados todavía por otros organismos, porque aquí la lucha faltará al principio por completo, y no se desarrollará hasta más tarde entre los descendientes del primer ocupante.

En general, los individuos monstruosos están en desventaja ante sus compañeros de lucha por la existencia: por consiguiente, casi siempre mueren precozmente, a menos que los proteja el hombre. Sin embargo, de esto no se infiere que ningún individuo monstruoso pueda, en condiciones excepcionales, llegar a una edad avanzada... Pero, en general, semejantes individuos no tienen probabilidad alguna de salir victoriosos de una lucha por la existencia algo ruda con sus compañeros normalmente constituidos.

La lucha por la existencia se produce también entre los individuos de una misma familia; así, en cada nido hay un individuo más débil que los otros, que como grita menos y estira menos el cuello, recibe una alimentación más escasa y a menudo perece.

En la lucha por la existencia la victoria será del organismo mejor dotado, del que más se adapte a las condiciones de vida, en resumen, del que tenga una ventaja cualquiera sobre sus competidores. Ahora, la naturaleza de estas ventajas puede ser bastante diversa. En un caso, será la fuerza física lo que proporcione la victoria; en otro, la velocidad de la fuga; en un tercero, la viveza del color que atrae los insectos y favorece las razas cruzadas; en un cuarto, la posibilidad de ocupar un puesto en la naturaleza, por serle dable por ejemplo

La vida social, cualquiera que sea el aspecto bajo el cual se la considere, es vida de lucha, porque míresela desde donde se la mire, se encuentra constantemente en ella el fenómeno de la concurrencia. Por lo demás, no habría vida social si así no fuese. Como todos los demás animales, el hombre comienza a luchar más pronto de lo que se cree, casi apenas salido del huevo o del útero. Los naturalistas observan (y esta observación es enteramente general) que en un nido suele haber un individuo más débil que los otros, que como grita menos y alarga menos el cuello, recibe una alimentación más escasa y perece. Lo mismo sucedería con un niño si agitándose mil veces no atrajese continuamente sobre si los mayores cuidados de la madre, que sin embargo son espontáneos. Después, apenas se crece un poco, son tan exorbitantes las necesidades que se sienten, que estamos lamentándonos de continuo porque no pueden satisfacerse todas, sino una parte mínima de ellas. Cuando un niño que todavía no tiene idea de *mío* y de *tuyo* se enfada porque no puede tener lo que ve, muestra con plena evidencia el instinto innato de querer atraerlo todo hacia sí. Pero esto es imposible y el niño se deshace en lágrimas creyendo que solo por maldad de los padres no se le concede todo lo que ve y desea. Más tarde, cuando haya adquirido la idea de lo *mío* y de lo *tuyo* y comprenda la razón de que no pueda tenerlo, ya no llorará pero se volverá envidioso y nunca le abandonará desde entonces un odio feroz contra los que tienen más que él. Además, apenas alcanzada cierta edad en que empieza a tenerse un poco de conciencia, surgen inmediatamente las comparaciones cuya base puede ser la belleza, la riqueza, el talento, el amor, el éxito, la benevolencia ajena, la fortuna, la casualidad y así sucesivamente. Entonces cada cual quisiera ser más rico, más guapo, más genial, más simpático, más amable y más estimado que los otros, y de no serlo las más de las veces, nacen las mil y mil asechanzas diabólicas tendidas adrede para crear apuros comprometedores a aquellos que no tienen otra culpa que poseer cualidades de que otros carecen. No nos alejaríamos mucho de la verdad si afirmásemos que la constante ocupación de los hombres consiste en ver el modo de derribar a los otros y de elevarse a si mis-

---

a un animal acuático hacer presas en tierra firme, o bien a una planta alimentarse de insectos; en un quinto caso, el color simpático o la forma mímica, que sustraen un animal a la vista de sus enemigos. En otro caso, la victoria podrá estar determinada por una peculiar estructura del animal por cuya virtud queda inmune de algún veneno o de algún parásito, sea animal o vegetal.» Canestrini, *La teoria di Darwin criticamente esposta* – Milán, Dumolard Hnos. págs. 220 y sigs.

mos, y que por lo tocante a las relaciones entre hombre y hombre, la historia de la humanidad es un tejido de engaños. Y no podría ser de otro modo, lo repetimos, porque entonces los hombres ya no serían hombres, y ¡ay de aquellos que les creen ángeles! Es eterna la verdad enunciada por Machiavelli en la forma siguiente: «Un hombre que quiera hacer en todas partes profesión de bueno, forzoso es que se pierda entre tantos que no lo son»[34].

Los que creen que la lucha por la existencia dimana del exceso de población relativamente a la escasez de alimentos, dan muestras de conocer poco la naturaleza humana La escasez de alimentos no es más que una simple modalidad que puede cambiar la forma y la proporción de la lucha; pero para descubrir la causa de esta, es preciso meter la nariz más adentro. La causa radica, como hemos demostrado, en el contraste entre la tendencia instintiva del hombre a sobrepujar a los demás, y en la resistencia que los otros oponen, también instintivamente. Por tal razón, aun cuando la población fuese escasa relativamente a los medios pingües de alimentación, ni cesaría la lucha ni se atenuaría mucho como creen algunos, entre ellos Malthus y Spencer, que además confían en los beneficios de la evolución, y esperan un porvenir mejor[35]. Aunque la tierra estuviese habitada por dos hombres tan solo, aun teniendo tanto espacio a su disposición para dominar, no estarían contentos de nada y llegarían siempre a un duelo mortal: habría de tener el dominio o el uno o el otro, y el más fuerte vencería.

Pero hay más. Es indudable que con todos los admirables, hasta milagrosos progresos modernos, la producción ha aumentado desmesuradamente; ahora bien, según la opinión general, esto habría de ser motivo suficiente para que por una parte quedase asegurada la paz social, y abolida por otra la miseria, si no del todo, en gran parte. Sin embargo, no se ha verificado ni lo uno ni lo otro, sino el hecho opuesto: la lucha se ha vuelto más ruda, la miseria más miserable. ¿Por qué? Porque persistiendo con el hombre la causa de la lucha y de la miseria, así la una como la otra han aumentado con el mayor desarrollo de la actividad humana, y todavía aumentarán más con el mayor desarrollo de la misma actividad. Por esto los pueblos llamados bárbaros tienen una bondad angelical comparados con nosotros, los llamados pueblos civilizados de fines del siglo XIX. Por esto cuando los pensadores se indignan contra el consorcio civilizado, sueñan

---

34 Machiavelli, *Il principe*, cap. 15.

35 Icilio Vanni, *Saggi critici sulla teoria sociologica della popolazione*, Città di Castello, Tipografia Lapi, 1886.

en volver hacia atrás, al estado salvaje, como a una Arcadia llena de paz, de verdad, de santidad y de bienestar, y huyen hasta con el pensamiento del espectáculo de la civilización, que es a su decir un infierno vivo[36].

En su virtud, el que cree disminuir la lucha por la existencia aconsejando la disminución de la población, se engaña intencionadamente, como se engaña también intencionadamente el que de la misma disminución espera la desaparición de la miseria de la faz de la tierra: una y otra serán tan eternas como el hombre, y será constante su proyección, al igual que no se tendrá jamás el día sin la noche, ni la luz sin las tinieblas[37].

3. Comprobado el hecho permanente de la lucha por la existencia, podemos estudiar sus efectos en cualquier época de la historia: esto es completamente indiferente, porque las distintas proporciones que toma, así como las diversas formas con que se manifiesta, nada quitan a su sustancia fundamental. Cuanto digamos en abstracto, puede pues aplicarse muy bien (salvo siempre las diversidades extrínsecas) a las épocas modernas y a las antiguas, a nuestras sociedades civilizadas y a las salvajes, en una palabra, ya se trate de lucha brutal o de lucha más pulida, pero no menos feroz, de la lucha con justicia llamada antropofagia civilizada, de la conquista de un pedazo de pan o de la del gobierno de un pueblo.

En todos los casos, los términos de la lucha son: en primer lugar, un mismo objeto; en segundo lugar, dos personas, dos clases, dos pueblos, dos razas o dos épocas; en tercer lugar, una diferencia de capacidad entre estos eternos contendientes. Poned en acción estos elementos en semejantes términos, y el efecto seguro será siempre uno solo: un contraste cruel y la

---

36 «Considerada desde el único punto de vista de la economía de la fuerza nerviosa, toda nuestra civilización es un error. Cada milla de progreso en el dominio de las ideas trae un conflicto que no conoce tregua, y todas las conquistas han de pagarse, con frecuencia antes de ser un hecho consumado, con la sangre, el nervio y la vida.» Jorge M. Beard, *Il nervosismo americano.* Città di Castello, Lapi, editor, 1888, pág. 107.

37 «Es un hecho que si el progreso cura ciertas llagas, en cambio abre otras: la avidez de goces, los apetitos desordenados, las nuevas necesidades que nos apremian, son males que la civilización no puede apartar del consorcio civilizado, antes bien aparecen en ella de igual manera que los gérmenes de ciertas enfermedades congénitas en nuestro organismo, que se manifiestan cuando llega a la edad adulta. Nuestros padres eran menos cultos, pero tal vez más felices que nosotros.» Véase Lilla, *Critica della dottrina etico-giuridica di John Stuart Mill.* – Nápoles, Tipografía Gargiulo, 1889, pág. 53.

victoria de los que en la prueba se muestran más capaces y hacen mayor alarde de fuerza, sea física sea espiritual. Por esto es verdad en absoluto el hecho de que el mundo social y humano (como los otros mundos vivientes) está dominado por los mejores; por esto los peores están condenados a una servidumbre eterna. Desde este punto de vista, tiene razón Aristóteles cuando sostiene que se da una esclavitud natural que ninguna fuerza humana logrará destruir, como hay un dominio casi por derecho divino que se impondrá en todo tiempo.

Pero decir que el mundo es de los mejores, no significa que los peores no encuentren sitio en él. Protesta de ello un hermoso proverbio que dice: *en el mundo hay sitio para todos.* Solo es cuestión de diversidad de puestos: los mejores ocupan los primeros y los peores los últimos. La coexistencia de los mejores y de los peores será eterna, y aun admitiendo que en el campo de batalla solo queden los más aptos, también entre estos hay los mejores y los peores. Lo cierto es que en la lucha perecen muchos o mueren si están mal conformados físicamente, o se matan si no han sabido conducir sus negocios y desesperan completamente del porvenir, o van a los manicomios si sus facultades se han visto sorprendidas por un penoso desequilibrio, o a las cárceles si abusando de sus facultades han invadido los derechos ajenos mereciendo así el castigo de las leyes, hechas expresamente para garantir a cada cual lo suyo.

Por otro lado, para profundo consuelo del género humano, los mejores no son siempre los mismos, como recíprocamente los peores no son siempre los mismos, antes bien sucede todo lo contrario, y así como los vencidos de hoy pueden ser los vencedores de mañana, así los peores de hoy pueden ser los mejores de mañana.

A esta ley próvida y constante se debe el maravilloso cuanto justo y equitativo espectáculo del eterno rejuvenecimiento del mundo: los mejores están a su cabeza mientras conservan integra la fuerza para estar en ella; el día en que ya no la tienen, se disuelven como cadáveres putrefactos. De igual modo, los que hasta hoy han sido aptos para servir, suben hacia arriba así que demuestran fuerza para mandar. De ahí la eterna y alterna vicisitud de ruinas por una parte y resurrección por otra.

Durante las glorias del Imperio romano, nadie podía soñar jamás su ruina y, sin embargo, desaparecida la fuerza y con la fuerza su razón justificadora, cayó, y el estrépito de su épica caída llenó el mundo de un estupor tal, que aún ahora la resentimos en nuestras almas. Al revés, los que aceleraron su caída, los que pisotearon su grandioso cadáver y se convirtieron en triunfadores, fueron los mismos calificados con insolente desprecio de *bárbaros* por la altanería del pueblo romano. Indudablemente los poderosos saben que mañana pueden volverse impotentes, pero por necesidad de las cosas, los perfumes embriagadores de los triunfos les aturden, les envenenan: disfrutan del momento y —*Después de mi el diluvio*— dicen como Luis XV —o como Nerón: —Gocemos; Galba está lejos todavía. Por lo demás, ninguna filosofía puede preservar lo que por lógica natural está destinado antes o después a una muerte segura. Por esto asistimos a estas descentraciones de dominio que al paso que distribuyen los bienes con equidad, salvaguardan el consorcio civilizado de la corrupción y de la muerte.

4. Toda vez que nadie puede hacer más de lo que es capaz de hacer, es evidente que, si quiere vivir, ha de tomar en el engranaje social, de buena o mala gana, el puesto que le corresponde. Desde el barrendero hasta el jefe del Estado, la gradación de la escala es casi infinita; cada peldaño representa una función, no solo útil, sino también necesaria, y por esto cada individuo contribuye en lo que vale a mantener el gran organismo que se llama cuerpo social.

Según hemos establecido más arriba, si de una parte el hombre tiende a extender su esfera de acción mucho más allá de sus fuerzas, entre otras razones porque las facultades del sentimiento, que hacen ver visiones, prevalecen sobre las de la razón, que ven las cosas en su esencia o realidad; de otra parte, encuentra en sus mismos semejantes un impedimento decisivo contra esta tendencia. De esto resulta que cada cual se ve obligado a ocupar el puesto que ocupa, más que por elección propia, por la necesidad de las cosas o sea por los efectos inflexibles de la concurrencia. Si dependiese de su propia voluntad, nadie ciertamente escatimaría nada para asegurarse una posición conveniente, pero la proporción entre lo que se es y lo que es capaz de hacer impide estos juegos de manos, y es rarísimo el caso (excepción que confirma la regla general) en que uno esté por encima o por debajo de la colocación que merece: se vuelve y revuelve, y al fin los trapos van al aire. La fortuna y el engaño pueden bien poco contra la inflexibilidad de esta ley justa y alentadora.

Y no es esto todo. La función de un individuo (y lo mismo de una familia, de una nación, de una raza, hasta de una época) no es una forma estable; está sometida a cambiar en mejor o en peor según cambie la propia capacidad. Así sucede que un valiente soldado, después de haber combatido las batallas de la libertad, acaba por convertirse en portero de un Ministerio, y así se explica también que una hermosa hetaira, después de haber subyugado miles de corazones y vaciado millares de bolsillos, acabe por convertirse en una mísera celestina. Al contrario, el que es hoy limpiabotas, podría en el porvenir Llegar a ser un héroe, como el triste estudiantino de hoy, desconocido y despreciado de todos, será la celebridad de mañana ante la cual se quitará todo el mundo el sombrero y que será objeto de la más general y descarada adulación.

Pero en cualquier estado en que se encuentre el hombre, no está ni puede estar contento jamás. Si de abajo ha subido arriba, cree que no ha subido bastante y se lamenta. Si de arriba ha caído abajo, cree que la caída ha sido excesiva y se lamenta también. He ahí por qué todos, aun desempeñando sus funciones respectivas, ya que no pueden menos para vivir, ofrecen la figura de otros tantos esclavos condenados a un trabajo forzado, cosa que confirma lo que hemos dicho más arriba, o sea que el cuerpo social está siempre en estado de tensión extrema, en estado perenne de violencia. En este hecho, sin embargo, más que motivo de dolor ha de encontrarse la fuente más próvida de la vida y el impulso más decisivo al progreso. En caso de apuro, todo el mundo agota su actividad innata.

El ordenamiento jerárquico es pues un hecho natural y por lo tanto absolutamente necesario en la humana sociedad, y hace que estén arriba los vencedores, o sea los más capaces, y abajo los vencidos, o sea los menos capaces, y que todos, vencedores y vencidos, conspiren juntamente a la representación perenne del gran drama humano.

# CAPÍTULO III

## Jerarquía, capacidad y derecho

1. La jerarquía social y el Derecho. — 2 Derecho y hecho. — 3. Naturaleza del Derecho. — 4. Su carácter fundamental: la proporcionalidad. — 5. Derecho y materia del Derecho. — 6. Igualdad de Derecho e igualdad de hecho. — 7. Esfuerzos vanos y absurdos para conseguir la igualdad de hecho. — 8. El progreso social y el orden jurídico. — 9. Sanción jurídica de la jerarquía social. — 10. Diferencia entre el orden jerárquico antiguo y el moderno.

1. Al contrario de lo que generalmente puede creerse y se cree, el ordenamiento jerárquico de la sociedad humana, así como es naturalmente necesario, es perfectamente compatible con los principios de libertad y de igualdad, en suma, con las exigencias del Derecho. Esto resultará claramente del examen que iremos haciendo de la naturaleza del Derecho y de las aplicaciones que de ella derivaremos. La gran conclusión de este estudio será que la jerarquía social, tal como la hemos trazado en los capítulos precedentes, recibe en todo la plena sanción del Derecho mismo.

2. El Derecho objetivamente considerado es, según el consentimiento unánime de los doctos, aquel poder máximo en cuya virtud le es atribuido a cada cual lo que razonablemente le corresponde[38]. Así, el Derecho tutela en cada uno no solamente las dotes innatas que derivan del hecho mismo de la existencia, sino que salvaguarda también todo lo que se va adquiriendo legítimamente mientras se vive. Decimos *adquiriendo legítimamente,* en cuanto el hombre tiene la facultad de desarrollar su actividad por todos lados hasta el punto en que no choque con las facultades de los demás, en

38 Para mayor desenvolvimiento de la idea del Derecho, véase mi citada *Volontà umana,* parte 3.ª, cap. I.

cuyo caso las perjudicaría, y por consiguiente no adquiriría legítimamente. He aquí porqué el Derecho, por medio de su instituto, al poner y obligar a cada uno a estar en su sitio, hace posible y asegura, según una frase célebre, la armónica coexistencia de todos sin la cual, cesando el equilibrio, el consorcio civilizado sería un caos permanente, y hasta ni podría existir. Sin duda que, atendida la justificada malignidad de la naturaleza humana, muchos se aprovechan de la debilidad ajena para invadir su campo y despojarles, y de aquí las continuas perturbaciones del orden social por parte de los malhechores; pero en estos casos es cuando el Derecho hace valer su alto poder, y cuando no puede dar completa satisfacción a las víctimas, por lo menos condena a los culpables a la expiación de penas condignas a las malas obras. Además, por aquella mala fe que confina con los límites de las leyes penales pero no los traspasa, pueden los intereses de los hombres coasociados confundirse en provecho de los unos y en menoscabo de los otros; pero también en estos casos interviene el derecho, lleva su viva luz a las cuestiones controvertidas, atribuye a cada uno lo suyo y queda hecha la justicia.

3. El Derecho, sin embargo, no puede prescindir, en su substancia íntima y en sus augustas funciones, del hecho. Si prescindiese de él, sería como un alma sin cuerpo y no pasaría de ser una cosa abstracta, impalpable, y por consiguiente del todo inútil. Pero esto no ocurre más que en la mente de algunos exaltados que quieren someter el mundo a las reglas soñadas en sus pestíferas exaltaciones, y no a las que son inherentes a la realidad de las cosas.

Ahora bien, esta compenetración del Derecho con el hecho implica que el Derecho mismo, más bien que rebelarse, ha de justificar con su autoridad suprema el modo según el cual se desenvuelven naturalmente las facultades del hombre y las relaciones sociales. Guando ha dejado a salvo la justicia atribuyendo a cada cual lo suyo, el Derecho ha logrado su objeto y puede tenerse por satisfecho de su éxito.

4. Cuando se dice que el Derecho atribuye a cada cual lo suyo (y contra esta fórmula nadie presenta excepción alguna) se presume que cada uno tiene una esfera distinta de los demás y que estas esferas difieren en extensión o en cualidad, sin que a esta presuposición pueda formularse tampoco ninguna excepción, porque esto resulta del más elemental examen de hecho. De ahí brota la consecuencia lógica de que garantizando el Derecho estas diversas esferas, sabe que son diferentes y sabe también

que puede garantirlas con justicia solamente en los límites de su extensión, límites estos fijados por la naturaleza, ante la cual el Derecho mismo, bien que árbitro de los destinos del consorcio civilizado, no puede hacer más que inclinarse.

El Derecho es pues como el compás que tiene un punto fijo, pero también tiene un ángulo que se agranda o empequeñece según la mayor o menor superficie que se ha de medir. Ahora bien, el punto fijo del Derecho es la garantía de lo propio de cada cual, el ángulo del Derecho está constituido por la medida de la garantía misma, que es más extensa cuando uno tiene mucho y ha de garantírsele mucho, y es más limitada cuando uno tiene poco y ha de garantírsele poco. Esto significa que el carácter fundamental del Derecho es la proporcionalidad, en cuanto no pudiendo prescindir de las circunstancias de hecho, que le son superiores, ha de conformarse a ellas; y puesto que los hombres de quienes es salvaguardia son de hecho los unos diferentes y de distinta calidad que los otros, síguese de ello que ha de garantir a cada uno proporcionalmente a las facultades propias, sean innatas o adquiridas: una medida, o sea una tutela más extensa o menos extensa que el objeto que se quiere medir, es injusta. Por una parte Juan, nacido con todas las dotes de un hermoso cuerpo y de una hermosa inteligencia, adquiere una posición social espléndida; Pablo, feo de forma y de inteligencia, apenas gana para vivir. Pues bien: el Derecho cumple su misión haciendo dos op raciones a un mismo tiempo, o sea, garantizando la espléndida posición de Juan y la pobre de Pablo, y desplegando por necesidad de las cosas una tutela más vasta (no menos intensa) para el uno y una tutela menos vasta (no menos intensa) para el otro, es decir, en proporción al objeto que se ha de tutelar. En esto consiste la proporcionalidad del Derecho. Este carácter decisivo del mismo fue lúcidamente notado por el divino Alighieri, que dio del Derecho una definición manca si en cuanto a su intima esencia, pero profunda en cuanto a semejante carácter fundamental: *Jus*, escribió, *est realis ac personalis hominis ad hominem proportio, quœ servata, societatem servat, el corrupta, corrumpit.*

5. Así pues, tutelando el Derecho por una parte las facultades de todos los hombres en cuanto son hombres, y teniendo en cuenta por otra la diversidad de tales facultades, que de una persona a otra varían hasta lo infinito, sanciona más bien que destruye las desigualdades naturales, que después se convierten en desigualdades sociales. El Derecho, en una palabra, ratifica la obra de la naturaleza, y no puede ser sino así. Si otra cosa hiciese, además de que se rebelaría contra el orden de la naturaleza, que es

un orden racional cuanto eterno e inmutable, renegaría de su misma esencia y fallaría a su finalidad, que consiste en atribuir a cada cual lo suyo. Sería en efecto pura injusticia dar artificiosamente un valor de diez al que en realidad representa un valor de mil, o viceversa, considerar, siempre artificiosamente, que representa un valor de mil el que no representa más que un valor de diez. Siendo este nivelamiento contrario a la naturaleza, es también contrario al Derecho, y por esto los verdaderos sacerdotes del Derecho han estado, están y estarán siempre lejos, no ya de admitirlo, sino de soñarlo.

Es un axioma matemático que añadiendo a cantidades desiguales cantidades iguales, se obtienen eternamente resultados desiguales. Aplicando este axioma a los hombres, tenemos los siguientes resultados. Siendo los hombres naturalmente desiguales y representando en consecuencia valores desiguales, no pueden sino continuar desiguales aunque se les aplique el coeficiente igual para todos, la protección del Derecho. Y puesto que *Deus fecit omnia pondere numero et mensura,* ni aun desde el punto de vista jurídico pueden ni deben escapar a esta sanción matemática, que es también sanción sapientísima y próvida.

«Pero dirá alguno, escribe Spedalieri, que esta desigualdad parece destruir la igualdad de los derechos naturales.» «Y sin embargo, no es verdad, responde, porque está óptimamente que sean *iguales* los *derechos* y *desigual* la *materia* sobre la cual recaen los derechos. Vosotros poseéis más y yo menos, pero yo tengo sobre mi *poco* el *mismísimo* derecho de *propiedad* que *vosotros* sobre vuestro *bastante.* Vosotros podéis disponer de lo *vuestro* y yo de lo *mío* de un modo idéntico: todo el mundo está obligado a respetar lo vuestro e igualmente lo mío. Decid lo mismo de todos los demás derechos, y para no hacer tan pueriles objeciones, distinguid siempre cuidadosamente la *materia* de los *derechos* de los *derechos mismos*[39].»

6. La igualdad de derecho, que en su mayor parte es ahora un hecho consumado en todos los pueblos civilizados, es una de las conquistas más grandes que la humanidad haya podido hacer en su mismo seno. Desde tiempos antiguos, quizá más de buena que de mala fe, al ver que el organismo social hacía que los unos estuviesen arriba y los otros estuviesen abajo, que los unos mandasen y los otros obedeciesen, se sacó la consecuencia de

39 *Diritti dell'uomo,* lib. 1.°, cap. VII, § 13. — V., en este sentido, Romagnosi, *Assunto primo della scienza del Diritto naturale,* y también *Istituzioni di civile filosofia ossia giurisprudenza teorica.*

que los unos eran por naturaleza, más que hombres, semidioses, y los otros, también por naturaleza, menos que hombres, parias. Una clase se creyó destinada por el cielo a un mando eterno, y todas las demás a una esclavitud eterna. De ahí que, según la opinión generalizada, se naciese amo por naturaleza de una parte, y esclavo por naturaleza de otra, y por esto todos los derechos estaban en manos de los amos y todos los deberes pesaban sobre la espalda de los esclavos, que no podían formular nunca pretensión alguna. Todo esto ha durado en Europa hasta ayer, en otros países dura y durará mucho tiempo aún, porque hay en ellos muchos intereses tradicionales para que la luz de la verdad llegue lo más tarde posible a disipar las espesas tinieblas de la Edad Media. La verdadera y gran revolución fue comenzada por el Cristianismo, que consideró a todos los hombres iguales ante Dios, y consumada idealmente por la Declaración de los derechos del Hombre de 1789, que consideró a todos los hombres iguales ante la naturaleza. Digo idealmente, porque no han caído todos los privilegios legales ni en todas partes. Baste recordar que en la civilizada Europa hay todavía monarquías hereditarias, cosa que repugna a todo sentido de modernidad. La igualdad de derecho está agraviada todavía por este privilegio, el mayor de todos, bien que algo atenuado por la obligación de los plebiscitos. Ante la naturaleza y ante el Derecho, el poder no se hereda, se adquiere, de suerte que se infiere un agravio a todos los ciudadanos al impedir que, basados en sus virtudes, concurran y lleguen a aquel puesto.

Si la desigualdad de derecho ofende por ser hija del artificio humano, y no está en la cúspide de la civilización el pueblo que no la ha destruido por completo, la desigualdad de hecho al contrario no agravia, porque es hija de la naturaleza. Cuando uno extiende su actividad, siempre dentro de los límites de lo justo, hasta allí donde naturalmente puede, no tiene por qué lamentarse. El Derecho no puede darle una potencia que le ha negado la naturaleza. Por lo demás, filosóficamente hablando, tampoco tiene porqué lamentarse de la naturaleza, porque esta lo ha pesado bien todo. A la verdad, si el que es capaz tiene mayor esfera de acción y por consiguiente un derecho más extenso, tiene también un deber más extenso y por lo tanto mayor responsabilidad: un jornalero, por ejemplo, después de haber pasado todo el día trabajando en los campos, por la noche tan solo rinde cuentas al que le ha asalariado; un Presidente del Consejo de ministros, en cambio, ha de dar cuenta de su labor a toda la nación. Lo de la *cruz del poder* no es tan solo una frase retórica; esta consideración debería desarmar con frecuencia a la envidia y a la estúpida maledicencia.

7. Como hemos hecho notar precedentemente, el mejor modo de comprometer el triunfo de las pretensiones justas consiste en formular pretensiones locas. Este lado débil de la naturaleza humana ha sido bien conocido de los tiranos de raza, que a menudo han concedido a sus pueblos más de lo que estos les han pedido, precisamente para tener después un pretexto legítimo de sofocar en los excesos de la licencia la voz sagrada de la libertad.

Aplicando esta observación fundamental a la investigación que nos ocupa, estamos autorizados para decir que sin duda la preciosa conquista de la igualdad de derecho (la única posible) se habría obtenido mucho tiempo antes de lo que se ha obtenido, si con ella no se hubiese pedido la igualdad de hecho, cosa absolutamente imposible por contraria a la naturaleza.

La igualdad de hecho es una aberración de la mente humana. Al verse que los unos están arriba y los otros abajo, se cree que los unos gozan y los otros sufren; se cree que esto es una injusticia y se quiere repararla. La verdad es que, aun cuando no se quiera creer que sufre más el que está más arriba y menos el que está más abajo, es incontrovertible que, en las diversas gradaciones sociales, deleite y sufrimiento se compensan de un modo matemático por disposiciones tan admirables como justas de la naturaleza. Pero, por lo general, no quiere reconocerse esta gran verdad y se llora la suerte del que está abajo y se envidia la del que está arriba. Se mira todo por la parte superficial, que es engañosa; no se penetra en el fondo de las cosas, en el cual se vería que muchos pretendidos esplendores son sepulcros blanqueados, y tranquilas alegrías muchos pretendidos sufrimientos[40]. De ahí una profunda exaltación del espíritu: se clama que so cometen injusticias, y se aspira al nivelamiento general de las fortunas.

---

40 «Es un error pensar que si algunos duermen sobre la paja o sobre la desnuda tierra, tienen el mismo dolor o los mismos sufrimientos que el que habituado a dormir en su caliente y limpio cuarto y en una cama bien acondicionada, tenga por casualidad que dormir en la paja o en tierra. Así como se ven perros que de noche se cobijan en los rincones en que hay orina para estar calientes, así hay hombres que viven vagando como perros sin amo. No se crea tampoco que el frío resulte tan doloroso al mendigo que se sitúa en la esquina de una calle durante todo un día, como al que está acostumbrado a vivir a cubierto.» Sergi, ob. cit., págs. 204 y 225 Y a propósito: ¿ha pensado alguien alguna vez en la psicología de las cuestiones sociales y jurídicas? Y sin embargo, muchos errores sociales y jurídicos nacen de errores psicológicos.

Pero prescindiendo de otra cosa, aquí se falta a la lógica. Los hombres no son desiguales solamente en los haberes y en las posiciones sociales: son desiguales en sexo, en edad, en belleza, en cualidades mentales, en cualidades del corazón y así sucesivamente hasta lo infinito. Por esto, según indicaba en el libro sobre las *Desilusiones,* además de la cuestión social de la riqueza, habría de existir la cuestión social de la belleza, de la fuerza, del ingenio, del ánimo, del sexo, de la edad, del territorio, de la época en que nos encontramos, y los jóvenes habrían de sublevarse contra los viejos, las hembras contra los varones, los cretinos contra los genios, los feos contra los hermosos, los pusilánimes contra los magnánimos, los europeos contra los habitadores de otras parles del mundo, la posteridad contra los predecesores ya muertos, sepultados, reducidos a polvo y olvidados. Y no es moderna esta enfermedad del total nivelamiento de lodos: desde que el hombre vive sobre la tierra, ha existido siempre, porque el sueño es inseparable de la mente. Luminosamente lo ha evidenciado el autor del *Socialismo antiguo*[41].

Ahora bien, resulta claro que siendo lo mejor (y en especial lo mejor absurdo) enemigo de lo bueno, se ha originado de ello que la absurdísima pretensión de la igualdad de hecho ha retardado de mucho la conquista de la razonable igualdad de derecho. Y no basta esto. El mejor modo de comprometer estas conquistas es continuar pretendiendo la igualdad de hecho. Si se pasase a vías de hecho, esto traería un natural desequilibrio, y en los desequilibrios sociales lo que pierde es la libertad: He aquí por qué las grandes revoluciones van seguidas de las grandes tiranías: después de 1789, lo único posible es Napoleón.

Es bien extraño que algunos, aun sosteniendo «que el principio de la igualdad de derecho no tiene valor práctico sino en cuanto supone la desigualdad de hecho, *que en el orden natural es inevitable,* lleguen a afirmar con poquísima lógica que «la igualdad de derecho aplicada a un estado de desigualdad de hecho, establece una *tendencia* necesaria a la *disminución* de esta última, y una *aspiración* necesaria a su *total supresión*»[42]. Esto es una contradicción tan palpable como deplorable. Si las desigualdades de hecho son «inevitables», como así se reconoce, no se puede concebir cómo pueden

41 Cognetti de Martiis, *Il socialismo antico.* Turín, Fratelli Bocca, editores, 1889.

42 Ludovico Mortara, *La lotta per l'uguaglianza.* «Prolusione al corso di diritto costituzionale fatto per incarico nell'università di Pisa.» En Pisa, Tipografia Mariotti, 1889, págs. 26-7.

«disminuir» y mucho menos «desaparecer totalmente». Esto sucedería el día en que todos fuesen varones o hembras, hermosos o feos, genios o cretinos, ricos o pobres, europeos o americanos, hasta hijos de la misma tierra, habitantes en el mismo cielo, velando a la misma hora, durmiendo en el mismo instante. Es verdad, sin embargo, que este «régimen de igualdad de hecho» se concibe como «realizable en un porvenir lejano». Menos mal; así los que esperan esto no pasan por el fastidio de ver desmentidas por los hechos, en breve plazo, sus hermosas hipótesis. Pero aquí es del caso ceder de nuevo la palabra a uno de nuestros lúcidos escritores del siglo pasado, para repetir a los modernos sostenedores de esta idea lo que sabrosamente contestaba a los que en sus tiempos (hasta ese punto son siempre los mismos el mundo y el hombre!) sostenían semejantes ideas llenas de vanas esperanzas: «El sistema que promete la felicidad a nuestros descendientes, caso de que esté en el orden de la providencia que se cumpla, no me parece nada consolador para nosotros[43].»

8. El seno de la sociedad humana, como el de la naturaleza del que es parte, es un campo perennemente abierto a las exploraciones más sorprendentes y completamente inagotables; pero las exploraciones traen consigo descubrimientos, y los descubrimientos cambios en las cosas. He aquí por qué haciendo los hombres de genio continuos descubrimientos, estos se reflejan en las relaciones sociales, y cambiadas estas, contribuyen a cambiar la fisonomía de la sociedad misma. He ahí por qué en el transcurso de pocos años (especialmente en la época moderna, en que los descubrimientos más portentosos en el orden del espíritu y de la naturaleza se suceden a cada paso) la fisonomía social se ha transformado totalmente, y la historia, que es su reflejo constante, recibe muy pronto las nuevas estratificaciones. Todo esto es efecto de la ley constante del progreso infinito de la mente humana, que desarrollándose poco a poco, hace poco a poco más consciente, más elevado y más digno su destino en la tierra.

Pero si bajo la acción de esta ley las relaciones sociales progresan por necesidad de las cosas, este progreso no puede llevarse a cabo fuera del dominio inflexible del Derecho. Un progreso fuera del dominio del Derecho sería regresión, seria retorno a la barbarie, cuyo abandono ha costado siglos de épicos esfuerzos a la humanidad.

Decimos esto refiriéndonos a aquellos heréticos imperdonables de la razón humana que sostienen que «la igualdad (tesis *en otro tiempo* jurídica)

43 Grimaldi, ob. cit. Introducción, pág. 9.

hoy se ha convertido en tesis social»[44]. Por el contrario, la tesis de la igualdad ha sido, es y será siempre una tesis jurídica. Ciertamente admitimos que los estudios modernos, aun inspirándose en los intereses sociales más que en los individuales, puedan descubrir en la sociedad nuevas relaciones y pedir reformas que aseguren sin perjudicar a nadie el bien de todos, pero estas reformas no pueden tener más que bases genuinamente jurídicas. El Derecho es el eterno faro luminoso de la sociedad: fuera de él no hay salvación. Por lo demás, el Derecho, al igual que la razón humana, es una fuente inagotable e inmutable, y por otra parte tiene, como la divina providencia dantesca, unos brazos tan grandes que pone bajo su protección lodo lo que a él se dirige[45].

9. Aplicando ahora esta doctrina del Derecho a la constitución del cuerpo social, tal como la hemos estudiado y encontrado en los capítulos precedentes, síguese que lo que en él es *naturalmente* necesario, es *jurídicamente* racional. De ahí que si los hombres más capaces tienen mayor valor naturalmente, lo tengan también jurídicamente. De igual modo, si para la vida del organismo social es naturalmente indispensable que los más capaces ejerzan funciones más elevadas y los menos capaces funciones más bajas, el Derecho no puede hacer más que confirmar esta variedad de fun-

---

44 Siento que recoja semejantes ideas mi amigo G. Vadalá-Papale, quien escribe efectivamente: «La lucha por la igualdad tiene su causa en necesidades escritas en la era moderna con más eficacia que en las pasadas. Por esto la igualdad, tesis jurídica en un tiempo, hoy se ha convertido en tesis social, y añadiré de las más vitales, por no decir la fundamental entre las que debe estudiar con preferencia la sociología. Fuera del terreno social, la igualdad en la era moderna resulta incomprensible: sería querer estudiar el hombre moderno al tenor de los Adanes primitivos». *L'eguaglianza sociale* en la *Antología giuridica.* Fase. Abril, 1886, pág. 37.

45 «Toda una serie de relaciones nuevas concernientes a la propiedad y a los derechos especiales sobre los productos de las industrias, al respeto de la persona humana en su integridad física y moral, a la duración del trabajo, al tanto de los salarios, a la responsabilidad en los casos de accidente, en fin, a las observancias a que están obligados respectivamente patronos y operarios, merece ser regida por normas correspondientes. Y con esto la acción del legislador no se manifiesta excesiva o usurpadora, por ser su obra moderadora indispensable donde quiera que se manifiesta, con duración y consistencia notable, una parte cualquiera de la actividad humana.» Enrique Cimbali, *La nuova fase del diritto civile,* Parte 1.ª, cap. 4.º, pág. 56. —Véase también Carie, *La vita del diritto nei rapporti colla vita sociale.* Turín, Hermanos Bocca, editores, 1890.

ciones, y no puede dejar de creer que están verdaderamente en su sitio los que las desempeñan según su capacidad. En fin, si para la vida social es naturalmente indispensable la jerarquía, el Derecho no puede hacer más que justificarla. De ahí que la jerarquía, además de ser un hecho natural, sea también un hecho jurídico. Sería antijurídico si se hiciese violencia a un órgano (o sea a un hombre) impidiéndole artificialmente elevarse a posiciones más altas cuando da muestras de tener requisitos para ello; solo en este caso se lesionaría la igualdad, pero en general la jerarquía no la lesiona porque no lesiona el derecho. Con mucha razón afirmó un escritor reciente que la igualdad de los individuos puede conciliarse con la jerarquía de las funciones, y que la democracia moderna no será verdaderamente fuerte hasta que sostenga la igualdad en lo que tiene de justo y la jerarquía en lo que tiene de necesario, añadiendo sabiamente: «El ideal democrático es que no haya entre los hombres otras distinciones que las que resultan del mérito. Aquí se detiene la igualdad: más allá solo hay la paradoja[46].»

10. Los que se muestran reacios a acoger este inflexible orden de ideas, juzgan con la mente ofuscada por un preconcepto histórico que se refiere a las épocas no lejanas en que estaba en vigor el antijurídico sistema del privilegio y de las castas. No hay nadie sin embargo que no vea cuanto va del ordenamiento jerárquico antiguo al moderno, por el cual ha circulado y circula el espíritu purificador y vivificador de la libertad.

En la constitución jerárquica antigua, los hombres no se reputaban originariamente iguales ante la naturaleza, y, por consiguiente, se dijo que los que mandaban estaban encargados del mando por derecho divino y que todos los demás estaban destinados a servir también por voluntad de Dios. De aquí la idea de la esclavitud natural que, más o menos templada por el triunfo del cristianismo[47], ha seguido su camino casi hasta la víspera de la Revolución francesa y por desgracia vive aún bajo los gobiernos despóticos de la tierra. Pero negar el fundamental y natural derecho de igualdad y de libertad, llevaba a otra terrible consecuencia: todos habían de perseverar a toda costa en la casta en que nacían, cualquiera que fuese su capacidad. De aquí el marasmo social, el aplastamiento de las más hermosas iniciativas, el delito más horrendo de lesa humanidad. Dejando a un lado el pavor que a los predestinados al mando inspiraba la pérdida de sus privilegios secu-

46 Paul Laffitte, *Le paradoxe de l'égalité*. París, Hachette, 1887.

47 Troplong, *Dell'influenza del Cristianesimo sul diritto civile dei romani*. Traducción De Marinis, Nápoles, 1845.

lares, no parecía sino que el permitir a cada cual la libre concurrencia, hubiese de introducir en el organismo de la sociedad un desbarajuste tal que determinase seguramente su ruina; por esto en aquel sistema inhumano es necesario admitir también un poco de buena fe.

Pues bien: con el triunfo del espíritu moderno, afirmados los derechos de libertad y de igualdad, la sociedad humana no quedó destruida, antes bien se consolidó más aún. Con ello se obtuvieron dos ventajas a un tiempo: la consolidación de la sociedad y la elevación de la dignidad humana. Solo que abolir el privilegio y las castas, no significaba igualar la capacidad de todos los hombres: esto era naturalmente imposible. Esta es la razón de que aun en el sistema de la libertad y de la igualdad, imponiéndose el organismo social como se impone, el que es menos ha de valer menos y el que es más ha de valer más, o sea en proporción a la capacidad propia; pero hay la ventaja grande, inmensa, de que si esta capacidad aumenta, nada impide marchar adelante y hasta llegar al primer puesto. Por esto no se elevan ahora contra nosotros más que las sabias leyes de la naturaleza y no las caprichosas y tiránicas leyes humanas hechas en beneficio de unos pocos privilegiados. En resumen, ahora es un hecho consumado en los países civilizados el deseo que el autor de los *Derechos del hombre*[48] expresaba generosamente en los siguientes términos: «De igual suerte que la sociedad ha de darme libre campo para subir de la pobreza a la riqueza, debe también dejarme bajar de la riqueza a la pobreza. La razón de ello es que no puede impedirme el derecho natural de *libertad* mientras no causa daño a los demás.» Y que la jerarquía social es eminentemente jurídica, se verá mejor por las aplicaciones particulares que de esta idea iremos haciendo en los siguientes capítulos a todos los órdenes de la vida y a todas las relaciones civiles. Se verá también que, gracias a la luz del Derecho, podemos llegar a una solución conveniente de los más complicados problemas de nuestros tiempos, que de otro modo parecerían insolubles y lo serian en efecto[49].

---

48 Spedalieri, *Diritti dell'uomo,* libro 1.°, capítulo 19, párrafo 6.

49 «Problemas graves, nuevos, pavorosos, agitan la conciencia contemporánea y demandan también al derecho su solución. Lo que se discute es toda la organización social de nuestros días: no hay institución contra la cual no dirija ataques la crítica demoledora. La filosofía del derecho no puede ciertamente permanecer indiferente: ha de afrontar aquellos problemas sin vacilación y sin preconceptos, serenamente, con plena conciencia de su responsabilidad.» Icilio Vanni, *Il problema della filosofía del diritto nella filosofia, nella scienza e nella vita.* Verona, Donato Tedeschi e hijo, 1890, pág. 67.

# CAPÍTULO IV

## Efectos jurídicos de la capacidad física

1. Idea de la capacidad física y varias especies de la misma.—2. El sexo.—3. La edad.—4. Imperfecciones del organismo.—5. Diversidad entre los organismos perfectos.

1. Por capacidad física entendemos aquel conjunto de prerrogativas corporales que el individuo humano recibe directamente de las manos de la naturaleza.

Desde este punto de vista considerado, el género humano ofrece profundas disparidades. En primer lugar, los individuos se distinguen por el sexo; en segundo lugar, se distinguen por la edad; en tercer lugar, por la regularidad e irregularidad de los órganos; en cuarto y último lugar, por el diverso valor que tienen comparados entre si los diversos organismos aun en el caso de ser regulares.

2. La distinción fundamental del género humano es la de los dos sexos, masculino y femenino. Siendo uno y otro completamente indispensables para las funciones fundamentales de la procreación y educación de la especie, como también para todas las relaciones del vivir civil, se sigue de ello que ante la naturaleza y ante el Derecho ambos son igualmente sagrados y merecen igual consideración y protección.

Por desgracia, este postulado científico no ha sido siempre respetado, en cuanto la historia de la mujer en particular, como la de los pueblos en general, es una historia de atropellos y de violencias. En tiempos tenebrosos, así como los pueblos han sido considerados como rebaños de los príncipes, así las mujeres han sido consideradas como instrumento vil de los hombres. Pero dejando aparte el pasado, que no volverá jamás, hagamos constar el hecho de que el nuevo Derecho, con la abolición del privilegio y con el triunfo de los sinceros principios naturales, ha declarado a todos, hombres y mujeres, iguales ante él y ante la naturaleza.

Admitido esto, no puede dejar de admitirse igualmente que la naturaleza, al crear los dos sexos, ha querido hacer dos cosas esencialmente distintas entre sí, aun cuando conspiren al mismo fin. Si esto no hubiese estado en sus designios, sin duda se hubiera ahorrado la incomodidad de repetir, bajo forma varia, el mismo objeto: habría hecho o tan solo el hombre o tan solo la mujer, o habría reunido estos dos seres en uno solo formando un ser andrógino, es decir, un ser que hubiera sido al mismo tiempo varón y hembra. Ya la fábula recogida por Platón admitió que los seres primitivos eran andróginos y que después se dividieron, formándose de una parte el sexo masculino y de otra el femenino, de donde su eterna e invencible tendencia a buscarse, a encontrarse, a reconstituir la antigua unión, y a asegurar con los frutos de su contacto amoroso la vida del género humano.

Esta diversidad de los dos sexos es material y espiritual. Entre la estructura de los dos cuerpos, masculino y femenino, media un abismo real y verdadero: basta para demostrarlo la diferencia de los órganos de la generación. Además, toda vez que en una forma diferente no puede encontrarse sino un contenido diferente, semejante abismo se encuentra también entre la máquina espiritual del hombre y la de la mujer.

Desde el punto de vista material, no se ha llamado al acaso sexo fuerte al masculino y sexo débil al femenino. En esta distinción, nada hay injurioso para la feminidad: se hace constar simplemente un hecho. La mujer, destinada por naturaleza a llevar a cabo en su seno el milagro tan delicado como importante de la fecundación, no puede menos de ser cosa fina y delicada frente al hombre: por esto es tan impresionable, tan poco apta para las fatigas pesadas, tan necesitada de cuidados y de consideraciones. La mujer, además, precisamente porque es como la depositaría de la lámpara eterna de la vida, está consumida por esta misma llama que ilumina y hace mover el universo: he aquí porqué se desarrolla pronto, se agota pronto y envejece pronto. Su belleza seductora es intensa, pero de corta duración, como el encanto del crepúsculo: se pone apenas se ha manifestado y ha logrado el fin para el cual se ha manifestado, es decir, el encuentro del macho que ha de fecundarla y generar, juntamente con ella, seres humanos. En esto tiene su fundamento el disgusto que las mujeres acaban por despertar en los mismos que las han amado hasta con pasión loca, y que después no saben resignarse a considerarlas como esposas y como madres, es decir, como algo distinto de un simple instrumento de voluptuosidad. De tal modo, esta misma naturaleza débil de las mujeres, que proviene de una fuente tan sagrada como lo es la de la maternidad o de la capacidad de la maternidad, impone a los hombres obligaciones particulares para con ellas: el grave peso de serles adictos hasta cuando las flores de la belleza se han marchitado, es simplemente el correlativo de haber gozado el perfume de su virginidad, el sentimiento paterno. Completamente al contrario el hombre: es inmensamente fuerte, y su fuerza le proviene de no desenvolverse en su organismo la delicada función de la fecundación: siembra por un instante, y después el gran misterio es como si no existiese para él. Por esto su cuerpo es más sólido, más resistente y está menos sujeto a deformarse y desmejorarse. Por esto el hombre, en el fondo y estéticamente hablando, es más hermoso siempre que la mujer, y por esto tiene razón Schopenhauer cuando afirma que sin razón se llama sexo bello al femenino: ¡está tan trabajado este sexo y se afea tan fácilmente! Por esto además tiene el hombre su reino fuera de la casa, mientras que la mujer lo encuentra en esta: fuera de ella, se encuentra mal, como pez fuera del agua, y se aja.

La tenacidad de las pasiones de las mujeres tiene su fundamento en la conciencia de su debilidad ante el hombre. Saben que los hombres se lo quitan todo al poseerlas, y se verían perdidas si ellos las abandonasen por poco. Más que el olmo a la hiedra, la hiedra es la que se enrosca al olmo hasta el punto de no separarse nunca más de este. El mismo pudor, que es un arma tan hermosa y tan encantadora de las mujeres, nace, según una profunda reflexión de Rosmini, del sentimiento de su debilidad ante los hombres: saben que en un momento podrían ser conquistadas y perderlo todo, el miedo las hace sobresaltarse y en el sobresalto, ora se vuelven blancas como el papel, ora encarnadas como la escarlata.

Por efecto de la estrecha relación que hay entre la materia y el espíritu, las cualidades espirituales de hombres y mujeres no pueden menos de ser diferentes, como diferentes son las materiales. Por esto también aquí hay un abismo real y verdadero entre el hombre y la mujer. Es cierto que en uno y otro sexo hay excepciones, en cuanto ciertas mujeres tienen el vigor de los hombres y ciertos hombres la afeminación de las mujeres, pero estas excepciones (puramente formales) no hacen como siempre más que confirmar la regla general, que es la siguiente: la mente del hombre es universal, al paso que la de la mujer, afecta de una miopía incurable, no ve muy lejos de sí. Esto es una cualidad más bien que un defecto, en cuanto la mujer está hecha para consolar a los hombres que a menudo se abisman en el torbellino del pasado o en lo desconocido del porvenir. Llamada por la naturaleza a la obra de la procreación y educación de la especie, no puede apartar su mirada del presente, de su persona, de su consorte, de su prole, de su casa, a la que se encuentra como encadenada por vínculos tan indisolubles como gratos y dulces.

Además, con relación a los hombres, que son la gravedad personificada, las mujeres son extremadamente ligeras y extremadamente vanidosas. Bajo este respecto, puede decirse que es fundado el epíteto de *majestas virorum* para los hombres, y de *imbecillitas mulierum et levitas animi* para las mujeres. La ligereza nace en ellas del predominio de las facultades afectivas sobre las racionales: como solamente raras veces ven el fondo de las cosas, se engañan con suma facilidad: de aquí la facilidad con que se dejan seducir y a menudo arruinar.

Después, la vanidad nace en ellas de la conciencia de las graves incomodidades inherentes a su sexo. Lo que les roba la naturaleza, quieren verlo en seguida compensado por el artificio: de ahí el uso de los atavíos, la manía de querer parecer lo que no son, la necesidad del lujo. Por esto son artistas natas: si son feas, tratan de parecer hermosas arreglándose; si son hermosas, tratan con los mismos medios de parecerlo más. Guando el poeta dijo: *Vanidad, tu nombre es mujer,* dijo una cosa muy verdadera e incontrastable. Hay que compadecer esta vanidad. En general, este es el defecto de que están exentos los hombres, y se explica: no necesitan recurrir al artificio para poner de manifiesto la elegancia de su persona: son elegantes naturalmente. Si recurren al artificio, es tan solo en la vejez, cuando con la tintura de los cabellos y de la barba quieren simular una virilidad que les ha abandonado para siempre, y en este caso la vanidad es siempre efecto de la debilidad.

Por punto general, las mujeres tienen buena, hasta ciega fe; pero muchas veces, la conciencia de su miseria y de su debilidad las hace volverse simuladoras y disimuladoras. Creyéndose a cada momento burladas y engañadas por los hombres, a cada momento les burlan y engañan por instinto de defensa y a menudo sin necesidad. Esto las hace también más desapiadadas contra los hombres de lo que lo son estos contra ellas. Las mujeres son tan tenaces en el amor como feroces en sus odios. El hombre perdona las ofensas fácilmente, las mujeres nunca. ¡Dios nos libre de las venganzas mujeriles!

Observando bien, se ve que, prescindiendo de cualquier imposición, la mujer es la que, consciente de su debilidad, busca el auxilio de la fuerza del hombre. Bien se dijo desde este punto de vista que, en la mujer, el amor es necesidad de ser protegida, y en el hombre necesidad de proteger. Además, por chocante que pueda parecer, es verdadera la observación de Schopenhauer que la mujer, destinada por naturaleza a obedecer, no puede pasarse nunca sin un amo: si es joven, busca un amante; si es vieja, un confesor. En una palabra, la mujer se da al hombre; el hombre la toma. Es verdad que las mujeres con frecuencia tratan despóticamente a los hombres en virtud de su belleza, porque la belleza es la fuerza de su sexo; pero también es verdad que si muchas mujeres querrían ser hombres, raras veces se da el caso de que un hombre desee ser mujer.

Pero hay más. Atendida la diferente constitución física del hombre y de la mujer[50], el uso sexual obra en uno y otra de un modo profundamente distinto, y así como trae consecuencias materiales diferentes, así trae también diferentes consecuencias morales. Empecemos por decir que siendo la misión de la mujer la complicada de recibir los gérmenes y de fecundarlos, y misión del hombre la sencillísima de eyacularlos, resulta que mientras en el hombre no deja huella alguna, en la mujer la función sexual produce una revolución real y verdadera y las huellas que deja (confusión y hervor de la sangre) son imborrables.

Esta diferente condición material lleva al diferente resultado mural de que la mujer, cuando contrae uniones sexuales con más de un hombre, inspira repugnancia, porque es como un pedazo de tierra que se deja hollar por muchos conquistadores, y en el cual quedan las huellas de tantos dominios sufridos, al paso que el hombre sale de la misma prueba como ennoblecido, o por lo menos libre como las ondas del mar que apenas surcadas por los buques, vuelven a recobrar su primitiva superficie. La virginidad, que es la mejor dote de la mujer, sería en el momento del matrimonio el título más humillante para un hombre.

He ahí también por qué mientras es cosa de risa las infidelidades de los hombres, las de las mujeres son la cosa más seria del mundo. El que habla de adulterio del marido, es un Juan Lanas digno tan solo de piedad. También

50 Comp. en este sentido G. S. Del Vecchio, *La famiglia rispetto alla Società civile e al problema sociale,* Studio statistico ed economico. Turín, Fratelli Bocca editores, 1887; — G. Pietro Assirelli, *La famiglia e la società,* Milán, Ulrico Hoepli, 1887. — La docta obra de Del Vecchio es de recomendar porque demuestra irrefutablemente, con el apoyo de la ciencia antropológica, económica y estadística, las profundas desigualdades de los sexos.

por el efecto se ve esto, y a la verdad, mientras los celos de las mujeres son únicamente cuestión de amor propio, los de los hombres son una cuestión de propiedad. Las mujeres saben muy bien que sus hombres nada pierden en brazos de otras mujeres, y se resienten de ello tan solo porque temen haber llegado al estado en que ya no les interesan. En los hombres sucede todo lo contrario: no tanto sufren por verse pospuestos a otros, como porque saben que el mayor atractivo de las mujeres es el pudor, la castidad, o sea el no dejarse profanar, dominar por otros hombres y estar exentas de elementos extraños, y por esto consideran racionalmente a la mujer infiel como naufragada para siempre, como un ser que ha perdido toda su fuerza. En sus propiedades ha entrado el ladrón y ha robado lo mejor que en ellas había. Esto explica muy bien la razón por la cual una esposa traicionada vuelve a aproximarse sin repugnancia alguna al marido traidor, al paso que es extremadamente difícil, por no decir imposible, que un marido engañado perdone a la esposa adúltera y se junte de nuevo a ella. Esto es un hecho que se apoya en leyes de la naturaleza, y las leyes de la naturaleza no se cambian jamás.

De cuanto se ha dicho brota lógicamente la consecuencia de que siendo diferentes los dos sexos en su forma como en su sustancia, han de desempeñar necesariamente funciones diferentes también entre sí: solamente los exaltados pueden negar la evidencia intuitiva de este hecho. No queremos decir con esto (ni por otra parte nos autorizaría a ello la sabiduría de la naturaleza) que las funciones de un sexo sean más importantes que las del otro, antes bien reconocemos su igual importancia: son recíprocamente indispensables, y se integran y reintegran recíprocamente. Por lo tanto, unas y otras han de ser igualmente tuteladas por el Derecho.

Sin embargo, para conseguir el objeto a que está destinado, el Derecho no puede ni debe considerar abstractamente el individuo-hombre y el individuo-mujer. Este falso método le haría desplegar una tutela completamente manca, hasta absurda, porque le haría tutelar de la misma manera dos cosas profundamente distintas. De tal modo, se correría el riesgo de tutelar una cosa inexistente: tal sucedería si se pensase en tutelar las glándulas mamarias en el hombre o los testículos generadores en la mujer. Al igual, se caería en el ridículo más humillante si se quisiese castigar el adulterio del marido, siendo así que el verdadero adulterio solo la mujer es capaz de cometerlo, introduciendo cuerpos extraños en la familia. Al contrario, en los delitos comunes, la mujer, precisamente porque es más débil que el hombre y más expuesta por consiguiente a las oleadas de las pasiones, es menos responsable que el hombre, y sería sumamente inicuo que incurriesen en idéntica pena un hombre y una mujer que cometiesen el mismo delito. Esto no es un privilegio concedido por la galantería, sino un precepto sugerido por la naturaleza. De ahí la necesidad de que el Derecho, partiendo precisamente de la diferencia (abismo hasta) que media entre el hombre y la mujer como representantes de los dos sexos, despliegue, si no quiere caer en el vacío, su tutela en relación con y en proporción directa a la naturaleza de las funciones que cada uno de ellos está llamado a desempeñar en la vida social. En resumen, si el Derecho por una parte tutela al hombre y a la mujer en cuanto son individuos humanos, no puede por otra dejar de cambiar de tratamiento cuando, descendiendo al análisis especifico de estos individuos, que hasta entonces ha considerado como entes abstractos, encuentra que uno pertenece a un sexo y otro al otro. Así reintegra su acción tutelar con la proporcionadora, y al proceder así, al seguir la santa inspiración de la naturaleza, cumple su mandato fundamental. El Derecho, pues, agola su cometido ante todo cuando tutela al hombre y a la mujer como seres humanos, y después, al hombre en todas sus funciones de hombre y a la mujer en todas sus funciones de mujer. Es claro que el Derecho moderno está hecho exprofeso para librar también a las mujeres de cualquier yugo tiránico artificial; pero no puede irse más allá de este límite sin caer en la paradoja más infantil. Prescindir de la profunda diversidad de las funciones masculinas y femeninas, es como perder la idea del sexo, y es también dar a la humanidad un carácter poco lisonjero que no tiene: el de hermafrodita.

Tutelar al hombre y a la mujer como seres humanos, significa que entrambos han de estar igualmente garantidos en el ejercicio de las facultades fundamentales que les son comunes, como las de la integridad de la persona, de la educación, de la instrucción, del adquirir, transmitir y en general disponer de la persona y de las cosas propias. Ya forman parte de la historia los tiempos en que las mujeres eran consideradas como eternos imbéciles, y en que por lo tanto estaban sometidas a tutela perpetua. Pero, por otra parte, tutelar al hombre y a la mujer considerados como dos seres profundamente diferentes entre sí y que llevan a cabo funciones asimismo profundamente distintas, significa sancionar las facultades específicas que fes distinguen. Luego, al sancionar esta facultad especifica nacen, así para el hombre como para la mujer, diversas categorías de derechos y de deberes que están en perfecta armonía entre sí.

Así, en la constitución de la familia, la preeminencia del hombre fundada en su mayor capacidad física y moral, es un derecho si se considera como potestad de ser jefe de la familia misma; es un deber si se considera que tal preeminencia involucra para el hombre el cuidado principal del mantenimiento y de la defensa de su hogar. Por lo contrario, en el mismo caso, la sumisión de la mujer, impuesta no solo por su menor capacidad física y moral sino también por la necesidad del orden jerárquico (indispensable en toda agregación), es un deber si se considera que su voluntad ha de estar, aunque en los límites de la razón, sometida a la del hombre; es derecho si se considera que puede pretender del hombre mantenimiento y defensa. Así, pues, la potestad marital, a la que la humanidad tributa el más completo homenaje con el hecho de que todas las familias toman los nombres de los hombres que están a su cabeza, es más bien que una ventaja una carga, la más pesada de todas las cargas; y viceversa, la sumisión de la mujer, más que una carga, es la mayor de las ventajas. De este modo, la sabiduría de la naturaleza hace desaparecer las que a la mirada vulgar parecen desigualdades inicuas.

Si partiendo del mismo punto ampliamos el campo de nuestras investigaciones, vemos inmediatamente que lo que representa el marido en la familia, lo representa el sexo masculino en la sociedad en general, y que lo que representa la mujer en la familia, lo representa, también en general, en la misma sociedad la mujer, el sexo femenino.

Así para la familia como para la sociedad entera, la naturaleza dotó al hombre no solo de la capacidad de producir en vasta escala, forzando de todas maneras a los elementos que le rodean a transformarse en objetos de alimentación y de comodidad, sino también de la de defender con toda clase de armas. El hombre es el que corre de un extremo a otro de la tierra, el que surca los mares, el que perfora las montañas, el que sale impertérrito al encuentro de todas las intemperies para asegurar la riqueza y la prosperidad común; el hombre es el que, fuerte y libre de todo séquito de filiación, se consagra a la defensa de la patria y lucha y vence por ella.

La mujer, en cambio, ser eminentemente casero, porque solo en la casa puede desarrollar su función de madre, de esposa y de consoladora, está hecha para esperar el sustento del hombre y para ser defendida. En una palabra, el hombre está hecho para producir y para defender; la mujer para compensar el mantenimiento y la defensa que le provienen del hombre con el tesoro inestimable del amor y de la maternidad. Esto no quita, sin embargo, que también la mujer pueda ocuparse en ciertos trabajos productivos, pero es un error creer que pueda hacer todo lo que hace el hombre[51].

---

51 «El predominio no solo físico sino también intelectual del hombre, respecto de la mujer, nos persuade de que el natural ordenamiento de la familia y de la

En general, decir que la mujer, para vivir, no ha de tener necesidad del hombre, es una blasfemia que merece todas las penas del infierno. Esto es contra la naturaleza: la mujer ha de tener necesidad de hombre.

En correlación a esto, el hombre recibe de la mujer el mayor de los bienes: el amor. Por esto no es propio de la mujer el ejercer ciertas artes, ciertos oficios, ciertas profesiones propias del hombre. Saber ser madre, esposa, hermana, amante, la verdadera mujer en una palabra, es un gran arte, un gran oficio, una gran profesión[52]. Entretanto, constituye un espectáculo desolador y humillante para los hombres, el ver pobres mujeres condenadas a fatigas propias de los hombres. Esto significa que la conciencia de estos se encuentra decaída hasta el punto de tolerar que las mujeres busquen por sí mismas de qué vivir, en vez de proporcionárselo ellos a ellas. Así, mientras se cree haber elevado a la mujer a la dignidad del hombre, se la ha dejado caer, alejándola de su verdadera misión, en la brutalidad de las esclavas[53].

¡Oh, antes los caballeros a lo Don Quijote que las mantenidas a lo *Monsieur Alphonse!*

---

sociedad exige que al hombre se le atribuya más bien la producción en el amplio sentido económico y social de esta palabra, sobre todo la función directa y coordenadora de las empresas y la aplicación de los capitales a las diversas industrias; que a la mujer en cambio se le confíen los trabajos minuciosos, esmerados, que tienen un correlativo y casi un tipo de ellos en las funciones concernientes al orden y a los consumos domésticos». Del Vecchio, *ob. cit.*, páginas 97-98.

52 Para algunas, esto no seria una dificultad. Certifiquenlo ciertas señoritas americanas que en su irresistible manía de hacer el hombre, desprecian el embarazo y rehúyen por consiguiente el matrimonio, quieren en suma desprenderse de su sexo para hacer mejor la competencia a los hombres, sin considerar que, en todo caso, los hombres les llevan la ventaja de que para hacer lo que ellas hacen, no necesitan violentar la naturaleza.

53 «Tan triste espectáculo no os disgustará nunca en Inglaterra ni en los listados Unidos. Liberada de las ocupaciones incompatibles con su dedicada constitución, la mujer está preservada en aquellos pueblos de la tosquedad de complexión que la fatiga le comunica en todos los demás lugares. Para la raza inglesa, constituye una gloria haber interpretado así la superioridad del hombre reservándole el privilegio de los trabajos penosos. Esto es una causa de moralidad y de grandeza nacional, ya que de este modo la mujer viene a ser verdaderamente la compañera del hombre, la madre de familia que endulza la existencia del marido y educa a los hijos». M. M. Chevalier, en Del Vecchio, *ob. cit.*, págs. 40 41.

También aquí, de estas diferentes posiciones de hecho nacen diferentes consecuencias de derecho, o sea que de cada posición de hecho brota una serie diversa de derechos y de deberes. Si el hombre tiene el deber de luchar con los elementos externos para producir y para defender a la sociedad de cualquier ataque, tiene el derecho de ejercer en ella el predominio querido por la razón. Recíprocamente, si la mujer se ve obligada por su misma naturaleza y por el objeto de sus funciones a representar un papel completamente secundario y si en esto consiste su deber, disfruta el derecho no solo de ser sustentada, sino también protegida y defendida por el hombre. He aquí por qué en todo tiempo han sido hombres los gobernantes, los soldados y los trabajadores de tierra y de mar[54], los jueces, los embajadores, los sacerdotes También en la Iglesia existe como una inflexible aunque racional ley sálica, por la cual toda hembra queda excluida del gobierno: *In ecclesia mulleres taceant.* He aquí por qué el Derecho público, no solo en cuanto protege las relaciones políticas sino en cuanto establece los órganos funcionadores del poder y los modos de su formación, es un ramo que solamente conviene a los hombres[55]. A los hombres están reservadas las tempestades de la vida pública, de los comicios, de los foros y de los parlamentos: a las mujeres está reservada la paz doméstica, y seguramente nada pierden en el cambio[56].

---

54 Emilio Cère, *Les femmes soldats,* en la *Revue Internacionale* de Roma, año 1886.

55 ¡Curiosa lógica la de los emancipadores! No ocultan que las mujeres tienen algo que perder en el contacto con los hombres en las asambleas, en los comicios, en los foros y en otros lugares públicos. A pesar de todo, no se desconciertan: esperan en la *impotencia* de los hombres: «Todavía es menos conveniente detenerse en las insulseces sobre los inconvenientes de una mezcla en los consejos. Las personas que serían llamadas a sentarse en ellos por los sufragios de un cuerpo electoral numeroso (y por un cuerpo electoral mitad de hombres mitad de mujeres habrían adquirido sin duda algunos títulos a la confianza de sus mandatarios, y por esta sola razón, *probablemente no estarían ya en la edad en que se excitan vivas pasiones.*» Carlos Secretan, *Le droit de la femme,* Lausanne, París, 1886.

56 «La idealidad de la mujer electora, abogada o magistrada, lleva consigo el gran peligro de que su victoria sea la atrofia de la cualidad más hermosa de la mujer... Recuerdo muy bien las largas meditaciones de mí espíritu mientras en la sala de un Congreso penitenciario veía delante de mí la dulce figura de una muchacha recién laureada. Una sentencia inapelable del Magistrado la había excluido de la lucha del foro, y a mí me parecía esto injusticia suma, dorada con las más doctas conclusiones de nuestros juristas. Y me figuraba yo aquella muchacha bajo los artísticos pliegues de la toga, inflamada su mirada de no-

Se ha dicho que esto era una interpretación injusta de la voluntad de la naturaleza, sosteniéndose que también las mujeres son capaces de dirigir la cosa pública y hasta de defender a la patria en peligro. No negamos que, por excepción, haya habido mujeres que hayan gobernado bien algunos pueblos, y que hayan salvado también, con actos de heroísmo, la patria. Sin embargo, la excepción confirma la regla en vez de destruirla; tanto es así que ciertas mujeres-hombres como ciertos hombres-mujeres no pueden hacer que los sexos se confundan y tengan por naturaleza la misma capacidad física y moral y las mismas funciones.

Esto es un exceso de las teorías metafísicas revolucionarias aplicadas a la igualdad de los sexos; con tal de seguir ideas abstractas, se saltan como en sueños los abismos que hay entre hecho y hecho. Es claro que los locos no pueden escuchar al que razona con la lógica en la mano (y aquí poco es menester verdaderamente para razonar así); pero si tal fuese posible, podría decirse a los famosos emancipadores que los hombres, al reservarse el predominio social, no quieren ser los tiranos de las mujeres: más que mandarlas, entienden servirlas y asegurar, con su sacrificio personal, su paz y su tranquilidad. En una palabra, más que ejercer un derecho, cumplen al mandar un deber. ¡Terrible deber! En épocas de trastornos morales como la nuestra, semejantes palabras ya no se comprenden: para ser verdaderamente civilizados, los hombres casi casi no deberían ser más que unos mantenidos. Pero admitamos también que las leyes dejasen plena libertad a las mujeres para aspirar a la dirección de la cosa pública En este caso, se vería que en tanto es verdad que la naturaleza femenina repugna a ellas profundamente, en cuanto excepción hecha de algunas brujas endemoniadas[57], a

---

ble ardor combatiendo por la verdad con las dulces persuasiones de una voz acariciadora o con las notas vibrantes de la indignación, Pero poco a poco, en el placentero sueño de la mente, la visión se oscureció, y los negros pliegues de la toga me parecieron semejantes a las alas de un vampiro que hubiesen ocultado a la graciosa muchacha. Y aquellas alas me pareció que se estrechaban, que apretaban cada vez más el delicado y gentil cuerpo hasta destrozarlo, hasta transformarlo en un ser largo, reseco, sin gracia, sin poesía. De aquella veste oscura me pareció que salía después un abogado, flaco y docto, que tenia sobre la conciencia el homicidio de una hermosa muchacha». Francisco De Renzis, *La questione della donna,* en la *Nuova Antología,* de 1.° Junio 1889.

57 Es un hecho comprobado que todas las mujeres emancipadoras y politicastras son monstruos de fealdad: sirva por todas de ejemplo la ex Directora de la *Rassegna degli interessi femminili.* ¡Ya tendrían muy otra ocupación si fuesen hermosas!

ninguna mujer le gustarían funciones públicas ni le gustaría convertirse en mujer pública Es bien sabido que las mujeres públicas de todos los tiempos han ejercido sus funciones públicas de un modo muy privado. En efecto, no se ha visto hasta ahora ni se verá jamás que hayan hecho la competencia a los perros en la vía pública. Solo un derecho público tiene la mujer: el de ser protegida por el hombre. Pues bien, contra este sagrado derecho cometen atentados horrendos los que, por lo contrario, trastornando el orden de la naturaleza quieren sin ambages poner a los hombres *fuertes* bajo la tutela de las mujeres *débiles*[58], o por lo menos echar sobre ellas el peso ímprobo de las cosas públicas. En vez de asegurar la libertad de la mujer, la oprimirían con cargas indebidas. A los reivindicadores de estos absurdos derechos femeninos, se les puede responder muy oportunamente con Tácito: *¡Apud, imperitos humanitas vocabatur et par servitutis erat!*

Repitámoslo entre tanto. No debiendo el derecho desligarse de la naturaleza, ha de garantir lo mismo a la mujer que al hombre, en primer lugar, como individuos humanos, y en segundo lugar como órganos distintos llamados a ejercer funciones distintas. Al prescindir de estas diferentes funciones, se cae en el caos, al que, por otra parte, los mismos hechos (más sabios que los hombres... y que las mujeres) están prontos siempre a hacer sumaria justicia[59].

---

58 En mi opúsculo *Donne in calzoni ed uomini in gonnelle,* había dicho yo por sátira que en la actualidad, después de haber mandado los hombres durante tiempo, se han agotado y han de ceder el puesto a las mujeres. Pues bien, lo que decía yo por sátira hace tres años, ahora se dice en serio. Oíd: es una mujer-hombre la que así escribe: «Es conocido el aforismo político: nada envejece, nada consume tanto como el poder. Pues bien, hace ya demasiado tiempo que mandan los machos. Su pesimismo, sus incertidumbres, su bizantinismo invasor y la falta de carácter que tanto se deplora, son otras tantas pruebas de ello. Por otra parte el arrojo con que las mujeres se levantan lanzándose atrevidamente a las profesiones hasta ahora reservadas a los hombres, y el mayor entusiasmo y la mayor resistencia que hasta en las escuelas demuestran las muchachas de este periodo, prueban luminosamente que las mujeres se sienten próximas al día decisivo y se preparan para la batalla. Hasta los hombres estan convencidos de esta verdad; y precisamente por esto vuelven algunos a poner sobre el tapete la vieja cuestión de la inferioridad de la mujer. La ciudadela de la autocracia masculina está amenazada: las mujeres la toman por asalto». Bruno Sperani, *La donna e l'evoluzione,* en el *Avvenire letterario* de Milán, de 25 de Junio de 1890. Rabia, Aristófanes!

59 Sobre la cuestión de la mujer se ha escrito en los últimos cincuenta años una verdadera biblioteca. Véase por todos C. F. Gabba, *La condizione giuridica della*

3. Así como los hombres tienen por naturaleza un predominio de tutela, no de despotismo, sobre las mujeres, así, también por naturaleza, tienen los mayores de edad un predominio de tutela, no de despotismo, sobre los menores de edad.

El hombre no sale del seno de la madre naturaleza maduro y armado como Minerva de la cabeza de Júpiter, es decir, que sale maduro respecto de la vida uterina, pero no respecto de la extrauterina que empieza a vivir apenas venido a la luz del sol.

Pero hay más. Es preciso que transcurran años y años antes de que el hombre se desarrolle así material como moralmente, y durante estos años, que no son pocos, no ha de faltarle ningún género de cuidados por parte de los que le procrearon o de los que, a falla de ellos, están llamados por la voz de la naturaleza o por la de las leyes a hacer sus veces[60].

Ya se comprende que la madurez de los hombres es material y moral a un tiempo: material si concierne a la plenitud del desarrollo del organismo, moral si por lo contrario se refiere a la plenitud del desarrollo de la conciencia y de la inteligencia.

Además, habiéndose de dar en todo el predominio al espíritu más que a la materia, y siendo también el desarrollo del espíritu más difícil y complicado que el de la materia, resulta de ello que la época de la madurez de estos dos elementos constitutivos del ser humano no concuerda perfectamente. Por esto un hombre llega a la madurez orgánica, que está representada por la capacidad generadora (pubertad) más pronto que al dominio de si mismo (conciencia). Fundadas en este hecho incontrovertible, las legislaciones civiles fijan muy racionalmente la época de la matrimonialidad (madurez material) en los 18 años para los hombres y 15 para las mujeres, y

---

*donna,* Turín, Unión Tipográfica editora, 1880. Es una obra doctísima, quizá la más completa sobre esta materia. Para ejemplos clásicos contra la loca emancipación femenina, véanse las conclusiones del espléndido estudio de Alejandro Chiappelli, *Le donne Ateniesi alla scuola dei filosofi greci* en la *Nuova Antologia* de 16 Junio 1890.

60 El poder paterno es un deber más bien que un derecho: «Puesto que, dice Locke, para hablar con claridad y según la naturaleza de las cosas, el derecho de tutela es un privilegio de los hijos y un deber de los padres y de las madres más bien que una prerrogativa del poder paterno». *El gobierno civil,* capítulo 5.º, párrafo 16.

la época de la mayor edad[61] (madurez espiritual) en los 21 años así para los hombres como para las mujeres.

Ese particular estado de hecho determina naturalmente un particular estado de derecho. Si antes de llegar a la pubertad se presupone que el hombre no tiene la capacidad de generar (y así es en efecto), es evidente que no puede tener el derecho de contraer matrimonio, cuyo fin principal es precisamente la procreación de la especie, y esto porque faltando la capacidad para hacer una cosa, falta la función, y el Derecho, que es eminentemente actuoso, no puede prestarse a garantir vacuidades.

Por otro lado, si antes de llegar a la mayor edad se presupone que el hombre no tiene completa conciencia de sí mismo, o sea que no tiene, según la sabiduría romana, el *animi judicium,* es igualmente evidente que ha de fallarle el derecho de ejecutar ciertos actos jurídicos. Desde este último punto de vista, hay que distinguir dos épocas de la menor edad: aquella en que los hombres no pueden obrar porque no tienen ni siquiera la posibilidad material de hacerlo, y aquella en que tienen la posibilidad material, pero no toda la moral. En el primer caso, los padres o los tutores obran por ellos; en el segundo caso, obran ellos, pero con el consentimiento explícito de los padres o de los tutores, que es como una garantía de la conciencia que se exige y que falta a los menores de edad.

En esto tiene su raíz la autoridad de los mayores de edad sobre los menores, y el derecho de ejercerla nace del deber que tienen por naturaleza de venir con sus brazos y sus luces en socorro de seres que son como si no tuviesen brazos ni luces, y que cuando tienen los brazos, no tienen todas las luces para sentir, pensar y obrar bien en su mismo interés. Esta autoridad pertenece en primer lugar al padre y a la madre, y a falta de ellos a los que, siempre mayores de edad, están más próximos por la sangre a los huérfanos que han de ser tutelados.

Después de esto, nadie puede decir que los menores y los mayores de edad sean desiguales ante el Derecho; por lo contrario, claramente se descubre que los mayores de edad no hacen con su autoridad otra cosa que salvaguardar mejor los derechos de los menores[62].

---

61 El autor se refiere al Código civil italiano. (Nota del traductor).

62 Son excelentes a este propósito las reflexiones de Locke: «Aun cuando yo haya establecido en el primer capítulo que todos los hombres son por naturaleza iguales, sin embargo, no por esto debe entenderse que sean iguales en todas

Pero, siempre según el orden de la naturaleza, cuando los menores de edad se emancipan de la autoridad jurídica de los mayores de edad, no se emancipan igualmente de su autoridad moral. Los jóvenes deben siempre un respeto especial a los viejos, en particular cuando son padres, cuando menos porque teniendo más experiencia de la vida, pueden en todo caso ilustrarles y convertirse en consejeros y guías. He ahí porqué (y no es un agravio para los jóvenes) ciertos cargos, ciertos oficios se confían más fácilmente a los ancianos que a los jóvenes: los ancianos ofrecen más garantías de desapasionamiento, de desinterés y de ecuanimidad.

Se llega, sin embargo, a un punto en que con la descomposición del cuerpo se produce la catástrofe del espíritu: los viejos se vuelven niños. Entonces, dejar cargos en sus manos es un peligro permanente. Al volverse incapaces después de haber sido capaces, no pueden ejercer ya ciertos derechos en que eran maestros. En esto se funda la exención de los cargos públicos y privados, inevitable cuando se llega a cierta edad en que ya no hay garantía del equilibrio mental ni de las fuerzas corporales. Pero en todo caso, así los hombres como los legisladores no deben inspirarse respecto de la vejez más que en el mayor respeto a la misma, repitiendo las palabras casi religiosas de la sabiduría romana: *Semper in civitate nostra senectus venerabilis.*

4. Por desgracia, no todos los organismos salen perfectos de las manos de la naturaleza. El progreso de ciertos órganos se detiene en su desenvolvimiento, o se complica, o bien, llegados a cierto punto, se atrofian. Así tenemos la no exigua falange de los contrahechos, de los ciegos de nacimiento, de los mudos, de los sordomudos, de los alienados, de los hermafroditas y de los impotentes. Es claro que no pudiendo estos pobres desgraciados hacer con regularidad todo lo que son capaces de hacer los hombres normalmente desarrollados, están constituidos por la naturaleza de las cosas en un estado de inferioridad jurídica respecto de los demás. Un contrahecho, por ejemplo, no puede aspirar a ser colocado en un puesto

---

las cosas, porque la edad o la virtud pueden dar a algunos superioridad y preferencia.» Y añade: «Confieso que los hijos no nacen en este estado de igualdad aunque nazcan para este estado. El padre y la madre tienen sobre ellos una especie de dominio y jurisdicción cuando vienen al mundo y aun después por algún tiempo, pero esto no es perpetuo. Los vínculos de la sucesión de los hijos son semejantes a sus pañales y a sus primeras vestiduras, que les son absolutamente necesarios por la debilidad de su infancia. La edad y la razón les liberan de tales vínculos y les ponen en su propia y libre disposición.» *El gobierno civil,* cap. 5.°, párrafos 3.° y 4.°

para el cual se requiere, como condición esencial, la elegancia de la persona; un ciego no puede hacer centinela; un mudo no puede ser pregonero; un sordo no puede prestar el servicio telefónico, y un impotente no puede contraer matrimonio, y si lo contrae, puede ser anulado por faltar una de las condiciones fundamentales del mismo, que es precisamente la capacidad de procrear.

Así, pues, este estado de inferioridad no puede ser atribuido a culpa del Derecho, ni por lo mismo de las leyes que son su expresión en las sociedades civilizadas, sino a culpa de la naturaleza. Siempre es verdad que *ex facto oritur jus,* de suerte que cuando falta el hecho no puede surgir el derecho, o sea, que no puede haber capacidad jurídica allí donde falta toda capacidad natural. Puede invocarse alguna circunstancia atenuante en favor de la gran creadora del todo, ya que la naturaleza colma el abismo de las imperfecciones que se complace en producir, haciendo que los seres imperfectos no puedan experimentar nunca los mismos estímulos, las mismas necesidades de los seres perfectos. A la verdad, jamás ocurre ni puede ocurrir que un sordomudo desee ser elocuente como Demóstenes y Cicerón, ni que un impotente sueñe las conquistas de Don Juan. Decimos esto tan solo para aquellos que, gustando de razonar con el sentimiento, están prontos a deshacerse en lágrimas, y más que en lágrimas, en jeremíacas lamentaciones por tantos pretendidos e imaginarios sufrimientos, y a gritar no solo contra las iniquidades de la naturaleza, sino también contra las del Derecho.

5. Prescindiendo de esto, ocurre con más frecuencia de lo que sería de desear, que aun estando desarrollados con regularidad, no todos los organismos tienen la misma proporción, la misma consistencia y por lo tanto el mismo valor. Esta diversidad que se encuentra en los varios organismos regulares no puede dejar de producir consecuencias jurídicas diferentes. Por ejemplo, dado que ser soldado fuese, más que un deber, un derecho, tan solo podrían aspirar al goce de este los que poseyesen todos los requisitos que las leyes militares exigen para ser un buen soldado. De esta suerte, los inhábiles serían natural y por lo tanto jurídicamente inferiores ante los que fuesen declarados hábiles para aquellas funciones por ofrecer todas las garantías de una óptima constitución. Asimismo, no todos los que son hábiles para las funciones de soldado, pueden aspirar a formar parte de la Escolta Real, en cuanto requiriéndose para esta aptitudes especiales, como una talla más elevada y un aspecto más imponente, son personas escogidísimas entre las escogidas. Y lo que se dice del servicio militar, dígase de cualquier otro. Es notorio y de evidencia intuitiva que no todos sirven para todo y

que, para ciertas funciones especiales, precisan ciertas aptitudes físicas especiales. Esto explica también la razón de que la belleza haga omnipotentes a las mujeres: es su arma formidable, y naturalmente, si las hermosas están destinadas a triunfar, las feas están destinadas a perder o por lo menos a contentarse con poco. Esto es justo: solo una fuerza mayor puede ejercer una atracción mayor. ¡Y qué fuerza es la verdadera belleza!

Del estado de salud puede surgir otra profunda diferencia entre los individuos perfectamente constituidos, y hasta entre aquellos que mejor constituidos están orgánicamente. Un individuo bien constituido pero enfermo, vale menos ciertamente que el que está menos bien constituido pero está sano. La salud hasta debería constituir una de las condiciones esenciales para el matrimonio. Toda vez que, según el principio de causalidad, los hijos serán tales cuales sus padres, antes de permitirse el matrimonio habría de tenerse la seguridad de que los futuros esposos se encuentran, no solo en un estado que permita procrear, sino en un estado que permita procrear bien. Esto habría de exigirse en interés de la misma sociedad, que de este modo, en vez de estar condenada primero al cuidado y después al triste espectáculo de la perpetuación de seres débiles y enfermizos, con medios preventivos podría asegurarse, para bien común, generaciones lo más fuertes y capaces posible de resistir la cruenta lucha por la existencia. Seria pues de prescribir un reconocimiento médico antes del matrimonio. Así se evitaría, cuando no otra cosa, la obscenidad de tener que disolver alguna vez los matrimonios a causa de impotencia manifiesta e innata. Ya en su *Utopia* dijo Tomás Moro[63] que antes de unirse un hombre y una mujer habrían de verse desnudos delante de una matrona. «Se reconoce con atención, escribe, un caballo que se quiere comprar. Ahora bien, ¿por qué no puede hacerse lo mismo con un hombre o con una mujer con el cual o con la cual se quiere pasar toda la vida?» Y añade: «Para la felicidad conyugal no bastan las cualidades del alma: también son necesarias las perfecciones del cuerpo.» El fondo de esto ciertamente es justo; pero si en homenaje al pudor este reconocimiento reciproco de los esposos no podría permitirse, no se ve sin embargo la razón de que, para evitar muchos males, no hagan el mismo reconocimiento médicos cuidadosos a fin de que los prometidos esposos sepan de un modo indirecto que físicamente son tan idóneos para el matrimonio como espiritualmente.

---

63 Ad. Franck, *Réformateurs et publicistes de l'Europe.* París, Michel Levy et frères, editores, 1864, volumen 1.°

## CAPÍTULO V

## Efectos jurídicos de la capacidad intelectual

1. Ciencia e ignorancia. — 2. La ciencia dominadora del mundo. — 3. Elección natural. — 4. Necesidad de la inteligencia experta en las funciones sociales elevadas. — 5. Prueba de la capacidad intelectual: diplomas y concursos. — 6. Decadencia intelectual: abandono y dispensa de los servicios. — 7. *In arte libertas.*

1. El día en que el hombre, maravillado ante el aspecto del universo, empezó a buscar la razón íntima de los fenómenos materiales y espirituales que se desarrollaban alrededor de él y dentro de él, echó las bases de aquel edificio científico que poco a poco ha venido tomando proporciones tales que forma, por decirlo así, millares de mundos en el mundo. Basta considerar que, si para la mirada vulgar una gota de agua no es más que una gota de agua, esta, para el que armado de un microscopio ha podido estudiarla profundamente, representa todo un cúmulo de seres innumerables que en ella viven y prosperan. Por otra parte, basta igualmente considerar que, a veces, un simple acto, un simple gesto, una simple expresión de la fisonomía de un hombre, es el reflejo de toda una complicadísima revolución psicológica que se produce dentro de él. En una palabra, la ciencia consiste en conocer la íntima naturaleza de las cosas y sus relaciones; lo contrario de esto constituye la ignorancia.

2. Conocer la naturaleza íntima de las cosas y sus relaciones, significa poseer la virtud de combinarlas y de sacar de unas y otras todas las ventajas posibles para la humanidad, ventajas que han venido y van aumentando sensiblemente en proporción a la extensión que toma aquel conocimiento. De esto se deduce que la dominadora del mundo es la ciencia, que esta lo ha transformado y lo va transformando cada vez más, y que el hombre de ciencia es el que se hace instrumento de este dominio, porque indica a sus

semejantes el justo camino que se ha de seguir y los pone en estado de lograr el fin a que están destinados.

3. En todo tiempo, los sabios son por necesidad bien pocos en presencia de los ignorantes, que forman la casi totalidad. No hablo de la cultura superficial, que se difunde en proporciones verdaderamente alarmantes, porque es peor que la misma ignorancia: tiene todos sus defectos, sin tener sus cualidades. La existencia de un verdadero sabio, capaz de guiar los destinos del género humano, es la compensación y la fortuna suprema de millones y millones de hombres que nacen, viven y mueren en la más crasa y beata ignorancia de lo que son, de lo que sienten, de lo que ven y de lo que hacen.

Es preciso observar, sin embargo, que la gran mayoría de los hombres así compuesta, se somete espontáneamente, como impulsada por un sentimiento de alto deber, a la voluntad de los que se elevan mucho sobre el nivel común: hasta los cree superiores, y el respeto que les tiene es religioso, casi idólatra. He aquí porqué tantos legisladores y tantos reformadores han pasado por la escena de la vida y han perdurado en la fantasía de los pueblos como ceñidos de una aureola sagrada de sobrehumanidad eterna.

Esta elección es natural y espontánea en cuanto la elección de un hombre eminente determinado para guía de la propia existencia, está hecha por la conciencia popular por íntimo impulso, tan solo en vista de los espectáculos de grandeza que aquél ofrece a los ojos de todos. Sin duda puede un impostor, al hacer traición a cualidades insignes que no posee, imponerse por un momento; pero el pueblo, con el exquisito sentido práctico que le distingue, olfatea inmediatamente el engaño, y no deja de hacerse con sus propias manos sumaria justicia.

Pero en el mundo no hacen falta solamente personas eminentes que se pongan a la cabeza de los destinos de los pueblos. Todas las necesidades elevadas exigen órganos que tiendan a satisfacerlas, y también en esto se efectúa una selección natural para encontrar los órganos más adecuados. Así acontece que para ciertos fines se buscan ciertos individuos que hayan dado pruebas no dudosas de ser a propósito para ellos; los otros se dejan miserablemente atrás porque no ofrecen garantía alguna de sí mismos. Por tanto, la elección natural en el seno de la sociedad humana, es constante; esta elección escapa a toda inspección de la ley civil y tan solo se deja dominar por la ley del interés, que es ley universal esculpida en el ánimo de todos. De este modo son más buscados los más capaces intelectualmente (trátese de ciencias, letras, artes o de cosas profesionales) y son menos buscados los intelectualmente menos capaces o que se reputan menos capaces. He aquí porqué, en general, también desde el punto de vista intelectual tienen todos en el mundo la posición que merecen y raras veces sucede lo contrario. En este caso, la excepción tan solo puede confirmar la regla.

4. Conforme a las demostraciones precedentes, la sociedad humana está organizada de tal modo que ciertas funciones no pueden presidirlas más que personas de probada capacidad intelectual.

La enseñanza, la educación, la administración pública y privada, el cuidado de los enfermos, la elaboración de las medicinas, la defensa de las causas, la administración de la justicia, el mando de los ejércitos de mar y tierra, la construcción de un edificio, la conducción de un tren, la vigilancia de una máquina eléctrica y así sucesivamente, son funciones delicadas que con justicia requieren en los que han de ejercerlas un rico caudal de estudios y un aprendizaje práctico encaminados a hacerles dueños de la materia en que piensan ocuparse. En resumen, para asegurar el bien y prevenir el mal, los grandes intereses públicos y privados han de confiarse en absoluto a personas capaces, y de esto se desprende que el que no posee esta capacidad, no tiene el derecho de pretender un puesto tan señalado[64].

5. La sociedad, sin embargo, no puede someter cada día a examen a aquellos de cuya gestión necesita para las funciones más fundamentales, a fin de asegurarse de si sirven para sus intereses. Entre tantas otras ocupaciones, necesita tener juicios hechos, competencias aseguradas. De aquí la necesidad por parte del Estado de los diplomas escolásticos y académicos, que hacen que los que están provistos de ellos revelen en el acto un indicio de capacidad. Digo un *indicio* a prevención, puesto que hay mucha diferencia entre el decir y el hacer, entre las palabras y las obras, entre la teoría y la práctica, y, en efecto, puede darse el caso de que el que ha estudiado medicina, por ejemplo, sea un mal médico. De todos modos, con la guía de

---

64 «A medida que adelanta la evolución, los factores de orden intelectual y moral desempeñan en ella un papel predominante y hasta se convierten en condición de todas las demás: sin la ciencia teórica, no hay industria; sin las ciencias morales y sociales, no hay seguridad política ni progreso social. Es pues de la mayor importancia para un pueblo organizar una enseñanza de la cual salen, por selección, las capacidades superiores, que por otra parte suministran al país una clase ilustrada, verdaderamente liberal, verdaderamente digna de ser la clase directora». A. Fouillée, *Les humanités classiques,* en la *Revue des Deux Mondes* de 15 de agosto de 1890.

estos testimonios se sabe dónde escoger y entre quién escoger; después, la libre concurrencia hará lo que no pueden hacer los diplomas.

Por otro lado, si en las que se llaman profesiones la concurrencia libre pone en su lugar propio a cada uno de los provistos de diplomas de modo que empuja hacia adelante a los más meritorios y deja atrás a los que lo son menos, debiéndose nombrar para las funciones públicas personas que han de estar para siempre en aquel puesto y que han de ofrecer al mismo tiempo garantías de su saber, se proveen por vía de selección y esta selección se obtiene por medio de concursos. Se presume así que los que están adscritos a tales funciones son los más merecedores de cuantos aspiran a ellas. Esta es una idea que ha triunfado con el triunfo del espíritu igualador moderno, al paso que antes los cargos públicos se transmitían por herencia, se concedían a los favoritos o se vendían. De este modo se tenían siempre funcionarios ineptos o corrompidos y esto, además de perjudicial, era antijurídico. Es cierto que tampoco el moderno sistema de concursos está exento de defectos. Los hombres son siempre hombres, y los ineptos y los favoritos no faltan nunca, especialmente en aquellos cargos sublimes que, escapando por necesidad al concurso, dejan un poco abierta la entrada a la arbitrariedad; pero, en honor a la verdad, hay que hacer constar que ahora es excepción lo que antes era regla general.

6. Toda vez que los hombres, aun intelectualmente, después de la parábola ascendente recorren por ley natural la descendente, sucede que también la capacidad intelectual, con el transcurso de los años, acaba por convertirse en incapacidad. Bien está que el espíritu domine la materia *(caro infirma, spiritus promptus)*; pero, por desgracia, se llega a un punto en que en el naufragio de las cualidades corporales naufragan también las espirituales. Cuando se llega a semejante punto, ciertamente no se pierden los conocimientos y mucho menos los títulos legalmente adquiridos, pero la práctica de la vida exige siempre diligencia y actividad, y no pudiendo estas cosas pretenderse del que está cargado de años y que empieza a aburrirse de todo y de todos, es evidente que alrededor de él empieza a hacerse cierto aislamiento que acaba por devorarle. No pudiendo dar ya lo que daba, es justo que pierda lo que poseía[65], He ahí por qué entonces, por instinto

65 A este propósito, escribe Landolfi como profundo moralista en su áureo *Taccuino per mía figlia María:* «Cesada la necesidad, cesa la asiduidad. No hagas caso: el que es buscado porque es útil, *justo* es que cuando ya no puede serlo, no sea buscado. Resígnate».

racional, se deja lo viejo y se busca lo nuevo. ¡Ay del que no sabe retirarse de la liza a tiempo y no ha pensado, en los tiempos buenos, en prevenirse para los malos!

Pero mientras este abandono de las personas en otro tiempo capaces se produce por efecto de la libre concurrencia cuando se trata de profesiones liberales (medicina, abogacía, ingeniería u otro arte u oficio), cuando se trata de empleados públicos ha de tener efecto por disposición de la ley. De ahí la institución de la jubilación, a la cual hace cómoda la de la pensión, en cuanto el Estado ha pensado en obligarles al ahorro cuando trabajaban para hacerles disfrutar los beneficiosos efectos de este cuando ya no pueden trabajar.

7. No todas las cualidades intelectuales necesitan, para ser puestas en circulación, quedar legalmente comprobadas. La necesidad de la prueba depende tan solo de las relaciones que puedan tener con los intereses públicos y privados fundamentales de los ciudadanos. He aquí por qué la ciencia pura y el arte puro (literatura, escultura, pintura, música) así como todos los oficios, son y deben ser libres. Que exista o no un hermoso cuadro, una hermosa estatua, una hermosa comedia, un hermoso melodrama, una hermosa novela, un hermoso sistema filosófico, importa poco al género humano: de ahí que el arte puro y la ciencia pura puedan ejercerse libremente por cualquiera, sin necesidad de patente alguna. Si los cultivadores resultan útiles, el artista y el hombre de ciencia son los primeros en reportar sus ventajas; si no lo resultan, son los únicos que se resienten de ello. Convenza esto a algunos que ni en broma debieran decir que los que quieran manejar la pluma, el pincel y el escalpelo, han de ofrecer alguna garantía de sí mismos. En este caso, el público es juez competentísimo y sabe escoger muy bien sus hombres de ciencia y sus artistas, así como sus artesanos favoritos. Ha pasado el tiempo en que se creía que las Academias eran fábricas de genios: el artista con patente es una contradicción. La escuela puede desarrollar, no crear el genio. Por lo demás, ninguna escuela podría expedir un certificado sobre la medida de la fuerza genial.

# CAPÍTULO VI

## Efectos jurídicos de la capacidad moral

1. La moral social. — 2. Sanción de la ley moral. — 3. Ley moral y ley jurídica. — 4. Influencia de las condiciones de moralidad sobre las determinaciones jurídicas. — 5. La inmoralidad causa de las medidas preventivas de policía. — 6. Penas infamantes e indignidad.

1. Por próvida disposición de las cosas, la sociedad humana está constituida de tal modo, que los unos tienen necesidad imprescindible de los otros. Para vivir, hemos de cambiar nuestros servicios con frecuencia, aunque sea de mala gana, y esto es una prueba más de que el consorcio civilizado es superior a cualquier arbitrio.

Pero este cambio de servicios tan imprescindible como perenne, no está fuera de la ley, antes bien se halla sometido, como todas las cosas del mundo, a una ley de cuya inflexibilidad nadie puede dudar: aludimos a la ley de reciprocidad, que es la ley moral por excelencia, la ley de la moral social.

En virtud de esta ley se logra que nosotros recibamos de los demás lo que por ellos hacemos. Así, si amamos, somos amados; si respetamos, somos respetados. Al igual, si odiamos, somos odiados; si agraviamos, somos agraviados. Más aún: si procedemos de buena fe, encontramos buena te; si queremos engañar, somos a nuestra vez engañados. En resumen, recibiremos bien de nuestros semejantes si hacemos bien; recibiremos mal si hacemos mal. Pero todavía hay más. La ley misma hace de suerte que el bien o el mal de recambio, no sea ni mayor ni menor que el que hacemos: es matemáticamente de la misma cantidad y calidad, En este punto no hay que hacerse ilusiones; el mismo proverbio nos advierte que quien siembra vientos no puede recoger más que tempestades. He ahí por qué los grandes bienhechores son los únicos que se atraen en el mundo benevolencia y reconocimiento universal. Los grandes malhechores no pueden ser sino blanco del odio y del desprecio de todos.

Demuestra esto que la moral social es moral práctica, moral de interés, moral utilitaria, y que las distinciones de bien y de mal, de virtud y de vicio, no son cosa metafísica, sino distinciones que se apoyan en la realidad de los hechos. Nos lo fía la dolorosa experiencia de los que creen poder violar impunemente esta ley de reciprocidad.

2. Para verdadera desgracia de la familia humana, no todos observan esta ley, que sin embargo, está esculpida en el alma de cada uno. A menudo se abriga la ilusión de que cerrando los ojos puede hacerse eclipsar el sol, pero la verdadera prueba de que el sol de la ley moral no se pone nunca y se mantiene siempre espléndido en el horizonte, está en el hecho de que, de un modo o de otro, los que la violan son víctimas de su misma violación. Como las apariencias engañan, ciertamente parece a veces que la inmoralidad, en vez de ser castigada, es premiada; pero esto es un juicio superficial, y si se va adentro, se verá fácilmente que ciertos esplendores no son en el fondo más que sepulcros blanqueados[66]. Esto ha de ser bastante consolador para los que, si no desesperan, ven cuán poco resulta del ejercicio de la virtud, o sea de la observancia de la ley moral: pregunten a los verdaderos virtuosos, y obtendrán por contestación que el estar en paz consigo mismo, el no poder reprocharse nada, el no haber dado jamás pretexto para ser censurados, es un tesoro tan inestimable e inextinguible, que compensa de todos los dolores de la vida. Hasta la calumnia más cruel sabe sobrellevar el virtuoso; está seguro de que un día u otro acabará por desvanecerse, y he aquí por qué el virtuoso sabe afrontar impávidamente hasta el patíbulo más inicuo.

Así, el hombre es libre, según le cuadre, de respetar o no a sus semejantes, de hacer el bien o el mal. Pero de ciertas causas no pueden derivar más que ciertos efectos, y de este modo, el que no respeta no es respetado, el que hace mal no recibe en cambio bien, el que no da no recibe, al que huye se le rehúye. El proverbio por cuya enseñanza sabemos que el engaño

---

66 «*Justus a perturbationibus maxime liber est; injustus autem a plurimis perturbationibus obsidetur.*» Diógenes Laercio, *De Vita et dogm. philosophorum,* Lib. 10, lect. 130. «Necio quien crea que la naturaleza no es justa, y que no hace seguir indefectiblemente los efectos según requieren las causas... Viles y ridículos fueron siempre los celos de los titulados justos por las ventajas disfrutadas en vida por los que ellos llamaron malvados». Ardigó, *La morale dei positivista,* cap. 22, págs. 398-399. Edición Battezzati, Milán, 1879.

cae sobre el engañador, expresa el hecho consolador de que, en su propio seno, la humanidad está en posesión de un Tribunal tan rígido y al mismo tiempo tan advertido, que nada escapa a sus juicios ni a su justa severidad primitiva. En este sentido, la virtud (que en definitiva no es otra cosa que la observación de esta ley de reciprocidad) no sirve más que a nuestros propios intereses. En efecto, en el comercio del mundo (cualquiera que sea la clase de este comercio) se va siempre en busca de las personas *acreditadas,* o sea de las que tienen por norma inspirarse en la mayor probidad en las relaciones con sus semejantes, o sea en el mayor respeto de estos. Al contrario, se huye como de la peste de las personas *desacreditadas,* o sea de las que tienen por sistema la mixtificación y el engaño. En el primer caso, el crédito es el premio de la observación de la ley de la moral social; en el segundo, el descrédito es la pena de la transgresión de la misma ley. Así, la sanción de la ley moral es la más terrible de las sanciones: adquirido un mal nombre, se transmite de generación en generación y perdura como signo de eterna infamia. La exclamación de Bruto contra la virtud es pues un simple desahogo de un alma exasperada. La virtud, lo repetimos, más bien que un nombre vano, es la cosa más real del mundo. Es verdad que no se toca con la mano, pero así como son inmensos los efectos benéficos que produce su observancia, así también son inmensos los efectos maléficos que de su inobservancia derivan. En una palabra, la moral social es moral *utilitaria* precisamente porque es ley de reciprocidad, y por esto, lo repetimos también, ¡ay de los que creen que la virtud es un nombre vacío!: equivale, por lo contrario, a *interés,* es decir, a una cosa prácticamente útil, porque las leyes de la sociedad humana tienen siempre por objeto cosas concretas, y es profundamente providencial que en el mundo, para recibir gran bien de nuestros semejantes, no haya otro medio que hacerles igualmente un gran bien a ellos: la proporción entre lo que se da y lo que se recibe, es constante e inalterable[67].

3. Sin embargo, además de estar dominado el mundo social por la ley moral, lo está por la ley jurídica, que hace que cada cual esté en lo suyo, que

67 «Pero así (me diréis) el hombre nada hará en consideración al hombre. Y bien, ¿qué importa esto si obrando cada uno para sí mismo obra indirectamente para los otros? ¿Acaso el pobre no reporta una verdadera ventaja aunque el que le haca limosna se la haga por ostentación? — Esto es un comercio de interés que mal corresponde a la excelencia del hombre. — Lo sé; pero cuando se reflexiona que esta es su manera natural de obrar, parecerá bastante grande si hace, como puede, lo que de él se pretende». Spedalieri, *Diritti dell'uomo,* lib. 2.°, cap. I, § 1.

no se haga daño a los demás y que el que lo haga sea sometido a una pena condigna al daño. Estas dos leyes se completan alternativamente, como alternativamente se completan sus sanciones: la una continúa y consuma la obra de la otra. Así la ley moral como la jurídica tienden en efecto con diversos medios al mismo fin: a la preservación del cuerpo social y al regular desenvolvimiento de la actividad de cada uno de los individuos que lo forman. Solo cuando se atente a este regular desenvolvimiento, obra hasta cierto punto la ley moral, que tiene por sanción la reprobación privada de los ciudadanos. En cambio, cuando se traspasa aquel determinado punto y las lesiones tocan más en lo vivo las relaciones civiles, obra la ley jurídica, que tiene por sanción el atribuir forzadamente en virtud del poder público a cada uno lo suyo, o castigar al que ha obrado mal. Así pues, la ley jurídica supone siempre la ley moral. La ley moral se inspira en el mismo principio y obra con igual mira que aquélla, porque, como hemos dicho, también la moral es práctica y actuosa y tiende al respeto de la personalidad humana. Así, si todo lo que es moral no es jurídico, en cuanto una infinidad de acciones humanas no puede menos de dejarse a la sanción natural, no puede dejar de ser moral todo lo que es jurídico: un Derecho inmoral es una contradicción, y por ello inexistente e inconcebible.

4. De cuanto precede ha de sacarse la consecuencia de que cada cual es libérrimo de ser moral o inmoral, virtuoso o vicioso: el premio o el castigo lo recibirá del Tribunal de la conciencia popular.

Pero la moralidad ha de rodear todas las acciones humanas: lo que cada hombre es desde el punto de vista moral, por necesidad ha de tener también una influencia decisiva en todas las determinaciones de derecho. El estado jurídico queda sensiblemente modificado por la moralidad y por la inmoralidad en bien o en mal. El que es moral, da la confianza de que sabrá inspirarse, en toda la extensión del campo social, en el respeto de sus semejantes; en cambio, el que es inmoral hace temer legítimamente que no habiéndolos respetado hasta el punto en que sus acciones responden tan solo ante el Tribunal de la opinión pública, puede muy bien llegar a ofenderles también allí donde la moral, para hacerse valer mejor, cede el puesto al Derecho.

Ahora bien, no es posible dejar de tomar estrecha cuenta de estas confianzas y de estos temores cuando se trata de cosas que interesan a la tranquilidad y la salvaguardia de los derechos de todos. Así acontece que muchas veces no se puede ejercitar un derecho, antes bien se pierde precisamente porque en el que debe ejercitarlo falta el carácter fundamental, es decir, la capacidad moral.

Este principio está traducido a la práctica por todas las administraciones públicas y privadas, cuando entre los títulos de los que aspiran a los puestos que se propone hacer ocupar, exigen los certificados de buena conducta así como certificaciones criminales de *fecha reciente.* Así los que no pueden presentar un certificado de buena conducta o una partida penal limpia, pierden el derecho al concurso, y se encuentran por consiguiente, por el hecho solo de la incapacidad moral, en condiciones sumamente desfavorables ante aquellos sobre cuyo crédito no ha encontrado nadie nada que decir[68]. Así sucede que nadie piensa en confiar el puesto de cajero a ladrones convictos aunque legalmente impunes, el puesto de magistrados a personas capaces de ser corrompidas y de vender la justicia al mejor postor; el puesto de educador de niños a pederastas notorios; el puesto de director de colegios femeninos a Don Juanes impenitentes.

5. No es esto todo. Puede suceder que hasta el día en que uno quedó admitido para ocupar un puesto de confianza, haya observado una conducta moralmente irreprensible, pero que después haya perdido todo freno moral. Pues bien: ese nuevo estado moral no solo puede sino que debe modificar y modifica el estado jurídico, y de aquí el derecho a hacer decaer al que se ha mostrado indigno de la confianza en él depositada y que, aun cuando solo sea con un principio de acción, no asegura el exacto cumplimiento de sus deberes.

Según se ha indicado, no solamente los inmorales no pueden disfrutar ciertos derechos, sino que hasta los pierden, y a menudo disfrutan con saludables restricciones los que poseen. En efecto, el verdadero arte de vivir de los hombres, como el verdadero arte político de los Estados, consiste en prever y prevenir hasta cierto punto lo que puede suceder. Ahora bien,

---

68 En la jurisprudencia romana, a la que no quedó oculta ninguna necesidad social, la llamada *existimatio* tenia un gran valor para la determinación de los derechos. «Callistrato define la *existimatio: dignitatis illesae status legibus, ac moribus comprobatus.* Es el honor del ciudadano romano, fundado a un mismo tiempo en las leyes y en las costumbres, y que ha de estar intacto para que tenga la plena aptitud para los derechos civiles, tanto en el orden público como en el privado.» Ortolan, *Spiegazione storica delle istituzioni dell'Imperatore Giustiniano.* Traducción Longo-Mancini, Nápoles, Est. Tip. Androsio, 1858, vol. 1.°, pág. 41.

cuando aquel que, aun habiendo estado hasta ahora dentro de lo suyo, hace temer con su obscenidad y disipaciones que un día u otro se descarriará y será causa de daño para sus semejantes, ¿qué ocurre naturalmente? Que tanto los que viven cerca de él como el poder público, que ha de vigilar a todos, no le pierdan de vista para prevenir cualquier atentado. Pero si la vigilancia de los particulares no restringe en nada el ejercicio de los derechos del que ha caído en sospecha, lo restringe en cambio la del poder público, en cuanto impone al posible delincuente ciertas obligaciones que antes no tenía, como el no frecuentar ciertos sitios, el retirarse a cierta hora, poner su itinerario en conocimiento de la autoridad. De aquí, en resumen, la institución de las advertencias, que se ha de fundar precisamente en la infracción comprobada de la ley moral, en el temor de que esta infracción pueda extenderse, por contagio peligroso, a la ley jurídica, y por último, en la necesidad de prevenirla en lo que se puede y mientras se puede.

6. Si un individuo despierta desconfianza en sus semejantes y en el poder público, dando lugar a que se le vigile por el solo temor que inspira de caer tarde o temprano en la delincuencia, *a fortiori* ha de suscitar la desconfianza y la vigilancia después que ha expiado la pena que se le ha infligido por las culpas cometidas. En efecto, si antes había el temor de la caída, ahora hay el de la recaída, y este último temor es más fuerte que el otro, porque es más fácil la recaída que la caída.

He ahí porqué, aun después de la expiación de ciertas penas, aun estando satisfecha la justicia, no vuelve a adquirir el ciudadano el patrimonio de sus derechos. El ciudadano queda siempre con la marca de persona inmoral, y esta marca de inmoralidad no puede menos de dejar desfavorablemente modificado su estado jurídico, y hasta ciertas penas, por un tiempo más o menos largo, según los casos, han de hacer perder derechos, no pueden dejar de ser causa de infamia y de indignidad. Efectivamente, aun después de expiada la pena, los culpables no pierden la característica de tales, y, por consiguiente, no pueden ser readmitidos sin condiciones ni reservas en el beneficio del consorcio civilizado. Ciertamente que en muchos casos la pena es la medicina del alma; pero por lo general, el que ha obrado mal una vez, es capaz, hasta se halla fácilmente dispuesto a obrar mal otra vez. Así, sería exponerse puerilmente a un peligro cierto, confiar al que ha faltado a sus deberes y que por ello ha sido castigado y ha expiado una pena, cargos que tenía antes y había desempeñado mal. El haberlos desempeñado mal una vez, es señal casi segura de que los desempeñará mal siempre. Es preciso pues estar en guardia y alejar los peligros hasta por caridad para con los mismos que peligran, puesto que al decir del Tasso, *poter mal fare sempre è al mal fare invito*[69].

Las leyes positivas que rigen en todos los Estados no carecen en semejante materia de disposiciones severas, y al estatuirlas, cumplen perfectamente su misión develar solícitamente, hasta donde pueden, por la salud y la tranquilidad de los pueblos.

69 Apenas creo necesario advertir que, con las ideas expuestas, no entiendo confundir en modo alguno la Moral con el Derecho. Solo he querido hacer constar que siendo siempre objeto de la Moral y del Derecho el hombre, y pudiendo resbalarse con facilidad de las infracciones de la Moral a las del Derecho, no es posible en las determinaciones jurídicas prescindir por completo de la cualidad o *capacidad* moral del sujeto mismo.

# CAPÍTULO VII

## Efectos jurídicos de la capacidad económica[70]

1. Idea de la riqueza. — 2. El trabajo. — 3. Relaciones entre la riqueza y el trabajo y origen del derecho de propiedad. — 4. El ahorro. — 5. El capital. — 6. El producto del capital. — 7. Relaciones jurídicas entre capital y trabajo. — 8. Lucha entre capital y trabajo. — 9. Límites infranqueables en la solución de la lucha. — 10. Efectos del traspasamiento de tales limites. — 11. Socialismo y legalidad. — 12. Riqueza y pobreza.

---

70 Los principios económicos a que nos referimos aquí, son generalísimos y comúnmente aceptados; pero hacemos de ellos un uso que por lo general se descuida, o sea, el de ponerlos en relación con los principios del derecho y más bien bajo la salvaguardia de estos. «Hacer penetrar el Derecho, Injusticia en la Economía política, dice Laveleye, es la idea nueva y fecunda que transformará nuestros estudios.» Véase en la *Nuova Antologia* da 1.° de febrero de 1879, la relación de la reunión de 16 de Enero del mismo año de la *Società italiana di Economia politica.* Véase también Marcos Minghetti, *Dell'Economia pubblica e delle sue attinenze con la morale e col diritto,* Florencia, Le Monnier, 1858. Escribe uno de nuestros más valiosos economistas jóvenes, Loria: «Después de una serie más que secular de investigaciones y de estudios, todavía hoy se encuentra la economía científica en el deber de luchar por un lado contra la economía socialista y sus *sublevadores sofismas,* por otro lado contra la economía optimista y sus fatuas disertaciones, lucha bien desagradable en la que el triunfo sonríe con frecuencia al sofisma y a la frase, en tanto que a la idea fecunda y verdadera le queda la triste derrota o el más melancólico olvido... No queda para ella otro consuelo que la conciencia de la verdad, y la fe en que esta ha de triunfar un día u otro de las insistencias llenas de prejuicios de las escuelas sectarias.» *Economia scientifica ed economia utopistica* en la *Nuova Filosofia* de Nápoles, núm. 1, agosto de 1890. Ahora bien, para asegurar el triunfo de la *Economia científica,* ¿qué medio más poderoso que la antorcha iluminadora del Derecho?

1. Desde su nacimiento hasta su muerte, el hombre está continuamente atormentado por una serie infinita de necesidades materiales, morales e intelectuales. Esto es un continuo estado de sufrimiento, porque sentir una necesidad significa desear algo, y esto supone que mientras no se tenga aquella cosa, sufra el que siente su necesidad.

Pero esto es una mira providencial de la naturaleza, porque si el hombre no experimentase necesidad alguna y no sufriese al sentirla, sería un ser completamente inerte, sería un eterno niño. En cambio, tal como está constituido, le ha sido posible, a través de tantos trabajos y de tantos padecimientos, llegar al esplendor de la civilización moderna, que de seguro será superada en el porvenir por civilizaciones todavía más espléndidas.

La necesidad, pues, impulsa inmediatamente al hombre a buscar el medio de satisfacerla. Todo lo que satisface una necesidad es lo que se llama riqueza. Así, a cada una de las especies de necesidades que conocemos, corresponden otras tantas especies de riquezas: riqueza material, riqueza intelectual y riqueza moral. Pero aquí hemos de fijarnos más especialmente en la riqueza material, que en este sentido puede definirse como *el conjunto de bienes que satisfacen nuestras necesidades.*

2. Pero el buscar los bienes que habrán de satisfacer nuestras necesidades implica evidentemente un esfuerzo, y este esfuerzo es lo que se llama trabajo. El trabajo es pues el esfuerzo necesario para adquirir los medios necesarios para la satisfacción de nuestras necesidades. El dicho sagrado lo prueba: *In sudore vultus tai vesceris panera.* Ahora bien, siendo las necesidades de orden material, intelectual y moral, resulta que tenemos otras tantas clases de trabajo.

3. De otro lado, si la riqueza es el fin y el trabajo el medio para lograrlo, es evidente que por efecto de la correspondencia y proporción constante que existe entre medio y fin, la riqueza ha de estar siempre en correspondencia y en proporción al trabajo. De esto deriva lógicamente la consecuencia de que el mayor trabajo produce mayor riqueza y el menor trabajo menor riqueza, y también deriva otra consecuencia que el que es más capaz de trabajar y más trabaja, más produce y más rico es, y el que es menos capaz de trabajar y menos trabaja, produce menos y es menos rico. Esto es una ley inflexible de la naturaleza, y no se escapa impunemente a su justa inflexibilidad.

Pero hay más. Sobre la base del principio de causalidad, por el cual el efecto pertenece a la causa, el ser productor tiene pleno derecho sobre lo que produce, y así el que produce mucho tiene derecho sobre lo mucho, como el que produce poco tiene derecho sobre lo poco. De aquí surge el derecho de propiedad, derecho que consiste precisamente en la *libre y exclusiva disposición de lo que hemos producido o que otros han producido para nosotros.* Al añadir las palabras o *que otros han producido para nosotros,* entendemos poner a cubierto de algún loco ataque el derecho de suceder en los patrimonios ajenos, de donar o recibir en donación bienes por actos entre vivos.

Hay tantas especies de propiedad como especies hay de producción, y todas están igualmente garantidas por el Derecho: tenemos por consiguiente propiedad numeraria o capitalista, inmueble, industrial, literaria, científica, artística. En suma, todos tienen el derecho de propiedad sobre lo que legítimamente producen, ya se trate de un trozo de terreno inexplorado o de la *Divina Comedia,* del descubrimiento del vapor o de la creación de la *Norma,* de la *Scienza Nuova* o de *I Promessi Sposi,* de un puñado de monedas o de la *Transfiguración.* En una palabra, puede cambiar, diría Spedalieri, en más o en menos la *materia* del derecho, pero su *esencia,* o sea su tutela, no cambia nunca.

4. Por fortuna, sucede a menudo que las necesidades quedan por bajo de los medios de satisfacerlas, de modo que después de haberlas satisfecho, nos queda un resto de la riqueza producida. A decir verdad, con un poco de buena voluntad puede darse fin a toda riqueza, razón por la cual, si con frecuencia nos queda algo, hemos de atribuirlo, más que al acaso, a nosotros mismos, en cuanto ponemos un freno a la explosión de nuestras necesidades, las contenemos en los límites de lo simplemente necesario, y de aquí la superabundancia. Sin duda el género de necesidades cambia de pueblo a pueblo, de clase a clase, de individuo a individuo; sin duda lo que para uno son necesidades de lujo, para otro son necesidades primarias y viceversa. Con todo, cada uno puede contenerse siempre dentro de su propia esfera de acción y tener la virtud de la hormiga, que es previsora y guarda para el invierno gran parte de lo que recoge durante el verano. Ahora bien, el conservar un resto de riqueza para las necesidades futuras y aumentarla poco a poco, constituye lo que se llama ahorro.

No es del caso hacer notar la bondad del ahorro: es generalmente conocida, y hace tiempo que las instituciones encaminadas a facilitarlo se han multiplicado de una manera prodigiosa, desarrollando por consecuencia en los pueblos una virtud que se ignoraba porque no había tenido ocasión propicia de manifestarse. Lo que aquí queremos hacer observar es que, bajo cierto aspecto, el ahorro es una nueva producción. En efecto, podemos consumir todo el producto de nuestro trabajo, pero no lo consumimos porque con el propósito de asegurar el porvenir, siempre inseguro, restringimos todas nuestras necesidades de manera que nos sobre algo de lo que hemos producido. Ahora bien, lo que hacemos contra nosotros para restringir nuestras necesidades, es una lucha, es un trabajo, y el resultado de este trabajo, más terrible que el usual, es el ahorro. Tan verdad es esto, que no todos ahorramos; los más, sin cuidarse del porvenir, en lugar de vencer se dejan vencer y consumen más de lo que producen. La cosa ahorrada es como si fuese dos veces producida: una vez, la hemos producido creándola por medio del trabajo, otra vez salvándola de la destrucción por medio de la lucha que emprendemos contra nosotros mismos. En este sentido se dice que la conservación es una segunda creación, y no sin razón profesan los teólogos la doctrina de que Dios, después de haberlo creado, continúa creando día por día el universo mundo conservándolo[71].

5. Mientras todo lo que se ahorra se acumula simplemente para el consumo futuro, conserva siempre el carácter de ahorro. Pero cuando lo que se ha economizado se destina a una nueva producción, entonces nos encontramos ante otro interesante hecho económico: el capital. Con razón, pues, se le ha definido *un valor producido ahorrado y destinado a otras producciones*. En resumen, el ahorro es una cosa útil pero inactiva; el capital, por lo contrario, es al mismo tiempo útil y activo, y por ello doblemente útil.

Por otro lado, si la riqueza, como antes hemos visto, es legítima en cuanto es hija del que la ha producido; si, como también hemos observado, el ahorro es doblemente legítimo en cuanto el que ahorra ha creado la riqueza dos veces, con mayor razón es legítimo el capital, hasta es legítimo tres veces, en cuanto no solo se ha creado y ahorrado la riqueza que lo constituye, sino que está también destinada a producir riqueza nueva.

---

71 Escribe Courcelle-Seneuil: «No sin razón ni por metáfora, consideramos pues el ahorro como una forma de trabajo industrial, y por consiguiente como una fuerza productiva. Exige un esfuerzo, completamente moral, sin duda, pero penoso, y es por tanto un trabajo con el mismo título que un esfuerzo muscular. Es productivo porque producir o no consumir da el mismo resultado, el acrecentamiento de las riquezas existentes: si estas riquezas están formadas por el trabajo muscular, son conservadas por el trabajo de ahorro, causa directa y única de la duración del capital.» Véase Ciccone, *Principi di economia politica*, Nápoles, Jovene, editor, 1874, 2.ª edición, vol. 1.º, pág. 123.

6. Lo que se dice respecto de la legitimidad del capital en si, es necesario decirlo respecto de la legitimidad del producto del capital, que es lo que generalmente impugnan los enemigos del orden.

En efecto, si el capital se funda por tres veces en el trabajo y si el producto del trabajo es legítimo, surge lógica e inexorablemente la consecuencia de que el producto del capital ha de ser de igual modo legitimo. También el producto del capital es prole creada por una madre, y también él ha de estar jurídicamente tutelado por la ley de causalidad. Obre como operario o como capitalista, el hombre es siempre hombre y su personalidad y los efectos de su actividad han de estar protegidos por el Derecho en todos los casos: si esta protección faltase por un momento, estaríamos en plena anarquía o barbarie.

De este modo, jurídicamente hablando, capital y trabajo, capitalistas y operarios, se encuentran en idénticas condiciones de igualdad. Unos y otros, por lo que son y por lo que hacen en su esfera de acción, son tutelados por el poder supremo del Derecho. Por lo demás, así como es fácil que un rico capitalista se convierta en un triste jornalero, así nada impide tampoco que un triste jornalero (y de esto tenemos infinitos ejemplos) llegue a ser un rico capitalista. He aquí por qué entre estas dos fuerzas, entre estos dos factores económicos hay armonía, no discrepancia: los unos necesitan de los otros, y querer inclinar la balanza de un solo lado (el del trabajo y de los obreros) es tan injusto como inclinarla del otro lado (del capital y del capitalista) porque sería contrario a las exigencias del Derecho, que quiere que a cada cual se le dé lo que le corresponde. Por otra parte, además de injusto es perjudicial, en cuanto no estando seguro nadie de lo propio, se vuelve inerte, y así la anarquía jurídica produce la miseria económica.

7. Siendo pues capital y trabajo, capitalistas y obreros términos armónicos, no contradictorios, resulta que las relaciones que existen entre ellos no están abandonadas al acaso de modo que allí existan amos y aquí esclavos, sino que están sometidas a la ley del Derecho, de manera que nos encontramos siempre ante personas humanas que ostentan a un mismo tiempo derechos y solamente están sometidos a los deberes inherentes a estos.

Por una parte, destinado el capital a producir de nuevo habiendo de aplicarse a cualquier ramo de la industria y del comercio, necesita la mano de obra, necesita operarios que trabajen para él. Por otra parte, habiendo de ganar los operarios su subsistencia, necesitan emplear el trabajo de su persona. Así nos encontramos ante dos categorías de personas que tienen recíprocamente necesidad de su obra respectiva. Entonces se entienden, establecen sus pactos (fundados en la ley infalible de la oferta y la demanda) y se estipulan sus contratos, en los cuales se determinan sus relaciones. Ahora bien, cuando el acuerdo de las voluntades es libre, el contrato tiene una base plenamente jurídica, y por esto nada tienen tales contratos distinto de los otros para que se les pueda llamar inicuos. Tan verdad es esto que, cuando faltan las condiciones establecidas, semejantes contratos, como todos los demás, *eodem modo solvuntur quo colligati sunt.*

8. Con todo, es una verdad positiva que *societas est mater discordiarum:* por esto la misma razón que tiene unidos entre sí a los hombres, genera una lucha eterna. He ahí porqué, no obstante la necesidad absoluta y *sine qua non* que tienen de estar juntos capital y trabajo, capitalistas y operarios se encuentran en continuas contestaciones, que frecuentemente se acentúan hasta revestir un carácter trágico. Y es natural: capitalistas y obreros son hombres, y siendo característico del hombre tender a dominar a sus semejantes, se sigue que el que es más fuerte de estas dos clases de hombres, nada deja de intentar para aprovecharse de la situación del más débil. De aquí la prepotencia, la tiranía habitual del capitalista, y de otra parte la sumisión no menos habitual del operario. En efecto, si muchas fortunas se deben al espíritu de iniciativa y de sacrificio bastante remunerado por el óptimo éxito de la empresa, muchas otras son verdaderas espoliaciones, y no pocas veces la sangre del pobre es la que sostiene el lujo asiático del rico.

El que quisiere negar ese estado de cosas (que por otra parte durará tanto como la humanidad) daría pruebas seguras de no conocer ni al hombre ni su manera de obrar. Por esto no les falta razón a los que protestan altamente contra tanta prepotencia y contra tanta injusticia, y es también evidente que es indebido y por tanto injusto el mayor provecho que queda en manos del capitalista por el hecho de no conceder a los jornaleros una justa recompensa de su trabajo. En esto tiene razón hasta cierto punto Marx cuando afirma que el exceso de valor producido se resuelve en apropiación inicua del trabajo ajeno[72].

9. Planteados así los verdaderos términos de la lucha entre el capital y el trabajo, no nos resulta difícil colocarnos en el verdadero punto de vista

72 Marx, *El capital.* Para la exposición crítica de sus doctrinas, véase Vito Cusumano, *Le scuole economiche della Germania in rapporto alla quistione sociale.* – Nápoles, Marghieri, editor, 1875.

para notar cuáles son los medios más idóneos para evitar, si no del todo al menos en parte, la injusticia en la distribución de la riqueza producida.

Es útil volver a afirmar que el beneficio del capital es, en los límites de razón, tan legitimo como dentro de iguales límites lo es el del trabajo. Pero al decir que estas dos clases de beneficio únicamente son legítimas dentro de los límites de razón, decimos implícitamente que cuando se traspasan estos límites ya no es legítimo, y si el capitalista saca del obrero más provecho del debido es un ladrón, como es un ladrón el obrero que saca del capitalista más provecho del debido. Ahora, siendo canon fundamental de derecho que nadie ha de lucrar en perjuicio ajeno, síguese que el Derecho, o sea su órgano máximo que es el Estado, han de hacer todos los esfuerzos que son capaces de hacer reentrar al capitalista y al obrero en los límites de lo propio de cada uno, para evitar lo más posible que el uno sea sanguijuela del otro.

Por otra parte, la justicia exige que el remedio sea correspondiente al mal, y así, si correspondiese poco no se lograría el efecto deseado, y si pecase de exceso, el remedio sería peor que el mal que se quiere evitar y el desorden se convertiría en caos.

Decimos esto para los que confundiendo la forma con la substancia y no penetrando en el fondo de los fenómenos sociales cuyo estudio emprenden, confunden lo permanente con lo pasajero, el órgano con la función, el uso con el abuso.

Así sucede que por odio al fruto quisieran desarraigar totalmente el árbol, sin pensar que sin este ha de perderse la esperanza hasta de tener frutos malos, que también sirven para algo. Olvidan la gran ley fisiológica enunciada por Hipócrates cuando escribió que enfermamos por las mismas causas por las cuales vivimos.

Llegando a nuestro caso, hagamos constar el hecho de que en general el abuso que los capitalistas hacen del capital se hace remontar a un origen no solo inofensivo sino profundamente provechoso e indispensable, al capital, y así se hace guerra al capital en todas las formas y se tiene fe en solucionar todos los problemas económicos cortando los nervios de todo el organismo económico[73]. Esto es ciertamente una exageración que produce

73 «Nosotros no queremos que se suprima el trabajo, en cuya legítima emancipación han de participar todos los buenos, pero tampoco queremos que se desprecie el capital, que no ha de confundirse con el capitalismo, como el interés

un efecto tristísimo: por querer demasiado no se obtiene nada, pues la corriente de las cosas es más fuerte que el capricho de los hombres. El culpable es por lo contrario el hombre, que abusa del capital; pero también aquí, en el estudio del hecho, hay que guardarse de las exageraciones.

El capitalista se presenta a la mente del vulgo y hasta a la del vulgo de los estudiosos, con preconceptos que no son buenos. Prescindiendo de que se le supone siempre el más fuerte de los combatientes que sostienen la ruda lucha de la producción, se le supone también el más feliz. A duras penas llega el operario a satisfacer con su trabajo diario las necesidades esenciales de su pobre familia, y por consiguiente no puede dejar de ser un explotado, no puede menos de sufrir. El capitalista, al contrario, nada en la abundancia, y por consiguiente no puede menos de ser un ladrón, no puede dejar de ser feliz. Esta consideración sentimental, que recurre a razonamientos del común de los publicistas, es falsa precisamente porque es sentimental. No contamos, desde el punto de vista psicológico hablando, que teniendo el operario pocas preocupaciones, puede ser feliz, profundamente feliz, a pesar de su mezquina ganancia, en tanto que el capitalista, teniendo como tiene infinitos quebraderos de cabeza, puede ser infeliz, profundamente infeliz, no obstante sus inmensas ganancias. Pero, aun desde el punto de vista social, se explica muy bien que el jornalero gane poco precisamente porque no emplea más que el trabajo del día, y que el capitalista gane mucho precisamente porque, además de exponer a un riesgo sus capitales, que son trabajo acumulado, emplea en la producción todo el tesoro de su habilidad industrial y comercial. Además, también desde el punto de vista jurídico se explica muy bien que, así como el obrero tiene derecho a lo poco que produce, el capitalista tiene derecho a lo mucho que produce. La mayor capacidad económica de producir se transforma en mayor capacidad jurídica de ganar, es decir, que produciendo el capitalista más que

---

legítimo del dinero no debe confundirse con la usura». *Furores anti-capitalistas* en la *Opinione* de 12 de Junio de 1890. — «Es injusta esta guerra moral hecha al capital. Lo que demuestra el estudio atento de los hechos es que allí donde el capital encuentra una amplia remuneración de sus adelantos, también es feliz el trabajo... Este resultado de la experiencia, que debería poner término a las declamaciones contra el capital, confirma una vez más la gran ley económica y moral de la armonía de los intereses. Todas las medidas, todo lenguaje que tiendan a destruir esta armonía, son medidas y lenguaje nefastos». Conde D'Haussonville, *Le socialisme d'Etat et le socialisme chrétien,* en la *Revue des Deux Mondes* de 15 de junio de 1890, pág. 866.

el operario, tiene derecho santo y sagrado a este más. Otra consideración puede hacerse. Si puede establecerse lo que ha de corresponder a un operario por su jornada de trabajo, no puede establecerse lo que ha de ganar el capitalista, y hasta puede decirse que la misma razón que define el correlativo de la jornada del operario hace vago el correspectivo del capital. Por la misma naturaleza de las cosas, así como el operario cuenta con lo definido, el capitalista cuenta con lo indefinido; en casos desgraciados, este indefinido es la ruina del capitalista, y mientras el operario no pierde nada porque ha recibido semanal o mensualmente lo que le correspondía, el capitalista lo pierde lodo y queda reducido a la miseria. Es pues de tontos no poner las cosas en su lugar propio; no mirándolas con ojo proporcionador, se pierde su noción exacta y aparecen aquellas apreciaciones engañosas que, impotentes para producir la menor ventaja, son poderosísimas para causar el mayor daño. Es preciso por lo contrario mantener sólidos los principios, y si están desviados, volver a llevarlos al camino recto. Atacando los principios tan solo queda la huella del vano esfuerzo: el resto marcha por si solo. Así, en la cuestión que nos agita, lejos de atacar el capital como institución, no se ha de pensar más que en impedir, por medio de nuevas instituciones sociales, que esta institución caiga en el abuso por la mala voluntad de los hombres. Recuérdese que, para combatir la usura, no se abolieron los préstamos, pero se hicieron surgir y se fomentaron las institucione que hacían prestamos sin usura y la combatían *indirectamente*. De los montes de piedad se dijo que fueron erigidos *adversas judeorum usuras*.

¿En qué puede consistir el abuso del capital"? En retribuir mal la mano de obra. Pues bien: solo a este abuso ha de dirigirse la atención de los estudiosos, contra este abuso deben excogitar los hombres competentes los remedios *posibles y racionales:* después, denunciados al poder del Derecho, serán adoptados en cuanto se pueda. Mas de esto no se ha hecho, no se hace ni se hará nunca, porque en la solución de los problemas sociales no pueden traspasarse impunemente los límites del Derecho, que es condición necesaria e inmutable de las relaciones civilizadas. Todo plan de *emancipación del trabajo* que no tenga base jurídica, ha de relegarse al número de los absurdos de la utopía[74]. Y piénsese que proteger el trabajo no significa

74 V. Zorli, *Emancipazione economica della classe operaia.* Escribe a este propósito Mamiani: «Se equivocan a mi juicio los publicistas que piden al socialismo actual la emancipación del cuarto estado, toda vez que en nuestros días, en la mayor parte del mundo civilizado, cada cual nace y vive emancipado y nadie queda excluido de los derechos de hombre y de ciudadano». *Delle questioni*

abolir el capital: puede significar hasta favor para este, porque una buena retribución favorece el ahorro que es el que forma el capital.

10. Pero desde que el mundo es mundo, estos límites se han traspasado siempre, porque el hombre tiene siempre el instinto del ensueño. Prueba de ello es la historia de todas las utopías y de todas las revoluciones sociales que en aquéllas se han inspirado. En todo tiempo, como diría felizmente Luzzatti, «lodos han intentado corregir las pruebas de imprenta de la creación», y así, en todo tiempo ha estado la realidad en discrepancia con el pensamiento abstracto de pensadores apasionados y ciegos[75]. Sin duda es muy fácil rehacer en el papel el trazado del universo y toda la legislación de la vida y de la historia; pero el hecho incontestable es que, a pesar de la *República* de Platón, de la *Utopía* de Moro, de la *Ciudad del Sol* de Campanella, y de todas las reconstrucciones fantásticas de los reformadores modernos, hasta los actuales internacionalistas, anarquistas y nihilistas, el mundo es como era, y seguramente será en lo eterno como ha sido y como es. Es que los principios de las cosas son eternos e inmutables, y no hay poder humano capaz de quebrantarlos en lo más mínimo[76].

---

*sociali e particolarmente dei proletari e del capitule,* Roma, Fratelli Bocca edit. 1882, pág. 32.

75 «La ciencia imparcial demuestra, en antítesis a Marx, que la teoría según la cual el valor está determinado por el trabajo, es errónea y sofistica, puesto que los productos en los cuales el capital técnico interviene en una proporción diferente de la cantidad de trabajo, no pueden cambiarse entre sí en razón de la cantidad de trabajo en ellos conglutinado sin dar lugar a una disparidad en la tasa del provecho percibido por cada capitalista. Ahora bien, esta disparidad es incompatible con la libre concurrencia que media entre los capitalistas y ha de ser corregida incontinenti merced a una modificación del valor, que por lo mismo viene a fijarse, en su determinación definitiva, en una tasa distinta de la que defiende la escuela socialista. En vano se sublevan los socialistas contra esta demostración; en vano dirigen ataques e injurias, puesto que se trata de una demostración matemática contra la cual se estrellan miserablemente las invectivas de partido y las cavilosidades leguleyas.» Loria, *lug. cit.*

76 «¿Qué utilidad puede representar a los desheredados de la fortuna un ideal de vida irrealizable? ¿No sería más procedente reconocer lo que hay de inmutable en la constitución de nuestra naturaleza y de la misma sociedad, y contentarse con el solo progreso, lento pero seguro, conciliable con ello? Hace más de dos mil años que Platón escribió su *República:* ¿qué progreso se ha hecho hacia el ideal por él descrito? La humanidad está ahora más empeñada que nunca en no dejarse regular más que por las cualidades que él quería extirpar del

Y no se crea que esta soberana impotencia nuestra sea humillante para la razón humana. Esta no puede hacer otra cosa que rendir homenaje a la santa razón de las cosas, porque las ve ordenadas sustancialmente de un modo que no podría ser mejor. Así pues, este resentimiento de amor propio tan solo puede surgir en el ánimo de los que *someten la razón al talento*. Por fortuna, el mundo no se deja guiar por los dementes: sigue, independientemente de ellos, su fatal marcha[77].

11. Volviendo hacia atrás y teniendo presentes los principios establecidos, decimos que, siendo las diversas capacidades económicas hechas naturales, no pueden destruirse. Añadimos que debiendo toda causa producir su efecto, y no pudiendo toda causa legítima producir más que un efecto legítimo, se sigue de ello que siendo indestructibles y legítimas las diversas capacidades económicas de los hombres todos, han de ser igualmente indestructibles y legítimos los efectos de estas diversas capacidades, es decir, la diversidad de fortunas.

Este es el principio, según se indicaba poco ha. En realidad, puede suceder, y sucede en efecto, que se caiga en algún abuso, y entonces es el caso de recurrir a la protección del Derecho para que el débil no sucumba a la prepotencia del fuerte. Así se obtienen en la batalla de la vida social, solo por virtud del Derecho, las justas reparaciones que en vano se esperarían de desatinadas destrucciones radicales. En este sentido, nada ha de tener de espantable lo que se llama socialismo, que en el fondo no es otra cosa que la expresión de la necesidad de que las nuevas infinitas relaciones que nacen del excesivo desarrollo de la civilización moderna a la cual se debe el embravecimiento de la lucha de la vida, sean reguladas por seguras y próvidas normas legislativas en interés de la razón y de la justicia. De aquí la necesidad de la que se ha llamado legislación social, «cuyo fin principal es mantener el equilibrio y la armonía del organismo social, impidiendo que

---

corazón de sus conciudadanos: el amor de si mismo, el sentimiento del yo. Las libertades políticas conquistadas en nuestro tiempo y que tienden cada vez más a generalizarse y a animar la vida de las naciones cultas y civilizadas, al dar mayores estímulos a las múltiples actividades del hombre, han contribuido a robustecer más aquel sentimiento». Juan Boglietti, *Nuove utopie americane,* en la *Nuova Antologia* de 16 de Agosto de 1890. Es un brillante artículo sobre el libro de Eduardo Bellomay *Looking bakward.*

77 «Los filósofos, los políticos pueden regular el movimiento, retardarlo o precipitarlo, pero el movimiento mismo es independiente de su voluntad.» Laffitte, *Le paradoxe de l'égalité,* pág. 179.

un miembro de este se debilite en daño de otro, y determinar el ejercicio de un poder de suplemento y de compensación por parte del Estado que tienda a asegurar a todos los miembros de la convivencia un disfrute igual de los bienes materiales y espirituales»[78].

De que ya se ha llegado a esta benéfica evolución de ideas, es prueba espléndida el hecho de que el emperador de Alemania se haya puesto a la cabeza del movimiento en favor de la clase obrera, y ciertamente que antes o después, la Conferencia de Berlín tendrá por efecto una legislación universal encaminada a moderar en sus justos límites el predominio individualista en que hasta ahora se han inspirado todas las legislaciones civiles. Se ve por esto que, dentro de los límites de las exigencias del Derecho, todos podremos estar de acuerdo para fomentar y asegurar el mayor bienestar de la humanidad[79].

---

78 Enrique Cimbali, *Le obbligazioni civili complemento e funzione della vita sociale,* pág. 76.

79 «En Alemania, en Europa, donde quiera que hay trabajadores que sufren y tienen conciencia de sus derechos y deberes, el hecho ha levantado un grito de sorpresa y de alegría y también de pesar entre los conservadores más necios e impenitentes que no ven que el paso del emperador Guillermo es de verdadero conservador, puesto que ha advertido y reconocido a tiempo que con la «fuerza» no se vencen las ideas, y que las «revoluciones» solamente se evitan con las «reformas» amplias y bien entendidas impuestas por la índole de los tiempos. El edificio social tan solo se conserva de un modo: renovándolo continua y moderadamente». Napoleón Colajanni, *Un imperatore socialista,* en el *Imparziale* de Messina.

Como otra señal de los tiempos, notemos que hasta lo que ha sido socialismo anárquico, da señales de querer colocarse en el camino del Derecho y de la ley. Recientemente, en un periódico socialista se leían las siguientes preciosas confesiones: «Entonces (es el Director el que habla) cuando la vida nos sonreía con la frescura de su primavera, cuando empezamos a combatir, nos creyeron malhechores, por lo menos vagabundos, nos procesaron, nos condenaron... Solo que entonces creímos posible destruirlo todo en un *fíat,* y que la sustitución del viejo mundo por el nuevo podía obtenerse con un solo acto de energía o de voluntad.., *Desterrada ahora de nuestra mente toda idea violenta y material sin objetivos determinados fuera del reflejo y del circulo de la razón,* encaminados a la consecución de ideales sobre los que permanecemos firmes y sólidos, *defendemos un nuevo trabajo como medio para lograrlos.* Dado por consiguiente que debamos llegar a cierto punto prefijado y conocido; establecido hoy en la medida de lo POSIBLE para que fecunde el mañana en una latitud mayor y amplíe el espacio de las conquistas sociales, *abandonamos las viejas y pasadas sofisterías,*

Evidentemente, el Estado no puede hacerlo todo, y esperarlo todo de él es locura extremada. En primer lugar, las leyes del Estado no pueden derogar las leyes de la naturaleza, y en materia de economía no pueden derogar las leyes inevitables de la oferta y de la demanda, no solo respecto de los capitalistas y de los obreros, sino también respecto de los productores y de los consumidores. Un edificio legislativo levantado sobre la base de la negación de estas leyes naturales económicas que se presentan bajo formas tan diferentes de un lugar a otro, sería un coloso con los pies de barro. En segundo lugar, se pueden esperar del Estado nuevas leyes inspiradas en nuevas necesidades *verdaderas* y en nuevos principios *sanos* divulgados. El resto hemos de hacerlo nosotros; sería una desgracia que la ley hubiese de dar la iniciativa a los hombres, siendo así que su verdadero objeto es regular y encaminar a bien esta misma iniciativa. De ahí la necesidad de unirse para hacer unidos lo que no podrían hacer solos.

Es antigua la sentencia *concordia parva res crescunt, discordia maximœ dilabantur.* En efecto, esto va más que comprendiéndose, y es testimonio de ello el sorprendente desarrollo que toma en las clases obreras el espíritu de asociación. Las sociedades cooperativas están hechas expresamente para poner, dentro de los límites de la legalidad, un freno a la prepotencia del capital. Por lo demás, cuando este encuentra una resistencia legal, cede un poco, porque si está seguro de vencer las resistencias extralegales, no puede lisonjearse de vencer las que se desarrollan dentro de los límites de la legalidad, y así se obtienen ventajas por ambas partes.

En resumen, el socialismo de Estado no lograría asegurar la justa distribución de la riqueza si no estuviese acompañado del socialismo privado[80].

---

*aquella especie de dogmatismo que nos tenia siempre en guerra con el que no pensaba como nosotros y que nos tenia envueltos en una especie de oscuridad, para combatir en el terreno* PRÁCTICO *por las reivindicaciones inmediatas a que tenemos derecho... Sin preocuparnos de que algunos* ILUSOS *nos llamen* CONSERVADORES, etc.». Antonio Brunelli, *Le società cooperative ed il socialismo,* en el periódico *Il Martello,* primero y... último número de 2 de Febrero de 1890, impreso en Roma.

80 «Es preciso que el Estado no fomente las tendencias y las ilusiones socialistas por medio de una concentración equivocada, puesto que el *self-government* aplicado al organismo del Estado es el único que puede habituar a los individuos a buscar el mejoramiento de su suerte con sus solos esfuerzos individuales y sociales». Ahrens, *Corso di diritto naturale,* traducción italiana de Marghieri, vol. 1.º, página 70. — Véase también Claudio Janet, *Le socialisme d'Etat et la question sociale,* París, 1890.

Uno y otro, iluminados por la antorcha milagrosa del Derecho, son capaces de llevar los problemas más arduos a su mejor solución.

Pero hay más. El socialismo así entendido durará tanto como la humanidad, porque las relaciones civiles están sometidas a cambios continuos, y como quiera que ninguna de ellas puede desarrollarse sin la protección del Derecho, se sigue de esto que las leyes (interpretación y aplicación perenne del Derecho en el tiempo) han de variar según las necesidades para regular su desenvolvimiento.

Por otro lado, cualquiera que sea la perfección de las leyes, de cualquier modo, que se haya desarrollado el espíritu de asociación, es evidente que no se logrará ventaja alguna si los hombres no han aprendido a fiar primero en sí mismos, a tener conciencia de sus derechos y además de sus deberes, de su potestad de hacer y además de su responsabilidad. Nosotros mismos somos los principales forjadores de nuestro destino; del Estado, tan solo podemos esperar la garantía más plena de nuestro derecho; de la asociación podemos esperar algún aumento de nuestras fuerzas, pero es evidente que ni el Estado puede garantirnos más de lo que tenemos, ni darnos la asociación facilidades desproporcionadas a nuestras fuerzas De aquí la consecuencia de que ni un buen Estado ni una buena asociación producen buenos individuos, sino que son producidos por estos.

Por más que se haga, la unión de muchos ceros da un valor negativo. En una palabra, es de necesidad suprema desterrar la ilusión de que la fuerza y el bien puedan venirnos de fuera, siendo así que si no los llevamos dentro, los esperaremos en vano[81].

12. Pero (ya lo hemos afirmado sin lamentarlo) la voluntad de los hombres no puede menos de rendir homenaje a la voluntad de las cosas y respetarla. He ahí por qué, con todas las buenas leyes posibles e imaginables, con todas las asociaciones de varias especies y géneros, no pudiéndose destruir la diversa capacidad de producir bienes adecuados para la satisfacción de nuestras necesidades, tampoco se puede destruir el efecto

---

81 «Digamos mal si se quiere del individualismo, pero guardémonos de desanimar al individuo repitiéndole que nada puede por él mismo y para él mismo, porque con ello se correría peligro de destruir el sentimiento de lo que los ingleses llaman el *self-help: Ayúdate y el cielo te ayudará.* La asociación puede muy bien desempeñar el papel de cielo, pero es preciso que el mismo individuo se ayude... No reduzcamos al individuo a cero, porque dos ceros unidos a nada dan por producto nada». Conde D'Haussonville, artículo citado, pág. 853.

de esta diferente capacidad, que es el haber en el mundo ricos y pobres[82]. Esto no depende ni de las leyes de la población como pretendieron algunos (Malthus), ni del hecho de la ignorancia, como pretendieron otros (Bovio), ni de otras razones extrínsecas. Como es sabido, Malthus dijo que la miseria proviene del hecho de que la población aumenta en proporciones geométricas y los medios de subsistencia en proporciones aritméticas. Bovio ha invertido la fórmula diciendo que ambas progresiones heterogéneas, en vez de ser causa de la miseria, son efecto de la ignorancia, la cual genera a su vez la miseria. He ahí porqué abriga la ilusión de que estando destinada la ignorancia a desaparecer por medio de la cultura, con ella desaparecerá también la miseria.

Por lo contrario, el hecho de la coexistencia perenne de la riqueza y de la miseria es simplemente efecto de la diversa capacidad económica de los hombres. Esto es tan verdad, que quien tiene muchos hijos y es ignorante, puede ser más rico que el que tenga pocos hijos y sea un sablazo: den fe de ello los filósofos y los literatos de todos los tiempos, en especial los de Italia. Ciertamente que el tener muchos hijos y el no conocer ciertas cosas, puede ser causa de estrechez, pero esta puede vencerse cuando hay una buena capacidad económica. Por lo contrario, aumenta cuando falta aquella capacidad y cuando por añadidura no se sabe proporcionar la producción y el consumo. Siendo así, no es de esperar que con el progreso de la civilización pueda cesar este estado de dolorosa desigualdad, y hay que resignarse definitivamente a la necesidad de que «algunos se ahoguen en la manteca y otros en el arroyo». Esta desigualdad hasta se afirmará cada vez más, porque las personalidades individuales se afinarán con el gradual desarrollo de sus fuerzas latentes, que tienen tan diversos grados de valor.

---

82 «Tenemos siempre y en todas partes el derecho de reivindicar lo que es nuestra obra, lo que ha recibido nuestra marca. Si somos fuertes e industriosos, multiplicamos nuestras riquezas; si somos débiles, continuaremos siendo pobres. La desigualdad de las fortunas no es más que la consecuencia naturalmente legítima de la desigualdad de las facultades y de las aptitudes.» Beaussire, *Principes de droit,* pág. 260. — «Estos economistas positivos dicen también, conforme a la idea de Darwin, que toda posición mejor es la consecuencia de aptitudes superiores en el que la ha conquistado. Todo lo que existe, está bien. Todos los hombres tienen en todas partes el bienestar a que tienen derecho, como todos los países tienen el gobierno que merecen. Tanto peor para los débiles y los sencillos, plaza a los fuertes y a los hábiles. La fuerza no aventaja al derecho, sino que la fuerza es el derecho. He aquí la ley natural». E. Laveleye, *Le socialisme contemporain,* París, Germer Baillière et Cie, 1881, cap. 1.°, pág. 31.

Bien echó de ver algún infatuado reformista que la desigualdad de las fortunas nace de las diversas capacidades económicas de los hombres. Pero no se desconcertó, y con tal de continuar apegado a sus planes de reformas igualitarias, no reparó en negar el derecho que tiene cada cual sobre lo que produce. Pero la lógica de los hechos es mucho más apremiante que la lógica de las mentes extraviadas, y a pesar de todo vano esfuerzo en contrario, cada cual ha sido, es y será siempre dueño de lo que legítimamente produce con esfuerzos personales, de cualquier clase que sea. ¿Quién querría trabajar si así no fuese?[83]

Para los pensadores que están devorados por amor a la humanidad por el gusano roedor del sentimentalismo, sirva de consuelo la consideración de que no todos los ricos de hoy son los ricos de mañana. Pobres y ricos se hallan en el caso de cambiar de situación. Todo el progreso de la civilización ha consistido, no en suprimir los pobres, sino en permitir a los ricos el libre descenso a la miseria y a los pobres el libre ascenso a la riqueza.

---

83 Rey, *Teoría práctica de la ciencia social.* París, 1842, quien escribe: «El principio de que los productos del trabajo pertenecen exclusivamente al que los ha creado, lleva directamente a las siguientes consecuencias. El niño, el viejo, el inválido que nada producen, no tienen derecho a ninguna clase de productos. El hombre enfermo, estropeado o torpe, tan solo tendrá la escasa cantidad de productos que habrá creado. El gran número de los hombres tendrá una parte media en la riqueza social. El hombre de buena salud, fuerte, activo, listo, tendrá una gran parte de aquella riqueza. Por último, el hombre de ingenio o de genio tendrá la parte más amplia en los bienes de este mundo. De ahí otras consecuencias: que algunos hombres estarían condenados a morir de hambre, otros a arrastrar su existencia en medio de las privaciones y de la miseria, que el gran número podría proporcionarse lo necesario y finalmente, que algunos hombres privilegiados por la naturaleza vivirían unos en las comodidades, otros en medio de las riquezas o hasta en un lujo fastuoso». Exactamente así, y no hay que echarse a llorar ni que tirarse de los pelos. En cuanto a los niños, es deber de quien los ha puesto en el mundo el mantenerlos; en cuanto a los inválidos pobres, habrá de pensar en ellos, según veremos después, el Estado.

# CAPÍTULO VIII

## Efectos jurídicos de la capacidad civil

1. Origen de las relaciones civiles.—2. Idea de la capacidad civil.—3. Requisitos fundamentales para la determinación de la capacidad.—4. Enumeración de las principales relaciones civiles.—5. El matrimonio.—6. La potestad marital y la patria potestad.—7. La adopción.—8. La tutela.—9. Los contratos.—10. El testamento.—11. Las sucesiones.—12. Los privilegios.—13. La prescripción.

1. Hemos indicado muchas veces que el hombre, siguiendo las sabias voluntades de la providencia, está constituido de tal suerte y se encuentra respecto de sus semejantes en tal grado de necesidad, que para poder pensar en sí mismo de alguna manera, no puede menos de pensar en los demás; para ser egoísta ha de ser altruista. En esta ley inflexible de reciprocidad estriba precisamente el nudo que mantiene constantemente la vida del consorcio civilizado. Cada hombre ofrece pues dos aspectos indiscutibles e igualmente importantes: es individuo si se le considera respecto de si mismo; es ente social si se le considera con relación a los demás, y así desempeña al mismo tiempo funciones individuales y funciones sociales.

Por otra parte, son infinitas las relaciones privadas en que puede hallarse un hombre frente a sus semejantes, porque son infinitos los aspectos que presenta la actividad humana, la cual, con el adelanto de la civilización, va desarrollándose de modos cada vez más nuevos y complicados.

2. Pero por diversos motivos, no todos servimos civilmente para todo: por esto no todos podemos desempeñar las mismas funciones civiles. Aquí, la naturaleza adelanta un grupo de límites infranqueables, y la constitución misma de la sociedad humana adelanta otro grupo: la naturaleza, porque, según se ha visto más arriba, se nace en diversos lugares, en diversos tiempos, con diferente sexo, con disposiciones orgánicas y psíquicas

muy distintas, que van de un máximo milagroso a un mínimo lamentable; la misma constitución de la sociedad, en cuanto naciéndose en ella, derivan de ella relaciones de sangre o de parentesco y de afinidad que son superiores a toda voluntad.

Así surge la idea de la capacidad civil, que consiste precisamente en el conjunto de los requisitos materiales y morales necesarios para desempeñar funciones sociales de orden privado. De ahí que, si se encuentran aquellos requisitos, aquellas funciones pueden desempeñarse; en caso contrario, no pueden ejercerse. ¿Qué significa esto? Significa que no pudiendo el Derecho prescindir del hecho, pero siendo actuoso por su naturaleza y su instituto, y de tal índole que cuando se pone en movimiento a toda costa ha de lograr un determinado objetivo racional, nos asiste y lo disfrutamos solamente cuando encuentra las oportunas y fundamentales condiciones de hecho; no nos asiste y no lo disfrutamos cuando aquellas condiciones faltan en todo o en parte. También aquí es verdad realmente que *ex facto oritur ius.*

3. Es de evidencia intuitiva que entre fin y medio existe una constante ley de proporción. En efecto, para conseguir un fin *determinado,* hacen faltan ni más ni menos que medios *determinados.* Sin aquellos *determinados* medios proporcionados al fin, este no se alcanza.

¿Pero, cómo se determina la elección de determinados medios para determinados fines? El camino es de los más sencillos. Primero es necesario estudiar la naturaleza del fin; conocida esta, la elección de los medios idóneos para lograrlo resulta facilísima.

Esto, que es verdad hablando en general, lo es también por lo que toca a las funciones sociales de orden privado y a las condiciones necesarias para ejercerlas. Las funciones son el fin, las condiciones el medio. Es preciso, pues, estudiar la naturaleza específica de las diversas funciones. Conocida esta, se conoce en consecuencia la de los medios idóneos para llevarlas a cabo: en resumen, se determina la capacidad civil.

4. Entre las funciones sociales de orden privado que suponen en los que han de ejercerlas una capacidad imprescindible, se distinguen como principales las siguientes: el matrimonio, la potestad marital y patria, la adopción, la tutela, el contrato, el testamento y la sucesión. Ahora, estudiando brevemente la naturaleza especial de estas funciones, iremos viendo poco a poco las condiciones que hacen falla para tener la plena capacidad de cumplirlas.

5. Empecemos por el matrimonio, la institución que con mucha razón llamó la sabiduría romana *Seminarium urbis.*

El matrimonio tiende, como es bien sabido, a la unión material y moral del hombre y de la mujer, unión que completa recíprocamente a dos seres que son como las dos mitades de una misma persona, al mismo tiempo que asegura la procreación de la especie, que es el fin fundamental requerido por la naturaleza.

Dado este objetivo, las condiciones requeridas para tener la capacidad de contraer un matrimonio legítimo, resultan claras de por sí.

Es preciso, en efecto, que así el hombre como la mujer se encuentren ante todo en la edad púber, o sea capaz de generación. En segundo lugar, es preciso además que uno y otra posean manifiestamente los órganos adecuados para la generación.

Por otra parte, es bien sabido que la confusión de la misma sangre es lo más a propósito para corromperla, y por esto no son saludables las uniones de los parientes, de los que proceden de una misma estirpe, que nacen en la misma familia. He ahí por qué este incontrastable hecho fisiológico hace que uno de los elementos que constituyen la capacidad para contraer matrimonio sea que los esposos no sean consanguíneos dentro de un grado tal que pueda hacer temer la indicada corrupción. El incesto, o sea la unión entre parientes íntimos como padre e hija, madre e hijo, hermano y hermana, ha sido castigado siempre y en todas partes, por ser causa, no solo de degeneración física, sino también de perturbación moral, toda vez que seca hasta la fuente del sagrado respeto que los miembros de una familia han de profesarse recíprocamente, quitando el velo de pudor que ha de cubrir las paredes domésticas. ¡Ay del que contraviene esta ley fundamental! Además de que la ley civil le castiga si descubre su maldad, la naturaleza le manifiesta su infalible ira haciéndole víctima de los disgustos más atroces y a la prole de los más horribles males.

En coherencia con esto, y toda vez que de causas sanas no pueden derivar sino efectos sanos, y de causas enfermas no pueden derivar más que efectos enfermos, sería preciso también, según se ha indicado antes, para la celebración de un matrimonio válido, un estado físico sano, de igual manera que se requiere un estado mental sano.

Esto desde el punto de vista material. Desde el espiritual, es evidente que, habiéndose de formar una unión para toda la vida, es decir, debiendo estipularse el contrato más importante de ella, se necesita el consentimiento libre de las partes. Por consiguiente, es necesario que no solo estén los contratantes en situación de prestarlo, sino que lo presten de hecho; en suma, no solamente es necesario que se hallen en el pleno dominio de sí mismos, sino también que no sean víctimas de engaño. En este caso, la capacidad para contraer matrimonio es plena; en otro caso, no hay capacidad y el matrimonio es nulo, porque faltando la justa causa (libre consentimiento) ha de faltar el justo efecto (matrimonio). Harto sabido es que *quod nullum est nullum producit effectum.*

6. Surgida la familia por medio del matrimonio, se ha de pensar inmediatamente en la constitución más racional de la misma, por la que alcance según las miras de la naturaleza su objetivo.

Constitución significa por si misma en primer lugar designación de los órganos y sus funciones, en segundo lugar y coherentemente, jerarquía, en cuanto siendo las funciones diversas y de diferente valor, han de ocupar el grado conforme a su valor mismo. De suerte que tratándose de familia, es necesario establecer cuáles son las funciones de sus órganos, o sea del marido y de la mujer, y en qué relaciones jerárquicas han de estar entre sí.

Al hablar de la naturaleza de los sexos, hemos notado que aun teniendo el masculino y el femenino la misma importancia absoluta, tienen dos organismos diferentes, llevan a cabo funciones distintas, y merecen por consiguiente diverso tratamiento. En resumen, uno y otro sexo no pueden confundirse, y sería ridículo someter al uno al mismo régimen que al otro: esto valdría tanto como aplicar la misma medida a dos cosas esencialmente distintas. Hemos notado, además, que el sexo masculino tiene cierto predominio natural sobre el femenino, en el sentido de que el masculino es naturalmente *fuerte* y por lo tanto *sexo protector,* al paso que el femenino es por naturaleza *débil* y por lo tanto *sexo protegido.*

Dada pues esta condición de hecho nace lógicamente la consecuencia de Derecho de que en la sociedad doméstica (que como todas las demás necesita un orden jerárquico y por consiguiente un jefe) se concentre el poder en el sexo o sea en el órgano más fuerte, en el órgano protector, en el marido, y que en cambio el otro sexo, o sea el órgano débil y protegido, la mujer, esté sometido a él.

No produzcan desagradable impresión las palabras *poder* de una parte y sumisión de otra, puesto que, en la concepción moderna, poder del marido no significa como antes poder tiránico del marido, como sumisión de la mujer no significa ya esclavitud de la mujer. Estos criterios salvajes tan solo pudieron hallar fundamento en épocas primitivas, y, en efecto, el penoso recuerdo histórico es el que continúa manteniendo la confusión en la mente de los publicistas de derecho. Ahora, por lo contrario, aun subsistiendo el hecho constante del predominio del marido sobre la mujer, se entiende que el marido, *fuerte, predomina,* no para *maltratar,* sino para *tutelar* mejor a la mujer, *débil,* y que esta se halla *sometida,* no para ser *maltratada* impunemente, sino para ser *tutelada válidamente* por aquél[84]. Así, con respecto al poder público, las ideas han cambiado igualmente, y aun existiendo también hoy en cada sociedad los pocos que mandan y los muchos que obedecen, resulta que el que manda (los gobernantes) manda para servir a los que obedecen (el pueblo), y los que obedecen, obedecen en su exclusivo interés. En resumen, así en el orden familiar como en el orden social, el poder no está constituido ya con el fin de sacrificar a los súbditos al poderoso, sino con el de hacer que este sirva a aquéllos. No es un derecho, sino un deber, no es un privilegio de la persona, sino una obligación (honorífica cuanto se quiera) sometida a las más delicadas condiciones de decadencia en caso de incumplimiento.

Esto explica porqué la potestad marital, contenida en los límites de la razón, será tan eterna como la naturaleza misma, porque corresponde a una eterna exigencia suya. De ahí la necesidad de que la mujer, siempre dentro

---

84 Profundamente escribe del Vecchio a este propósito: «Los derechos tan extensos del padre de familia romano, sobre los cuales tanto se ha despachado a su sabor la retórica de ciertos abogados modernos, fueron por largo tiempo, aun antes de que los templasen las leyes positivas, más que otra cosa, una garantía para asegurar costumbres bastante más suaves que las que de otro modo hubiera habido, de suerte que podrían compararse a la áspera corteza de un fruto que recubre y conserva la dulce y jugosa pulpa interior... Nadie ciertamente querría sostener que la ilimitada potestad anexa entre los antiguos romanos a la *Majestas patris* y que comprendía el *jus vitae et necis* respecto de la mujer y de los hijos, pueda conciliarse de un modo cualquiera con los principios de nuestra civilización; pero el que medite seriamente las grandes enseñanzas que nos ofrece la historia, ha de reconocer que aquella organización de la familia en la cual era tan respetada la autoridad paterna y marital, estuvo en su pleno vigor y no sin grande influencia durante todos los siglos, en que los romanos dieron prueba de las más austeras virtudes civiles y políticas. Que si han cambiado los tiempos y las instituciones civiles, no así ha cambiado la naturaleza humana, ni tampoco pueden decirse cambiadas las condiciones esenciales por las cuales puede funcionar rectamente la familia, esta grande y fundamental institución de la civilización.» Ob. cit., parte 1.ª, cap. 4.º, págs. 106-107.

de los límites de la razón, siga la condición de su marido y de que no pueda prescindir de su consentimiento en ninguno de sus actos para dar destino a sus bienes propios, aunque sean parafernales o extradotales. La economía doméstica es la que lo exige. Con la necesidad de esta autorización preventiva no se atenta a los derechos de la mujer, en cuanto se entiende que el marido está llamado a ilustrarla para bien, no para mal. Cuando el gobierno del marido es inepto o ruinoso, es natural que la mujer pueda empezar por pedir la separación de bienes obteniendo con esto la libre disposición de estos, y acabar por pedir la separación personal. Es este un caso doloroso en que la potestad marital se pierde por incapacidad sobrevenida. De igual modo, cuando algún hombre público no cumple su deber, el pueblo tiene derecho a derribarle.

Ahora bien, habiendo como hay un medio legitimo para librarse de la potestad marital injusta, no puede hablarse de tiranta de esta potestad. Sería como decir que no debería haber gobiernos, sino anarquía eterna, porque alguna vez los derechos de los súbditos pueden ser violados por los gobernantes[85].

Así, pues, la idea de la potestad del marido sobre la mujer nace de la necesidad de la armonía doméstica, que se funda en la jerarquía de los órganos familiares. Así, la dignidad de la mujer no queda comprometida en nada; la mujer ha de ceder ante el marido más capaz, no porque ella sea incapaz por sí misma, y esto es tanto más verdad en cuanto ya se separe de su marido o quede viuda, puede disponer libremente de sí y de sus cosas sin autorización de nadie.

Por otra parte, las razones que en la constitución de la familia justifican la potestad marital, justifican también la patria potestad, que surge apenas se presentan hijos. La misma sociedad doméstica, aun aumentada con la sobreveniencia de los hijos, continúa bajo la misma autoridad, la del hombre, que respecto de la mujer es potestad marital y respecto de los hijos patria potestad; y también aquí la mujer queda en segunda línea solo por razones de jerarquía, no por incapacidad propia, pues en efecto, si muere el marido ejerce la patria potestad.

Como todos los poderes, también el del padre sobre sus hijos empezó por ser tiránico. Entonces, considerándose los hijos no como personas sino

---

85 Se hace eco de las ideas contrarias a las desarrolladas en el texto Mattirolo, *Principi di filosofía del diritto*. Turín, 1871, págs. 402 y siguientes.

como cosas pertenecientes al padre, se admitió en este el *ius vitae et necis.* Es excusado repetir que la patria potestad no es dominio, sino tutela, que queda limitada al tiempo que dura la incapacidad de los hijos. Estos salen de la patria potestad o en virtud de la mayor edad como regla general, o por virtud de la emancipación excepcionalmente.

7. ¿Qué es y a qué tiende la institución de la adopción? *Adoptio,* responde la sabiduría romana, *imitatur naturam atque in eorum solalium inventa est qui liberas non susceperunt aut susceptos amiserunt.* Es pues una ficción de la ley, que llenando un vacío de la naturaleza, consuela en lo posible a los que no tuvieron prole de su unión, o la perdieron después de tenida, concediéndoles la facultad de elegirla entre la prole ajena. Háyase dicho lo que se haya querido contra esta próvida institución, tiene pues sólido fundamento en una elevada necesidad social, que es la de perpetuarse en seres queridos y de dejarles la herencia de nuestro nombre y de nuestra fortuna. Además, requiriéndose para la adopción así el consentimiento del adoptante como el del adoptado y de los padres de este, se sigue de ello que también se funda en el contrato, y esta especie de contratos nada tiene de inmoral para que haya de ser prohibida[86].

¿Pero quién puede ejercer esta facultad y en qué condiciones? Para responder a semejantes preguntas, es preciso considerar la esencia y el fin de esta institución. Su fin es, como se ha indicado, la constitución de una filiación ficticia, y tiende a procurar el consuelo de tener hijos a aquellos a quienes los negó la naturaleza. Esto significa que para poder usar esta facultad es necesario que primero se haya intentado todo para tener naturalmente lo que ahora se quiere adquirir artificialmente, o sea que el hombre o la mujer que quieren adoptar un varón o una hembra hayan hecho la prueba del matrimonio. Si no se ha hecho esta prueba, no puede suponerse ni que la naturaleza haya querido negarles el bien de los hijos, ni que los que tienen la intención de adoptar sienten poderosa necesidad, tengan absoluta voluntad de tenerlos, y en consecuencia, ha de estarles prohibido

86 La naturaleza contractual de la adopción la ha hecho notar hermosamente Rosmini con las siguientes palabras: «La adopción no es una mera ficción de la ley civil. Hasta entre los hombres que se encuentran todavía en el estado de naturaleza, puede tener efecto por medio de un contrato entre dos, uno de los cuales se hace cargo del otro con los derechos y obligaciones de hijo, obligándose así al afecto y a los deberes de padre, y el otro espontáneamente le atribuye los derechos paternos y se impone el cariño y demás deberes propios del hijo». *Filosofía del diritto,* vol. 2.°, pág. 357.

reparar con la adopción no una culpa de la naturaleza, sino una culpa de ellos. Valga esto para los que no viendo esta restricción en las disposiciones legislativas vigentes[87] atacan la adopción, diciendo que aleja a los hombres del matrimonio[88]. Son pues capaces de adoptar las personas casadas o los viudos y viudas sin hijos. En cambio, han de considerarse incapaces para adoptar (sean hombres, sean mujeres) los que jamás han estado ligados por el vínculo matrimonial.

Además, si, según los principios de razón para tener la facultad de obtener hijos ficticiamente es preciso que se haya agotado la facultad natural, es evidente que no puede gozarse de esta facultad a una edad en que así el hombre como la mujer pueden generar. Por esto viene otra limitación respecto de la edad, en cuanto solo se llega a la *capacidad* para *adoptar* cuando se presume que se ha llegado a la *incapacidad* de *generar.* Antes de llegar a tal edad, que varía según la naturaleza de los pueblos y está fijada por las leyes positivas, todos han de ser reputados *incapaces* de adoptar.

Pero hay más. Se ha dicho que si la adopción, como toda ficción legal, ha de suplir defectos de la naturaleza, no puede apartarse del orden de esta. De esto se sigue que así los padres como los hijos adoptivos, han de estar siempre en la proporción en que están naturalmente los padres respecto de los hijos y los hijos respecto de los padres. En resumen, también en la adopción han de aparecer los hijos como lógicamente descendientes de los padres, y no viceversa, o bien en cierta contradicción con este principio. He aquí por qué, a fin de simular bien con la adopción la filiación natural, es preciso que los adoptantes tengan el número de años que baste para poder decirse que pudieron generar a los adoptados. También aquí la diferencia de edad exigida entre adoptantes y adoptados ha de establecerse por las legislaciones positivas según la naturaleza de los varios lugares y la índole de los varios pueblos. Cuando no hay esta diferencia de edad, los adoptantes son incapaces y por consiguiente no tienen derecho a adoptar.

8. Cuando falta a los menores o incapaces la defensa natural de sus propios padres, la ley social suple a ello próvidamente por medio de una defensa civil que llama tutela, sabio medio encontrado por la mente jurídica

---

87 El autor se refiere al Código civil italiano. (N. del T.)

88 «La filiación no es ni puede ser más que obra de la naturaleza. ¿Por qué, pues, quiere arrogarse el legislador el derecho de una filiación civil que no responde a los fines de naturaleza, *sino que hasta los contraría* por alejar a los hombres del matrimonio?» Ricci, *Corso teorico-pratico di diritto civile,* vol. 1.°, pág. 404.

y también por el corazón filantrópico de la humanidad para que la debilidad impotente no sea atropellada por las violencias de la naturaleza ni por las asechanzas de sus propios semejantes. Sin este medio civil, no solamente los débiles no podrían disfrutar de sus derechos reales, sino tampoco de los personales: así como sus bienes estarían expuestos al hurto y a las depredaciones, así su persona estaría expuesta a los malos tratamientos y a la muerte. Añádase a esto que, si los menores tuviesen la libre disposición de sus bienes, los malbaratarían miserablemente por no haber llegado a la edad de verdadero discernimiento, al estado de conocerse y conocer todo el alcance de sus acciones y de sus relaciones. Desde este punto de vista decía bien Heineccio: *Deme his omnibus tutores, et frenum demes equo feroci; da ipsis libertatem et gladium dabis furioso*[89].

La delicadísima naturaleza de esta función social indica con la mayor evidencia las cualidades que han de concurrir en los que pueden ser llamados a ejercerla. Tratándose de socorrer a incapaces, es evidente en primer lugar que han de ser capacísimos para el ejercicio de todos los derechos civiles. Tratándose de garantir los intereses ajenos, es evidente que, en segundo lugar, ni el tutor ni sus parientes han de tener relación alguna de interés con el pupilo. Si así no fuese, se podría preguntar: *¿quis custodiet cuslodem?* En este caso, se confiaría con la mayor ingenuidad el cordero al lobo. Además, habiendo de suponerse que no sabe administrar los bienes ajenos quien ha dado pruebas de no saber administrar los propios, también es necesario que se excluya de la tutela al arruinado y al quebrado. Horacio hace decir con profunda ironía al haragán Damasipo: *¡Excussa propriis, aliena negotia curo!* En cuarto lugar, es preciso alejar de estas funciones a personas que han dado pruebas, no solo de poca fidelidad, sino también de poco cuidado o de abuso de autoridad en semejantes contingencias. Las malas acciones ejecutadas una vez, pueden ser ejecutadas otra vez. No hablamos de los condenados, en especial cuando las penas les hayan sido infligidas por hurtos, fraudes, falsificaciones y delitos contra las buenas costumbres.

Por último, es superfluo hacer notar que la tutela es una función esencialmente masculina: las mujeres, sean núbiles, viudas o casadas, no han de tener semejantes quebraderos de cabeza. Por excepción se puede conceder y se ha concedido que tales cargas puedan confiarse a las ascendientes o hermanas germanas no casadas y que casi han perdido la esperanza de casarse. «Estas hermanas concentran todo su cariño en la familia, en provecho

89 Heinneecius, *Recitaliones*, I, § 202.

de la cual prodigan todos los cuidados, toda la solicitud de que son capaces: son las madres de sus hermanos y de sus hermanas menores»[90]. En una palabra, la excepción es admisible en este caso y confirma la regla, porque el ejercicio de la tutela no impondría a estas mujeres la obligación de salir de la familia, que es el santuario de la feminidad.

9. Vamos ahora a los contratos. Su importancia decisiva como función social es de una evidencia palmaria, y no es del caso insistir aquí en ella[91]. En cambio, nos interesa indicar las condiciones necesarias para que esta importantísima función social pueda cumplirse legitima y eficazmente, o sea produciendo los efectos jurídicos deseados.

Según hemos indicado muchas veces, para establecer los medios necesarios para conseguir un fin, es preciso conocer la naturaleza de este. ¿Cuál es el fin del contrato? El cambio de los servicios y de las cosas por cuyo medio los unos, en el comercio continuo y creciente de la vida, puedan valerse de la obra y de las cosas de los otros. El contrato, pues, modifica esencialmente el estado de las personas y de las cosas, y por esto es medida fundamental de tutela la de velar porque estas modificaciones no redunden en ventaja injusta de una parte y en daño no menos injusto de otra. En una palabra, es preciso velar porque nadie se aproveche del daño ajeno y porque el cambio de las utilidades se equilibre, lográndose el fin de asegurar el provecho común sin daño de nadie.

Evidentemente, no todos en el mundo han llegado a tal grado de perspicacia que tengan plena conciencia de lo que son, de lo que tienen y de lo que hacen. Por variadísimos motivos, muchos no tienen esta conciencia, y por consiguiente, si hubiesen de contratar caerían sin duda bajo los tristes efectos de la mala fe ajena: serían expoliados por los astutos. Y he aquí que no pudiendo permitir el Derecho expoliaciones legítimas, interviene con su autoridad en las relaciones privadas entre ciudadanos y ciudadanos, y pretende que la disponibilidad de si y de las cosas propias, esté rodeada de las mayores garantías[92]. De este modo, deja hacer a los que saben lo que

---

90 Juan Lamonaco, *Istituzioni di diritto civile,* Fol. 1.°, pág. 295.

91 Véase Enrique Cimbali, *La funzione sociale dei contratti e la causa giuridica della loro forza obbligatoria,* en la obra *Studi di dottrina e giurisprudenza civile.* Lanciano, Carabba editor, 1889. El mismo, *Le obbligazioni civili complemento e funzione della vita sociale,* Turín, Unione Tipografica-Editrice, 1887.

92 Enrique Cimbali, *Della capacità di contrattare secondo il Codice civile e di commercio.* Turín, Un. Tip. Editr., 1887.

se hacen; de otro lado, a aquellos que se supone no saben lo que hacen, les concede auxilios especiales para que sus intereses, aun sometiéndose a la necesidad del contrato, no queden en nada perjudicados por la mala fe de sus semejantes. De esto resulta que los unos, que tienen la libre disposición de sus obras y de sus cosas, son *capaces* y tienen por consiguiente el derecho de contratar; que los otros, que no pueden tener esta libre disposición, son *incapaces* y por consiguiente no tienen aquel derecho: tales son los menores de edad, los enajenados, los imbéciles y aquellos otros cuya mala conformación orgánica (como los ciegos y los sordo mudos) impide que tengan plena conciencia de su ser. Pero los derechos no pueden permanecer inactivos, de donde que sean ejercidos por aquellos a quienes los confían la naturaleza y la ley, como los padres y los tutores. Así ocurre que los *incapaces* para contratar se encuentran en una especie de condición inferior frente a los que son capaces; pero es claro que esta inferioridad de condición se apoya en un hecho, doloroso sí, pero inevitable, y que por lo mismo no es injusta. Por otra parte, nunca como en este caso aparece próvido el depender de los otros. En efecto, la dependencia de los incapaces de aquellos que siendo capaces obran en su nombre y por su cuenta, es en el fondo un bien inestimable para ellos: es el único modo de no quedar aplastados en la lucha de la vida.

10. Aun cuando para legitimar la institución del testamento y salvarle de las acusaciones de juristas atolondrados no se quiera aceptar la idea de que es un contrato, *sui generis* si, pero contrato[93], se habrá de convenir inevitablemente en que, disponiéndose en virtud de él de los bienes para después de la muerte, el que dispone necesita tener la capacidad que se requiere para disponer de los bienes por actos entre vivos. Por este motivo se encuentran necesariamente en la sociedad humana los que son capaces y los que son incapaces de testar. En general, son capaces de testar los mismos que son capaces de contratar, y viceversa. El fin del testamento es el mismo que el del contrato, o sea la transmisión de los bienes: es lógico por consiguiente que las condiciones necesarias para transmitir las cosas propias en virtud de contrato, sean necesarias también para transmitirlas en virtud de testamento.

93 Enrique Cimbali, *¿Es contrato el testamento?* en la obra *Studi di dottrina e giurisprudenza civile.* Sostiene que el testamento es contrato y concluye así: «Solo de este modo puede jactarse el testamento de una forma esencialmente jurídica, título válido y fundamento racional de legitimidad que lo pongan en estado de responder victoriosamente a las múltiples acusaciones que le dirigen sus adversarios como expresión de la arbitrariedad y tiranía de los legisladores.»

Así sucede que un testamento es nulo cuando lo otorga un incapaz, como es nulo un contrato otorgado por un incapaz. En este caso, existe sin embargo entre el testamento y el contrato la diferencia de que mientras la anulación del contrato hace volver las cosas a sus respectivos propietarios, la anulación del testamento abre la sucesión *ab intestato,* y por virtud de la ley pasan los bienes a aquellos a quienes por el grado de parentesco se presume que el testador, en plena posesión de sus facultades mentales, los habría dejado. ¿Por ventura se dirá que se comete el delito de lesa igualdad ante el hecho de que algunos, no teniendo la posesión de sus facultades psíquicas, han de ser declarados incapaces de testar y ser puestos por consiguiente en condición jurídica inferior a la en que se encuentran los capaces? No estaría muy lejos de llegar a este exceso la lógica de los igualitarios a toda costa; pero también aquí la lógica de las cosas, más poderosa que la de los mentecatos, se impone por sí sola y hace sustituir la ley a la voluntad, de que la misma ley es intérprete, en cuanto en las sucesiones legítimas, la ley concede el derecho a suceder a aquellos a quienes el *de cuius* habría, según toda presunción, nombrado herederos suyos.

11. Por otra parte, el testador no puede tener absoluta libertad para disponer de sus bienes. Hay ciertos vínculos que deben imponerse a su misma voluntad, y tales son los vínculos de la sangre. Siguiendo pues el instinto y el orden de la naturaleza, no han de poseer nuestros bienes después de nuestra muerte, más que los que descienden de nosotros, los que son ramas del árbol de nuestra familia. He aquí porqué el testador no tiene derecho a disponer libremente de sus bienes más que cuando no tiene de ningún lado parientes íntimos. En el caso inverso, este derecho está limitado, conforme se indicaba, y solo puede ejercerlo en parte, para que se concilie así la razón de la sangre y el respeto a la voluntad.

Si pues el tránsito necesario de parte de los bienes del difunto a manos de sus parientes se funda en el deber natural, que tenía el difunto de pensar en los suyos, ¿en qué se funda este tránsito respecto de los herederos legítimos? Se funda en el derecho que tienen a ser considerados como continuadores de la sangre, del nombre y de la familia del que ha muerto.

Naturalmente, no todos los parientes tienen este derecho en el mismo grado. Según la naturaleza, si aquel de cuya herencia se trata se inclina a aquellos que le están más próximos en grado, es evidente que estos tienen el derecho de ser más considerados. Por tal razón, sea en el caso genérico de las sucesiones sin testamento y más cuando se trata de suceder en todo el patrimonio, sea en el caso en que se trata de suceder en parle que corresponde a los parientes y respecto de la cual nada puede hacer en contrario la voluntad del mismo testador, los más próximos excluyen a los más remotos, o bien los más remotos son considerados lógicamente en proporciones menores, porque se supone que estos han estado *menos fuertemente* ligados al *de cuius*. También aquí el hecho determina el derecho y lo modifica: sería injusticia suma considerar con igual derecho a una sucesión a todos los parientes del difunto, cualquiera que sea el grado a que pertenezcan, y ofrezcan o no la cualidad de *legítimos,* siendo así que la naturaleza ha distinguido los grados y que, naturalmente, el difunto no pudo amar más *fuertemente* sino a los más próximos y a los que pueden llevar *legítimamente* su nombre. En una palabra, la gradación de la sangre constituye una *jerarquía sucesoria.* Así la fórmula *Prior tempore potior jure,* puede transformarse racionalmente en esta obra: *Propinquor in sanguine, potior in jure.*

Sin embargo, puede darse el caso de que uno haya otorgado testamento y que al mismo tiempo no tenga ascendientes ni descendientes, sino tan solo colaterales lejanísimos. Pues bien, en este caso el parentesco es como si no existiese, y por consiguiente, así como aquel de cuya herencia se trata no pensó nunca en semejantes lejanos colaterales, ni quizá los conoció jamás y por consiguiente no pudo pensar en favorecerlos haciéndoles herederos de sus bienes, así estos, a su vez, que no pensaron nunca en aquel colateral ni le conocieron, ni esperaron poder ser beneficiados, no pueden tener derecho a la sucesión. A un cierto grado, la sangre está tan templada que ya no es sangre, y los vínculos de parentesco deben considerarse rotos y con ellos todos los vínculos jurídicos. En este caso (raro, pero no imposible) sucede la comunidad, el Estado, y así la herencia, no pudiendo aprovechar a uno o a más de uno por falta de vínculos de sangre, aprovecha a todos sobre la base del vínculo indisoluble de la socialidad.

Pero el vínculo de sangre, y por consiguiente el derecho a suceder en la propiedad de los bienes de una persona determinada, no se adquiere tan solo por la descendencia, sino por medio de la elección. De esto se sigue que los cónyuges sobrevivientes han de considerarse herederos efectivos de los premuertos, cualquiera que sea la cuota hereditaria que les corresponda. El vínculo que liga al marido y a la mujer es hasta doblemente fuerte en comparación al que liga a los parientes entre sí: se funda en la confusión de la sangre por una parte y en la voluntad por otra, y por ello es el vínculo más perfecto, el vínculo por excelencia[94]. Viceversa, el vínculo de la sangre, y por lo tanto el derecho a suceder, no disminuye o se pierde tan solo con la lejanía del grado de parentesco. En efecto, uno puede ser, en sentido natural, íntimo pariente de otro; pero en sentido moral, puede serle también enemigo, como por ejemplo cuando haya intentado matarle, cuando le haya calumniado, cuando se haya hecho indigno obligándole a hacer o a modificar el testamento. En estos casos, habiendo atentado el pariente al orden moral y al orden jurídico a un tiempo, se vuelve indigno y por consiguiente ha de ser excluido de la sucesión: estas infracciones le hacen perder la *capacidad* de suceder.

12. También en las cosas, que, superficialmente consideradas, parece que han de ser tratadas con la misma norma, se impone, si bien se mira, un orden jerárquico, orden que no es posible descuidar sin injusticia.

Abstractamente hablando, parece por ejemplo que dos o más acreedores tengan igual derecho a que les pague su común deudor, y sin embargo, en concreto, o sea mirando a la *razón* del crédito o a la *cualidad* de la persona acreedora, la cosa no se presenta tan fácil como se supone por la apariencia. La *razón* de un crédito puede ser más *fuerte* que la de otro, porque la *cualidad* de un acreedor puede ser más *eminente* que la de otro. Entonces, debiendo el Derecho proveer en *proporción* a la *capacidad* de cada uno, no puede menos de ordenar acreedores y créditos jerárquicamente, dando preferencia a los que deben por su naturaleza ser satisfechos antes que los otros. Así nace la figura de los que se llaman *créditos privilegiados.* Tales son, sobre los bienes muebles e inmuebles, los créditos del Estado por impuesto de sucesión, aduanas y otros; los gastos judiciales, los funerarios, los ocasionados para suministrar lo necesario al deudor y a los suyos en los últimos tiempos de su existencia, y así sucesivamente. Estos créditos se refieren a las necesidades elementales, y, por consiguiente, han de tener preferencia sobre los demás. Esta necesidad de su preferencia determina precisamente el derecho a ser satisfechos antes que los demás, y en caso preciso, con exclusión de todos.

Estos créditos podrían llamarse *créditos con derechos de preferencia,* para no usar la palabra *privilegio,* que indicaría una preferencia abusiva, antijurídica. De todos modos, existen, y es *justo,* en interés general, que existan y se hagan respetar.

---

94 Acerca de la calidad de heredero que ha de atribuirse al cónyuge supérstite, véase Enrique Cimbali, *Studi di dottrina e di giurisprudenza civile,* parte 1.ª, VI.

13. El tiempo es sin duda alguna un elemento material que, considerado en sí mismo, no puede tener influencia alguna en la aparición, conservación y disolución de los derechos. Sin embargo, en el tiempo se desenvuelve la vida de los hombres, vida que a veces es activa, a veces inerte, a veces celosa de sus prerrogativas, a veces negligente de ellas. En el primer caso, disfrutando y ejercitando el hombre sus derechos, nada puede temer del tiempo, antes bien todo puede esperarlo del mismo: cuando no otra cosa, obtiene de todos un reconocimiento mayor de sus derechos. En el segundo caso, no correspondiendo el ejercicio al goce de los derechos, el tiempo oxida el título del derecho y llega hasta a transformarlo de modo que no se comprende ya si el que ejerce aquel derecho es el mismo que lo disfruta. En una palabra, en este caso el hombre va perdiendo poco a poco, con la conciencia del derecho, el derecho mismo, hasta que perdida del todo la conciencia dentro de cierto lapso, pierde también el derecho. De aquí el origen de la institución de la prescripción, que por una parte se funda en la necesidad de que para bien común todos los derechos se ejerzan siempre, y por otra en la necesidad de que, según la sabiduría jurídica romana, los dominios no permanezcan eternamente *inciertos.* Es como una pena necesaria que en interés general se inflige a la inercia y a la debilidad infecunda, pena que aprovecha a aquellos que, por la negligencia ajena o quedan libres de una obligación que les incumbía, o adquieren un derecho que no tenían. Este último caso es el del poseedor, que acaba por convertirse en propietario. En efecto, el poseedor representa ante el propietario antiguo la parte del diligente, que en premio a su fecunda diligencia adquiere lo que el propietario ha perdido con su negligencia. El propietario decaído es un *fuerte* convertido en *débil,* un *capan* convertido en *incapan*[95], y el poseedor que se introduce en los derechos del propietario es un *débil* convertido en *fuerte, o* sea un *incapaz* convertido en *capan.* Así pues, el derecho de posesión, que por medio de la prescripción se convierte en derecho de propiedad, es una de las manifestaciones del próvido *derecho del más fuerte.*

95 «El derecho se extingue en él (en el propietario), puesto que cesan las condiciones que conservaban su vida, y pasa a otros en los cuales aquellas condiciones están constituidas ya. Esto, que en las contrataciones se cumple al instante, en la posesión se madura con el tiempo». Enrique Cimbali, *Del possesso,* Nápoles, Marghieri editor, 1879. — Véase también mi *Volontà umana,* parte 3.ª, cap. 3.º

# CAPÍTULO IX

## Efectos jurídicos de la capacidad política

1. La soberanía popular.—2. Necesidad de la representación.—3. Exacto sentido de la idea de pueblo y de representación del pueblo.—4. Doble especie de capacidad política.—5. La capacidad del elector.—6. La capacidad del elegible.—7. El sistema bicameral, la soberanía del pueblo y los prejuicios democráticos.—8. La democracia aristocrática.—9. La tercera representación: el poder.—10. Mayoría y minoría.

1. Como hemos demostrado en el libro sobre la *Voluntad humana*[96], el Estado está hecho para todos nosotros, todos nosotros somos el Estado. De esto se sigue que si la razón primera de la soberanía se encuentra en el mismo organismo de la sociedad humana, el modo de constituirse prácticamente radica por lo contrario en los pueblos que han de ser gobernados. Así sucede con todas las instituciones civilizadas: por una parte, son un producto de la naturaleza, y por otra, se extrínseca por medio de la voluntad de los hombres. Así pues, cuando se dice que la soberanía está en el pueblo (soberanía popular) no ha de entenderse que el pueblo sea árbitro de la soberanía misma de tal suerte que puede quererla o dejar de quererla, sino que este hecho natural e inevitable de la soberanía, destinado por la providencia de las cosas para conveniencia del pueblo, se manifiesta o sea se constituye prácticamente por medio de la voluntad del pueblo mismo, el cual únicamente tiene el derecho de elegir los que han de ejercer la potestad soberana. Toda soberanía que no esté constituida por el pueblo o al menos reconocida por este por medio de los plebiscitos (como sucede en algunas monarquías hereditarias sobrevivientes), es ilegítima y no obliga a nadie.

96 Parte tercera, cap. 2.º

2. El pueblo, tal como es, no puede elevarse en masa a soberano. Por esto se ve obligado a delegar sus poderes en aquellos a quienes cree capaces; en los delegados, no ve más que a si mismo, y estos a su vez no pueden salir de los límites de la representación. Los pocos llamados a ejercer la alta función soberana, son los que piensan por todos, los que obran por todos; y como lo que piensan y obran ellos ha de entenderse que es pensamiento y obra del pueblo que los ha elegido, obliga a todos, es ley para todos.

3. Cuando se dice *pueblo* y *representación del pueblo,* se enuncian ideas muy vagas, las cuales necesitan ser determinadas a fin de evitar equívocos capaces de ocasionar daño a la causa justa, puesto que en la realidad corresponden bien poco a lo que harían concebir superficialmente.

Hablemos primero del pueblo.

Por pueblo no podemos entender, desde el punto de vista de la representación política, lodo el conjunto de individuos humanos que se encuentran haciendo vida común en determinado territorio, bajo un cielo dado, en un Estado especial. Esto sería un criterio material en demasía. Por lo contrario, se ha de entender por pueblo el conjunto de aquellos individuos de un mismo Estado que se hallan en disposición de comprender lo que es la soberanía, cuál es su objeto, qué significa representación y si todos los representantes tienen los requisitos para serlo. Por tanto, la idea de pueblo queda algo restringida, considerada desde este punto de vista. En resumen, hay que empezar por excluir a los niños, los analfabetos, los dementes, los condenados, los infamados y todo el sexo femenino, que tiene una misión completamente distinta de la tempestuosa e ingrata de la política. Quitad de un pueblo todos estos individuos, que seguramente forman la mayoría absoluta, y no queda más que una minoría, que si es mezquina en número, ofrece todas las garantías de la capacidad política, la cual consiste en la posesión de todos los requisitos morales y materiales indispensables para poder ejercer funciones sociales de orden público.

Pero si se requiere la capacidad política en los que con su voto inteligente y libre han de elegir sus representantes y designarles para el gobierno de la cosa pública, es evidente que ha de exigirse una capacidad más especial aún en los que están encargados de semejante gobierno. Esto es naturalísimo, porque hace falta menos para elegir a los que gobiernan que para gobernar; por esto los gobernantes han de ser inconmensurablemente más que los que les eligen para soberanos del pueblo.

Así tenemos en el organismo de la soberanía un doble orden de representación. La mayoría del pueblo, o sea los incapaces, está representada por el cuerpo de los capaces para ejercer la primera función política, que es la del voto; después, los gobernantes son directamente representantes del cuerpo electoral, e indirectamente de todo el pueblo, o sea de los incapaces y de los capaces tomados en junto.

4. Por otra parte, según hemos indicado, estas funciones sociales de orden público pueden ejercerse de dos modos: o eligiendo a los que han de quedar encargados del gobierno de la cosa pública, o practicando este gobierno. Ahora bien, precisamente porque estas dos funciones son absolutamente diferentes (tanto, que hay entre ellas un verdadero abismo), se sigue que la una supone una capacidad distinta de la otra, y si en el más está lo menos, ciertamente que en lo menos no puede estar lo más. Por esto puede muy bien el que es capaz de gobernar tener el derecho de elegir a los que deben gobernar; pero en cambio, el que solo es capaz para elegir a los gobernantes, no puede lógicamente tener derecho a ser elegido gobernante. De aquí la diferencia entre electores y elegibles, diferencia enorme, sobre la cual las democracias modernas, infatuadas por criterios abstractos de igualdad, han pasado tranquilamente. De aquí la miseria de las actuales representaciones populares y la debilidad de los gobiernos[97].

Establezcamos de un modo especial la capacidad política del *elector* y la del *elegible*.

5. La capacidad política, aun considerada en la primera fase, es decir, en la de elegir, mirando a la constitución y al ejercicio de la soberanía, supo-

---

97 «Se ha imaginado que la democracia allanaba el camino a los ciudadanos probos e instruidos. Tampoco en esto hay sombra de verdad. Cada día se toca con la mano que bajo el imperio de la democracia, la medida intelectual y moral de los hombres políticos se empequeñece, tanto que los espíritus escogidos se retraen y dejan dueños del campo a los facciosos y a los intrigantes. Y como los extremos se tocan, la democracia más amplia tiene precisamente los males y las culpas reprochados al antiguo régimen, es decir, el nepotismo, la servilidad, la venalidad, la mendicidad oficial, el tráfico de protecciones y de favores en provecho de los cortesanos del pueblo, que ignorante y crédulo, acepta la adulación y se duerme contento y vanaglorioso en la nulidad de su soberanía... Un sentimiento generoso y liberal nos ha impulsado a investir del derecho político a quien no tenia aún *capacidad* o ganas de ejercerlo.» César Albicini, *Le tendente del diritto pubblico odierno,* en la *Rivista di diritto pubblico,* Año 1.°, fasc. 1.°, Octubre 1889.

ne un conjunto de conocimientos que no pueden encontrarse en el primero que llegue. Ya se trate de elegir un representante del pueblo en el Municipio, en la Diputación provincial o bien en el que los abarca y domina todos, o sea en el Parlamento, el que elige ha de conocer y apreciar todo el alcance del voto que deposita en la urna. Ha de saber por ejemplo que constituye la soberanía central o local, que de él depende la suerte del Municipio, de la Provincia o del Estado, que puede ser salvación o perdición, y que por esto es de suma necesidad que esté bien dado, es decir, dado a personas cuya honradez, inteligencia, independencia, espíritu de sacrificio y carácter firme e indomable frente a las terribles seducciones del poder[98] sean perfectamente conocidos. Ahora bien, ¿qué se requiere para que el llamado a elegir esté en el caso de satisfacer todas estas exigencias? Que esté desarrollado intelectualmente, que tenga madurez de ideas, que posea cierta cultura, y conciencia plena y equilibrada de lo que hace, que goce de la ciudadanía libre y que sea moralmente irreprochable. Esto significa que si en potencia todos los ciudadanos tienen derecho a ejercer funciones sociales de orden público, como tienen derecho a ejercer funciones sociales de orden privado, en concreto pocos relativamente poseen y deben poseer, ejercen y deben ejercer este derecho. En efecto, ateniéndonos a las premisas establecidas, no pueden ejercer el derecho de voto los que no han llegado a cierta edad en la cual se supone que está bastante desarrollada la inteligencia y se ha afirmado cierta madurez de ideas. Cámbiese cuanto se quiera este límite mínimo de edad, hágase bajar de tos 25 años a los 21 y más aún; lo cierto es que un límite ha de admitirse y se admite y pone por todos. En segundo lugar, no pueden ejercer materialmente el derecho de voto aquellos que aun habiendo alcanzado el límite de edad y aun teniendo tal cual madurez de ideas nativas, carecen del modo práctico que está en uso para manifestar su convencimiento, es decir, que no sepan leer ni escribir, o que apenas sepan leer y escribir, sin hallarse en el caso de *razonar* su voto, de conocer la ley y de dictar protestas en caso necesario[99]. De aquí la necesidad en el

98 Véase acerca de las seducciones del poder, *Spedalieri, L'arte di governare,* Edición Lapi, 1886.

99 Reproduzco de la novela de Carlos del Balzo, titulada *Eredità illegittime,* que à mi juicio podría titularse *La novela de las elecciones,* la siguiente escena que pinta al vivo al elector ignorante que protesta.

«El Secretario llamó: Clemente Bernardi. También Clemente Bernardi pidió que lo escribiesen la papeleta, alegando un dolor en la mano. —Yo protesto, exclamó el maestro Miguel. ¿Dónde està el certificado de su indisposición? —

elector de cierta cultura sin la cual el voto es una vana lisonja, un solemne engaño. Más aún; el que ejercita este sagrado derecho de sufragio ha de encontrarse también en plena posesión y en pleno equilibrio de sus facultades mentales: es evidente por lo tanto que ni un loco ni un imbécil pueden ser, mientras se hallan en tal estado, electores. Tampoco pueden ser electores los condenados que expían en la cárcel la pena de los agravios inferidos a la sociedad. Por esto para ser electores es necesario ser ciudadanos libres, es decir, hallarse en el pleno goce de los derechos civiles. Consiguientemente, tampoco pueden ser electores los que sufridas ya las penas, se encuentran bajo el peso infamante de las penas mismas: en este caso, la reprobación moral influye en el estado jurídico de las personas.

Como se ve, en lodo esto no entra en cálculo el requisito de que se pague contribución y con motivo en cuanto en el ejercicio de los derechos, sea civiles o políticos, solamente valen las cualidades *personales,* no las *reales;* y así como un rico impotente no puede contraer matrimonio a pesar de su riqueza, porque es impotente, así un rico demente no puede ser elector, a pesar de su riqueza, porque es demente. Pero hay más: mientras respecto de los derechos civiles puede suceder que una persona los disfrute y otra persona los ejerza por cuenta y en provecho de la primera (como en el caso de la mayor edad y de la enajenación mental), esto no puede suceder nunca en los derechos políticos, que siendo completamente personales aun no teniendo fines personales, han de ser ejercidos en absoluto por la misma persona que los disfruta: la tutela política seria un absurdo. En este caso, el no ejercer un derecho no constituye gran daño para nadie, ni para el ciudadano ni para el Estado.

6. Muchos ven un cuadro, una estatua, un edificio, oyen una comedia, un drama o un melodrama, leen una novela, y todos están más o menos en el caso de juzgar rectamente si tales obras de arte son buenas o malas.

---

Nosotros le hacemos votar, replicó Don Antonio. —Pero yo protesto: es una coacción. —Tiene Vd. el derecho de protestar cuanto quiera y nosotros el de hacerle votar.—Si, pero yo pido que se haga constar en el acta mi protesta. —Muy bien, exclamó con ironía Don Antonio. Hela aquí: *díctela Vd.,* el secretario está a sus órdenes. —*El maestro Miguel, no sabiendo a qué santo encomendarse para dictar, miró alrededor, pero no vio al Presidente de la Obrera que había bajado para dar un vistazo a la otra sección. Así el maestro Miguel, confuso y temeroso de dictar despropósitos, no respondió y se escabulló poco a poco por entre la multitud.*» ¡Cuánta verdad hay en esta escena magistral de vida real! ¡Y cuánta enseñanza nace de esta verdad!

Pero ¿cuántos de los que son buenos para juzgar lo son para hacer? Pocos de seguro, porque al decir de Sainte Beuve, la crítica es el poder de la impotencia, o sea que es tan fácil como difícil el arte. Ahora bien: en la proporción en que está el crítico al arte, está la facultad de elegir a la de ser elegido. El elector es el público que con pocas nociones juzga; el elegible es el artista que para hacer bien, ha de ser profundamente perito en su arte.

Sentado esto, ¿pueden ser elegibles todos los electores, cualquiera que sea la asamblea que haya de formarse? En otros términos, ¿tienen todos los electores derecho a ser a su vez elegidos? He aquí, según antes observábamos, un problema descuidado aun cuando importante; y precisamente porque es importante no debe pasarse en silencio ahora que se trata de organizar la verdadera democracia sobre bases verdaderas e indestructibles, no engañosas y frágiles.

Planteado el problema tal como nosotros lo hemos planteado, la solución no puede ser dudosa y es preciso convenir en que también aquí, si son *muchos* los *llamados, pocos* en verdad deben ser los *escogidos.* En resumen, en el campo de los electores, una selección para formar los elegibles es tan natural y necesaria como natural y necesaria es la selección que se hace en el seno de todo el pueblo para formar el campo de los electores. Esto quiere decir que, así como es absurdo por imposible el sufragio universal en todo lo que se refiere a la capacidad para elegir, así también es absurdo, no porque sea imposible, sino porque es lamentablemente perjudicial e injusto, el sufragio universal en todo lo que se refiere a la capacidad para ser elegido. Es sencillamente grotesco, y además de grotesco perjudicial, que por ejemplo el cocinero de un ilustre profesor de Universidad sea tenido por tan capaz de representar a su país como su amo[100].

100 La misma práctica se rebela contra la paradoja del principio sancionado por las modernísimas leyes electorales. He aquí cómo se expresa a este propósito del lado de la *utilidad* sino del lado de la *racionalidad* un diputado no sospechoso de amores aristocráticos, sino de buen sentido. Para corregir la desatinada amplitud de la ley, recomienda *candidaturas obreras,* no de *obreros,* y esta recomendación no puede ser más significativa en el sentido de la tesis sostenida por nosotros. «En general, conviene distinguir entre las *candidaturas obreras* y las de *obreros.* Los obreros constituyen entre nosotros una de las clases más numerosas y más duramente gravadas a causa de un sistema de impuestos de consumo sobre los artículos necesarios, que en Italia son bastante más gravosos que en cualquier otro Estado. Por consiguiente, es derecho legítimo e interés sumo de las clases obreras estar ampliamente representadas en el Par-

Esto es de por si tan evidente, que no necesita demostración de clase alguna.

Gobernar, en efecto, no solo es práctica sino también ciencia, y requiere un cúmulo tal de conocimientos prácticos y científicos, que ciertamente no todos poseen. Cuando se dice que el gobernar es práctica, se da a entender que exige un fino tacto de los hombres y de las cosas, un sentido de lo real que haga conocer las necesidades efectivas de los gobernados, un espíritu adivinatorio que haga prever lo futuro y preparar el camino antes de llegarse a lo que habría de *suceder después.* En una palabra, el gobernar requiere previsión y providencia, y por esto el que gobierna ha de tener los cien ojos de Argos para que nada le escape, para que todos sean respetados, para que todo esté en su lugar. Pero esto, que es práctica, es ciencia al mismo tiempo, en cuanto el gobernante ha de ver siempre más lejos que los gobernados (que como niños están constantemente apegados al presente) y por consiguiente ha de saber desafiar a veces la opinión pública precisamente para mayor salvaguardia de la cosa pública. Ya es sabido que el pueblo juzga con el sentimiento: de aquí la larga historia de sus prejuicios, de sus supersticiones y de sus consiguientes extravíos.

---

lamento y en los Ayuntamientos por *delegados* que estén en disposición de conocer e interpretar sus necesidades y sus aspiraciones. *Pero estos delegados no pueden ni deben pertenecer necesariamente a las clases obreras.* Hay en la Cámara, lo propio que en los Ayuntamientos, hombres distinguidos de la burguesía y de las profesiones liberales, que deben de un modo especial su elección a la gran confianza y simpatía de las clases populares y obreras, y que son sinceramente afectas a su bienestar. Estas son verdaderas *candidaturas obreras* cuya elección no puede menos de recomendarse a las clases trabajadoras... *La ventaja que semejantes representaciones reportan a la causa popular y obrera, está en razón directa de la influencia y de la autoridad personal que han sabido adquirir con su estudio, su doctrina, su posición social y su desahogo de fortuna. Cien candidatos obreros no servirían de seguro para prestar a las clases populares los eminentes servicios de Gladstone o de lord Salisbury, de Carlyle o de Bright, bien que estos perteneciesen a las filas más elevadas de la burguesía, del talento o de la nobleza inglesa.* En el campo infinito del bien público, que cada cual trabaje allí donde su obra puede dar más abundantes frutos.» Maggiorino Ferraris, *Le nuove elezioni amministrative,* en la *Nuova Antología* de 1.° de Diciembre de 1889. —*L'Opinione* escribía en un artículo titulado *La ciega ley del número* (3 de Agosto de 1890) deplorando los efectos de estas paradojas igualitarias: «Es preciso sublevarse contra la ciega ley del número y corregirla, no reduciéndola otra vez restringiendo el sufragio, sino regulando su ejercicio, *distinguiendo los elegibles de los electores.*

El gobernante, en cambio, hallándose como se halla en la cúspide de la soberanía, ha de juzgar con la razón, y de ahí la necesidad en que se encuentra de resistir a cada instante a la corriente, de navegar contra ella arrostrando a menudo las iras de las más feroces impopularidades. Y este contraste entre el buen sentido de los gobernantes y el sentido común de los gobernados es continuo, perenne: he ahí por qué, de cien veces noventa y nueve, las medidas de gobierno parecen efecto del abuso y de la violencia de los gobernantes. Siendo el pueblo como es un eterno niño, no llega a convencerse de que su tutor le haría más mal que bien si le dejase correr locamente tras de sus fantasías y de sus quimeras[101]. Por esto se ve cuán erróneo es creer (como por lo general se cree en teoría y en la práctica) que todas las personas del pueblo que pueden tener capacidad para elegir puedan ser elevadas a la dignidad del gobierno de la cosa pública. Los pies son pies y la cabeza, y poner los pies en el lugar de la cabeza, es trastornar la naturaleza y crear monstruos.

Hasta aquí hemos hablado en general de la simple administración de la cosa pública; pero elevándonos un poco más y llegando a las funciones más delicadas de gobierno, al poder de hacer las leyes que gobiernan a los pueblos, no puede menos de parecer enorme el error de creer que todos los que tienen capacidad de elegir, pueden indistintamente desempeñar aquellas funciones y hasta legislar[102].

---

101 Acerca de las grandes dificultades del Gobierno, véase también Spedalieri, *Arte di governare,* Edición Lapi, 1886.

102 «Es un hecho que, entre las opiniones monstruosas, una de las más monstruosas es la de que para un oficio sencillo (por ejemplo el de zapatero) hace falta un largo aprendizaje, mientras la única cosa que no necesita preparación es hacer una ley para una nación... Es claro que si un individuo, sin haber estudiado los fenómenos resultantes del orden social, se dispone a regular la sociedad, no podrá hacer más que daño... Nadie podrá ser apto para las funciones legislativas si antes no ha adquirido vastísimos conocimientos sobre la experiencia legislativa que nos ha dejado el pasado... El legislador que ignora toda o gran parte de la infinidad de hechos que habría de examinar antes de que pudiese tener algún valor su opinión sobre una ley propuesta y que no obstante contribuye a hacer votar aquella ley, no merece ser absuelto de la miseria o de la mortalidad que de ella resultan, más de lo que lo merece el practicante de farmacia cuando la medicina que ha despachado por ignorancia ha causado la muerte». Spencer, *L'Individuo e lo Stato,* Trad. ital., Cittá di Castello, Lapi edit., 1886, págs. 110 y siguientes.

7. Nadie ignora este vicio de origen del poder legislativo de los Estados libres modernos, y en tanto es esto verdad en cuanto por lo general se da la más elocuente prueba de la desconfianza que inspiran las Cámaras electivas, conservando como contrapeso y casi como elemento moderador, corrector y tutelar, las Cámaras en que la voluntad del pueblo no ha de hacer nombramiento de clase alguna. Pero este hecho, que es un documento importantísimo en favor de nuestra tesis, es, considerado en sí mismo, un hibridismo real y verdadero nacido del fatal prejuicio de creer, en homenaje a un principio abstracto de igualdad, a todos los electores capaces de ser elegidos, y del temor fundadísimo de que la representación del pueblo, tal como se realiza, no sea la más adecuada para representarle. Así nace la triste consecuencia de que para no tomarse la molestia de vencer el prejuicio (cuyo respeto parece un homenaje a la libertad) se infiere sin quererlo una ofensa todavía mayor a la libertad misma haciendo vivir, al lado de las Cámaras legislativas que son legítimas porque son elegidas por el pueblo, Cámaras legislativas que son ilegítimas porque no son elegidas por el pueblo. Y así la soberanía del pueblo vale apenas la mitad, y hasta no vale nada si se considera la gravedad de la sospecha que se abriga contra la seriedad de sus manifestaciones[103].

Así, pues, tienen razón desde su punto de vista los celosos custodios de los derechos de la soberanía del pueblo al protestar contra el iliberal sistema bicameral; después, también tienen razón desde su punto de vista los sostenedores del sistema bicameral porque tienen conciencia de que, con el desenfreno actual, los elegidos directamente por el pueblo no presentan ni pueden presentar todos los requisitos de capacidad necesarios para gobernar y para legislar.

---

103 «Aun a despecho de los teóricos que quieren expulsar la metafísica de todas partes, la conciencia pública siente que en el Estado moderno no puede haber autoridad si falta el apoyo del sufragio o al menos del consentimiento tácito del pueblo y que las representaciones de clases privilegiadas de algún modo no pueden encontrar ya lugar en las constituciones modernas. Esto no quita, sin embargo, que en el espíritu de la constitución exista el reconocimiento explícito del principio de que la dirección de la cosa pública corresponde a los mejores. Aun en las democracias directas, el elemento dominante es el de los representantes, el de los elegidos, el de los *óptimos:* a las masas populares no se les da más que una autoridad parcial conexionada con limitadas funciones que le son atribuidas.» Guido Jona, *Elementi di qualità ed elementi di quantità* en la *Rassegna di scienze sociali e politiche,* fasc., 1.° Julio 1889.

¿Cómo salir de esta contradicción? Evidentemente, siguiendo los dictados de la naturaleza, o sea, formando una Cámara única, pero haciendo de manera que concurran a formarla tan solo los mejores, es decir, haciendo entre la clase de los electores una selección cuidadosa y prudente, y formando así otra clase, la de los *elegibles.* Solo de este modo quedaría respetada en toda la soberanía popular, y se evitaría por otro lado el grave inconveniente de exponer la cosa pública y el supremo poder de hacer las leyes al peligro de caer en manos de los ineptos. He aquí porque, según las ideas expresadas, es completamente inútil hablar de reformas del Senado[104]: esta institución se da de bofetones con el derecho moderno y ha de ser abolida totalmente. Más bien es cosa de hablar de reforma del sistema electoral y representativo.

8. Hemos dicho que el triunfo de la germina democracia no puede conseguirse sin que esta se inspire en las verdaderas exigencias de naturaleza, la cual no permito que, confundiéndose lastimosamente las funciones, haga uno más de lo que es capaz de hacer. La democracia es un organismo como todos los demás, y por esto no puede prescindir de las leyes que rigen todos los demás organismos. Ahora bien, si la jerarquía es ley de todos los organismos, es evidente que también la democracia ha de someterse a esta ley para salvarse y convertirse, por decirlo así, en una *democracia aristocrática* en el sentido de que ha de permitir (so pena de perecer en caso de incumplimiento) que los más capaces estén arriba y los menos capaces abajo[105]. Esto es una condición *sine qua non.* Y no se tema que este orden jerárquico destruya el principio de la igualdad jurídica. Aquí es preciso repetir lo que muchas veces hemos dicho: que si el Derecho, al atribuir por su esencia lo suyo a cada cual, no puede menos de proporcionar las diversas facultades a

---

104 Cuando se habla de reformar ese cuerpo muerto, se piensa también en hacer de él un cuerpo electivo, pero esto es el absurdo de los absurdos. O el Senado es creación del privilegio o no tiene significación alguna. Así, en vez de pensar en el Senado electivo, habría de pensarse en una Cámara única elegida con el sistema restringido que hemos indicado.

105 Según Mamiani, uno de los axiomas de sabiduría civil capaces de llevar un justo temperamento a la democracia, es el que enseña «que subsiste en los óptimos o en el que más próximo está a lo óptimo, un derecho natural de imperio. Por consiguiente, el derecho político electivo se resuelve, no en la facultad innata de investir a algún ciudadano del poder legislativo y soberano, sino en el deber expreso de reconocer a los mejores o más capaces». Ob. cit., páginas 401-402.

las diversas capacidades, sería injusto si atribuía lo más al que tiene menos y lo menos al que tiene más, o la misma cosa a los que representan entidades diferentes. También lo repetimos: todo el progreso jurídico y político ha consistido tan solo en derribar los privilegios artificiales, pero no puede dejar de respetar los privilegios naturales sin convertirse en regresión y barbarie. Por esto, en el seno de la sociedad civil y política se da, lo propio que en el seno de la naturaleza, cierta aristocracia, cierta elección que ha de imponerse a toda costa, que se impone y no ofende en nada a la dignidad humana, antes bien la conforta, en cuanto cada cual, dado que alcance un grado de capacidad que se imponga a la estimación pública, alcanza también los elevados puestos en que se ejercen las grandes funciones, y en la esperanza de llegar a tanta altura, hace esfuerzos sobrehumanos, quedando asegurada de este modo aquella emulación y aquella concurrencia de los ciudadanos entre sí que es fecunda en óptimos frutos para el consorcio civilizado. He aquí por qué alguien piensa que aun cuando fuesen menos profundas las desigualdades sociales habrían de ahondar artificialmente cada vez más[106]; pero (es superfluo notarlo) aquí la naturaleza es más sabía que el hombre, y estas desigualdades sabe crearlas por medio del desenvolvimiento gradual de la civilización. Por lo contrario, la dignidad humana quedaba agraviada en el tiempo en que una persona, aun siendo digna de elevados puestos, había de permanecer siempre en un *lugar bajo* porque no tenía los requisitos de la *sangre* y de la *casta;* quedaba abofeteada en el tiempo en que (y en algunas cosas este tiempo todavía dura hasta en ciertos

---

106 «En cuanto a los medios de agrandar así al individuo, todo el mundo los conoce. Es necesario en primer lugar la educación, es decir, *elevar* a cada generación al nivel de la precedente; comunicar a todos, en la medida de sus necesidades, los progresos adquiridos por la sociedad; especializar las funciones y establecer una gran variedad en los modos de trabajo para utilizar todas las aptitudes diversas; remunerar los esfuerzos de cada uno según las diversas aptitudes; aceptar francamente *y en caso necesario hasta provocar la desigualdad de las condiciones sociales,* no solamente porque ningún grupo humano puede pasarse sin un orden jerárquico, sino sobre todo porque la desigualdad es por si misma un requerimiento dirigido a todos para que progresen, por estar los de segunda fila empujados por la ambición de alcanzar a los primeros, mientras que estos redoblan sus esfuerzos para conservar la delantera, lo cual hace marchar toda la columna. Digamos, en una palabra, que la organización normal de la sociedad humana ha de tomar por base la ley de la *selección,* que es la ley universal de los seres vivientes.» R. de Fontenay, *Une formule communiste, en* el *Journal des Economistes,* Junio 1890, pág. 348.

países libres) las cualidades personales de dominio o de imperio se transmitían de generación en generación constituyendo el monopolio más odioso, más injusto y más enervante.

9. Así, pues, según los principios de razón, para ejercer la soberanía han de escogerse del seno del pueblo los que han de elegir los representantes del pueblo; del seno de los electores han de escogerse los que son capaces para ser elegidos; por último, del seno de estos los que efectivamente le representan de tal modo, por medio del *Poder electoral.* Constituida la representación del pueblo, tenemos completamente formado lo que vulgarmente se ha convenido en llamar *Poder legislativo,* o sea poder que decide lo que ha de hacerse en bien del pueblo, para custodiar las personas, los bienes y desarrollar del mejor modo posible las relaciones civiles así en el interior como en el exterior, es decir, frente a los otros pueblos de la tierra.

Pero una cosa es hacer las leyes y otra ejecutarlas. Es más: no todos los que hacen las leyes pueden ejecutarlas: esto sería un caos inextricable y contra la naturaleza, porque el mando requiere unicidad de acción. Así, pues, para la ejecución de las leyes es menester una delegación especial, que es como una delegación de las delegaciones del pueblo. He aquí cómo surge, para el ejercicio práctico de la soberanía y del mismo seno del Colegio de Legisladores, otro Poder, el *Ejecutivo,* que es el complemento del primero, del Legislativo. No hay duda de que así como seria ilegitimo un Poder legislativo que no fuese emanación de la voluntad del pueblo, de igual modo sería ilegítimo un Poder ejecutivo que aun cuando más indirectamente todavía, no tuviese por base originaria la misma voluntad del pueblo. De este modo se efectúa una tercera representación del pueblo, y esta constituye el *Gobierno* propiamente dicho. Así, el verdadero Gobierno es la cúspide extrema de la gran pirámide que tiene por base el pueblo, y es evidente también que los círculos de la pirámide ganan en calidad a medida que van perdiendo cantidad hasta llegar al jefe que a todos representa.

El modo de formación de los poderes fija después la responsabilidad, de suerte que los legisladores, formados por los electores, son responsables ante estos, y los gobernantes, formados por los legisladores, son también responsables ante estos.

Los llamados a gobernar son evidentemente los que gozan de la confianza de las asambleas, y esta confianza es extrínseca por medio de las votaciones sobre tal o cual principio que establecer, sobre esta o aquella línea de conducta que seguir. Pero los principios están representados por personas, de donde la natural división de las asambleas en partidos. Así acontece que si la asamblea vota en favor de un principio defendido por un partido que está en el poder, este continúa en él, porque se entiende que tiene la confianza del pueblo; pero si la asamblea vota un principio contrario al defendido por el partido que está en el poder, demuestra que este no tiene ya la confianza del pueblo, y por lo tanto ya no tiene derecho a gobernar. Entonces ocupa su puesto lo que hasta entonces ha sido oposición, o sea las personas que representan aquel partido por haberse distinguido más en las batallas sostenidas por él. Los votos de confianza son jurídicamente un límite infranqueable: un gobierno que se obstinase en continuar en el poder después de haberse convertido en minoría sería ilegítimo, por hallarse en abierta oposición con la voluntad de los representantes del pueblo, y por consiguiente, de un modo indirecto, del pueblo mismo.

10. Nadie en la sociedad humana, ni siquiera el ser más sobrehumano, puede pretender un sufragio absolutamente general en su favor por tres razones: en primer lugar, porque nadie posee el monopolio de la verdad; en segundo lugar, porque aunque alguien en un caso especial poseyese la verdad, no todos se hallarían en el caso de verla y reconocerla; en tercero y último lugar, porque los hombres son de tal manera que, por amor propio, no están dispuestos a darle a otro la razón por completo, antes bien le dan tanta menos razón cuanta más tiene. Recuérdese a este propósito que Arístides concitó contra sí el odio de los atenienses solamente porque era demasiado justo, y esto es natural porque a los hombres no les gusta que alguno de sus semejantes sobresalga mucho del nivel común. Esto será deplorable, pero ha sido, es y será siempre así.

Atendidas pues las condiciones que ofrece la fragilísima naturaleza humana, el único criterio, por más que aproximativo, así de la verdad en general como de la confianza popular en particular, es la mayoría de sufragios. Si así no fuese, nos agitaríamos siempre en la impotencia y en la indecisión, toda vez que, por lo dicho ya, es rarísimo, si no imposible, el caso de la unanimidad. La comparación de lo más con lo menos hace naturalmente caer la balanza de la justicia de la parte de los más, porque ha de suponerse que lo que obtiene mayor número de sufragios, aun admitiendo que no sea lo verdadero, ha de aproximarse más a lo verdadero. Por esto el que mayor número de sufragios obtiene ante los electores, demuestra que es más capaz que los otros y adquiere el derecho de representar a los electores y al pueblo, y por otra parte, los que entre los legisladores obtienen mayor número de sufragios demuestran que son tenidos por más capaces que los otros y adquieren el desarrollo de representar a los legisladores, a los electores y al pueblo. De aquí, en general, el derecho de las mayorías a mandar y el deber de las minorías de obedecer, derecho y deber que se fundan en la mayor o menor capacidad que se disfruta respecto de la estimación pública y de la confianza del pueblo. Es claro que la mayoría no significa una seguridad de que se posee la verdad absoluta; pero, según se ha indicado, es una aproximación mayor a la verdad y por esto le corresponden mayores consideraciones, toma las apariencias de la misma verdad, se convierte en Derecho, en ley, en dominio. La mayoría puede convertirse en minoría; lo que los más creían verdadero, puede creerse después que es falso, y esto demuestra que los hombres son susceptibles de equivocarse. Con todo, volvamos a decirlo: mientras una idea es profesada por la mayoría, ha de tener pleno dominio. Si así no fuese, no habría ni estabilidad en el gobierno ni respeto a las leyes. Esta es la razón de que pueda trabajarse para cambiar los gobiernos y mejorar las leyes; pero mientras un gobierno y una ley viven formalmente, porque los quiere la mayoría, tienen derecho al respeto y a la obediencia[107].

---

107 Spedalieri justifica en la forma siguiente el derecho de las mayorías a gobernar: «Recordemos primero que hay un *todo físico* y un *todo moral;* que el primero no es considerado como verdadero todo siempre que no exista en él cada parte suya bien que mínima, pero que el segundo, como quiera que es nominal, no busca la exactitud misma. ¿Acaso porque a un hombre le faite un cabello no es un *todo moral?* ¿Quién no sabe que tratándose de acciones humanas ha de tenerse a la vista la noción moral, como tratándose de número, de peso y de medida ha de tomarse por norma la noción física? Si yo soy acreedor por cien escudos, ciertamente no se me pagaría toda la deuda si se me daban ciento menos *uno;* pero si teniendo el consentimiento de cien mil personas menos una me jacto de tener el consentimiento de todo el cuerpo, aunque para la integridad física falte *una* sola, qué loco vendrá a discutirlo?» Llegando a determinar más de cerca su teoría, añade: «Lo que sugiere la naturaleza cuando se trata de hacer algo con una resolución *común,* no ha de buscarse en sutilezas metafísicas, puesto que la misma naturaleza lo ha puesto ante la vista de todos. Atendida la estupenda diversidad de maneras de pensar y de las inclinaciones de los individuos, ¿no ve la razón al primer golpe de vista que obtener la *unanimidad* perfecta de una gran multitud es cosa *imposible?* Si la naturaleza quiere que se ejecute una resolución común, es menester que nos dé la *posibilidad* de hacerlo. Por esto no puede exigir la perfecta *unanimidad,* que es *imposible,* sino que ha de contentarse con que se tome por consentimiento de todos el consentimiento de la mayor parte, porque solo esto es *posible.» Diritti dell'uomo.* Libro 1.°, cap. 7.°, párrafo 6-12.

Alguien ha dicho melancólicamente: «El derecho de la mayoría es una forma académica del derecho del más fuerte»[108]. No: no es su forma académica, es por lo contrario su forma eminentemente científica. El derecho de la mayoría es en realidad una de las manifestaciones del derecho de los más capaces, de los más acreditados, o sea de los más fuertes.

108 Véase Mantegazza, *La mia Tavolozza*, fechada en Rimini, 23 Julio 1876.

## CAPÍTULO X

## El mayor derecho del más capaz, o sea del más fuerte

1. Consecuencia de los principios establecidos en los precedentes capítulos. — 2. Acuerdo unánime de la humanidad en esta doctrina. — 3. El *derecho del más fuerte* en las épocas bárbaras y en las épocas civilizadas. — 4. Fuerza y Derecho en el Estado jurídico. — 5. Fuerza y Derecho en las actuales relaciones antijurídicas de los Estados. — 6. La protección de los débiles y sus límites. — 7. Tratamiento jurídico de los que están fuera de combate.

1. Así pues, aun siendo los hombres todos por naturaleza sujetos de derecho, su estado jurídico queda profunda y legítimamente modificado por su estado de hecho. El estado de hecho, ya lo hemos visto, es la capacidad, la potencia, la fuerza, fuerza física, intelectual, moral, económica, civil y política: de ahí que el diverso grado en que poseen los hombres esta capacidad, esta fuerza, esta potencia, genere la diversidad en la esfera del Derecho, o sea en la facultad de hacerse valer legítimamente en la realidad de la vida. En resumen, el Derecho está en proporción directa del hecho, o sea de la base de capacidad, de potencia y de fuerza, de suerte que mientras cada hombre tiene la facultad de hacer, nadie puede hacer más allá de los límites señalados por su capacidad, su potencia y su fuerza. Más allá lesionaría la legítima esfera de acción, el derecho de los demás, y por esto más allá encontraría un doble obstáculo: la naturaleza y el Derecho. Esto implica que siendo infinita la gradación de la capacidad de los hombres, infinita es también la gradación de la esfera del goce del Derecho. Hay quien se detiene en la unidad (que es como el coeficiente común e indispensable) y hay quien se eleva con vuelo de águila hasta fijar los ojos en el sol. El Derecho protege lo mismo al que se detiene en la unidad que al que se eleva hasta fijar los ojos en el sol, en el sentido que la protección jurídica ha de seguir hasta donde

llega el desarrollo de las diversas actividades, y ora ha de detenerse abajo, ora ha de remontarse hacia arriba: una protección igual de actividades desiguales, sería una protección desigual y por lo tanto injusticia flagrante, en cuanto por una parte dejaría a merced del acaso y expuesta a la violencia una parte de actividad, y por otra garantiría en vano una cosa inexistente. Es cierto que no todos los hombres más privilegiados por la naturaleza pueden poseer en grado sumo todas las clases de capacidad por nosotros estudiadas una a una; así, mientras uno sobresale en la capacidad física, el otro descuella en la económica; mientras uno sobresale en la capacidad intelectual, otro se distingue en la civil; mientras uno descuella en la capacidad moral, otro descuella en la política. De aquí nace la maravillosa variedad de fuerzas y de manifestaciones vitales, que forman el espectáculo de la vida de la sociedad humana. Después, puede darse el caso de que algún hombre privilegiado reúna muchas de estas clases de capacidad, y entonces tendrá naturalmente una esfera jurídica ilimitada, o sea que podrá hacerse valer legítimamente de un modo excepcional. Por último, es posible que una sola persona acumulo todas las clases de capacidad, empezando por la belleza personal para terminar en una elevación milagrosa de intelecto: pues bien, este dominará su tiempo, será el héroe, el salvador de su patria y de la humanidad en aquel determinado momento histórico, y su inmenso dominio será también jurídicamente legítimo, porque será prodigiosamente inmensa su capacidad.

Esta es la razón, natural y jurídica a un tiempo, de que el mundo haya estado y esté siempre dominado por los más fuertes, o sea por los más capaces, o sea por los que poseen mayor fuerza o virtud, sea física, sea intelectual, sea moral, sea económica, sea civil, sea política. Esto ha parecido un atropello, y no es por lo contrario más que el desenvolvimiento y la actuación espontánea de una ley inalterable de naturaleza, conforme con la razón.

2. Escuchad las voces de la humanidad, y os convenceréis de que reconoce unánimemente la verdad, la providencialidad y la justicia de esta ley. Este consentimiento de la humanidad se revela de dos modos; tácita y explícitamente: tácitamente sometiéndose en todo tiempo a los dictados de la ley misma, explícitamente diciéndolo por boca de sus pensadores más genuinos y auténticos.

Examinemos brevemente estas dos formas de consentimiento. Digamos al punto que sería pueril afirmar que el hombre impone los principios que regulan la sociedad humana. Estos principios, por lo contrario, han nacido con el hombre, y de ellos decía bien Cicerón que no estaban a merced de la voluntad del Senado o del pueblo romano, sino que estaban esculpidos por la naturaleza en la conciencia humana, y que el hombre no puede hacer más que reconocerlos y defenderlos. Antes de que el hombre comenzase a meditar y a descubrir las leyes que nos regulan, las leyes mismas existían y hacían sentir su benéfico influjo por su virtud propia. Ahora bien, desde que el mundo es mundo, la sociedad humana, sea en las formas primitivas, sea en las más desarrolladas en civilización como la nuestra, ha estado constantemente ordenada en jerarquía, y mientras lodos han hecho, cada uno ha hecho cosas distintas del otro; mientras todos han vivido, cada cual ha vivido de modo distinto a los demás; mientras todos *como hombres* han sido considerados exactamente como compuestos de la misma materia, *como funciones* han estado separados entre si por abismos reales y verdaderos. Esto significa por si mismo, que si no hubiese existido una razón justificadora de este modo de ser; si este modo de ser no hubiese sido en él mismo una ley, no se habría podido vivir de tal modo, porque las cosas contra naturaleza, diría Vico, ni se acomodan ni duran. Y he aquí que la ley en virtud de la cual toma cada uno el sitio que merece, se ha impuesto siempre, antes de toda reflexión humana, antes de la promulgación de toda ley positiva. Pero no es esto todo: la existencia de la ley sería poco en nuestro asunto; lo que más importa es que todos han obedecido y obedecen positivamente esta ley; y esto es tan verdad que si se tuviese tal ley por injusta, si todos se creyesen maltratados y quisiese derribarse el orden constituido sobre la misma, no habría habido ni habría en el mundo un solo día de paz: la vida humana habría sido y sería una perenne tempestad. Ciertamente que ha habido y habrá rebeliones para sacudir algún yugo artificial injusto; pero la historia demuestra que las revoluciones y las rebeliones acaban en cuanto el yugo queda roto: después, las cosas vuelven a tomar el mismo cariz de antes, se restablece el mismo orden de antes, y cada cual vuelve a emprender su camino, que es un camino distinto de los que recorren los demás hombres. Las revoluciones dejan en el seno de las sociedades el mismo surco que las naves en el mar: el surco se colma así que el barco ha pasado, y la sociedad humana vuelve a adquirir su primitiva trabazón y su paz apenas ha pasado el trastorno temporal de la revolución.

Esto explica también porqué todas las revoluciones dejan el alma llena de amargura, y porqué sus mismos fautores acaban por creer que no valían la sangre y los martirios que han costado. Los revolucionarios esperan de las revoluciones más de lo que estas pueden dar; esperan hasta lo que no pueden dar, y en general no pueden producir más que desilusiones. Es preciso decir a este propósito que el hecho de que las revoluciones sean raras, demuestra que el pueblo es más serio de lo que pudiera creerse: en su infalible buen sentido, comprende que acaba por volverse casi siempre al mismo punto, y por esto difícilmente se deja seducir por las declamaciones de sus titulados salvadores apasionados. Si tuviese que dar oídos a las voces que tanto lisonjean, excitan y enardecen su amor propio, el pueblo habría de sublevarse a todas horas del día; siendo así que al contrario sufre y trabaja, resignado a la ley de la vida señalada por nosotros, y con tal de comer en paz el pedazo de pan que gana con el sudor de su frente, se ríe de las magníficas perspectivas que con fascinadores colores se le ponen delante.

Pero hay más aún. Se ve (cosa bien sorprendente) que en el seno de la sociedad humana no son los fuertes los que tratan de imponerse a los débiles; son por lo contrario los mismos débiles los que reconociendo la superioridad ajena, se doblegan, invocan casi su protección y permanecen sometidos a ella. Constantemente, en efecto, reconoce el más joven la autoridad del adulto, el ignorante la del más instruido, el pobre la del más rico, el feo la del hermoso y, llegando al sexo, la hembra la del macho. No se diga que para invalidar este principio hay de por medio la pasión de la envidia. En seguida se responde que la envidia surge entre personas que están o se sienten en el mismo nivel. Cuando entre las personas hay un desnivel considerable, no surge; tan solo se desarrolla entonces entre los que, según la opinión genera), habrían de estar devorados por la envidia, un sentimiento de respeto y de profunda reverencia. Hasta parece que la humanidad se abandono a veces a un culto idólatra de ciertos hombres, y esto sucede cuando un hombre de genio se eleva tanto que llena el mundo entero con su nombre y con las maravillas de sus obras. Nada tiene sin embargo esta idolatría de exagerado y de injusto: no hace más que corresponder perfectamente a servicios milagrosos que los seres idolatrados han prestado o muestran que pueden prestar a sus semejantes. Haced que uno se eleve mucho por encima de los demás en las ciencias, en las artes, en las armas, en la política o en cualquier manifestación de la actividad humana, y veréis que es cosa naturalísima que se imponga inmediatamente a la admiración universal y llegue a ser árbitro absoluto de ella.

Pero además de reconocerla con su tácito con sentimiento, la humanidad reconoce explícitamente el dominio de esta ley natural: la sabiduría vulgar y la sabiduría reflexiva se unen para proclamarla y confirmarla. En efecto, ora se dice en el libro de los Proverbios: *Manus fortium dominabitur;*

*quœ autem remissa est tributis serviet. Dives pauperibus imperat el qui accipit mutuum servus est foenerantis.* Ora es Dionisio de Halicarnaso que escribe: *Sempiterna et communi omnium lege receptum est inferiores parere prsœtantioribus.* Ora es Séneca quien afirma: *Naturae est enim potioribus deteriores submittere.* Ora es Cicerón el que añade: *Aequum est debiliora pro naturae suae modo subjici potentioribus.* Ora es Vico el que sentencia: *Gobiernan el mundo los que por naturaleza son mejores.* Ora es Mamiani que apremia: *Subsiste en el óptimo un natural derecho de imperio.* Finalmente, el padre de las ciencias modernas, Darwin, agrega de un modo definitivo que en la eterna lucha por la existencia, la victoria no puede sonreír sino a los más fuertes[109].

---

109 Esta misma es la teoría profesada por los discípulos de Darwin. Boccardo escribe: «Ténganlo entendido los radicales y los socialistas, que confían en hallar argumentos favorables en las modernas ciencias de observación: la naturaleza no confirma en modo alguno sus doctrinas de nivelamiento democrático». *L'animale e l'uomo.* Turín, Unione Tipografica-Editrice, pág. 66 —Schiattarella: «La civilización es poder. El mundo está arreglado de tal manera que el que más sabe, el que está más educado, el que es más rico, tiene naturalmente un poder mayor; y en las luchas industriales como en las intelectuales, tiene segura la victoria sobre el que es más débil, sabe menos y es menos rico». *La missione dello Stato mella storia,* en la *Biblioteca di scienze politiche,* Volumen 7.°—Siciliani: «La igualdad de naturaleza y sobre todo la igualdad de tendencias es una afirmación que ninguna doctrina contradice tan abiertamente como el darwinismo. Y la contradice por dos razones principales: primera porque hace ver la necesidad de las desigualdades; segunda, porque nos pone con ella en disposición de entender y explicar el progreso natural de la humanidad.» *Democrazia e Darwinismo,* en el libro *Socialismo, darwinismo e sociología moderna.* Bolonia, Nicolás Zanichelli, 1879, pág. 113—14. —Morselli: «La naturaleza concede a los débiles poca parte del derecho que se dice concedido a todos los vivientes: protege a los fuertes, a los astutos, a los ingeniosos, al paso que deja a los mal conformados, a los anormales, a los pobres de fuerzas y de aptitud caer víctimas de la lucha. Esta desigualdad es la negación científica de cualquier forma utópica de socialismo basada en la igualdad completa de los hombres.» *Il suicidio, Saggio di-statistica morale comparata,* Milán, fratelli Dumolard, 1879. —Letourneau: En las ciudades (futuras) el gobierno quedará reducido al *mínimum;* subsistirá sin embargo, porque las sociedades no podrían pasarse sin cierta dirección, y para ellas es de vital interés ser guiadas por los mejores y más inteligentes de sus miembros». *L'évolution politique dans les diverses races humaínes.* París, Levronier et Babé, 1890, pág. 545. Véase también Sergi, ob. cit. Es bastante consolador notar que también los jóvenes, perdidas las vanas ilusiones, empiezan a profesar ideas prácticas y serias. En efecto, Enrique Piccio-

Haller, que había aclarado esta ley mucho antes que Darwin, añade a tal propósito: «Muchos hombres de genio han sospechado esta ley de la naturaleza y la han reconocido como de pasada; pero hasta ahora no ha sido desarrollada que sepamos en toda su pureza, y con aquel carácter de universalidad y de perpetuidad que le es propio». Y el motivo de este reconocimiento parcial lo coloca fondadamente en el hecho «de que han confundido esta ley con el abuso de la fuerza, y porque parecía creerse que había en esta divina institución algo injusto y absurdo al que era preciso encontrar remedio»[110]. No ha podido negarse la evidencia del hecho; pero como no se ha conocido ni querido reconocer su razón íntima, han creído que este hecho era injusto, y en ningún tiempo se han hecho esfuerzos más que para encontrarle un remedio. Es evidente sin embargo que es de mente desequilibrada buscar el remedio para una cosa que funciona bien y que se halla en estado de perfecta salud. De ahí que todos los remedios que ha parecido se encontraban, no han podido dejar de llevar el mal allí donde hay bien, y el no ver apuntar jamás el mejoramiento deseado, ha sido la mayor parte de las consternaciones para los reformadores del género humano. Bastaba por lo contrario considerar que un hecho tan constante y tan general había de tener una razón de ser, y encontrada esta habría quedado justificado: en vez de injusto se habría creído que era justo y se habrían ahorrado tantas quejas vanas y tantas vanísimas y sangrientas luchas. Ahora hemos llegado a lo siguiente: a tener que reconocer que el dominio del más fuerte en el mundo no es un caso fortuito o un abuso,

---

ne escribe: «El concepto positivo de la igualdad consiste, no en la paridad absoluta como la entienden los socialistas, sino en el equilibrio o relación de las desigualdades individuales con las peculiares personalidades jurídicas. Entendiendo así el principio de la igualdad, puede rebatirse la acusación dirigida al darwinismo de haber preparado el camino al socialismo. El que habla así, no conoce el darwinismo, cuyo postulado es la selección natural». *Concetto positivo della proprietà – Questione sociale,* Bolonia, Tipografía Civelli. 1890, pág. 105. Y otro valiente joven. Alberto Sormani, escribe: «Somos con la naturaleza terminantemente contrarios a toda y cualquier forma de socialismo y de igualdad efectiva entre dos hombres. Y no solo no es fundado el socialismo, sino que tampoco la democracia aparentemente triunfante, en cuanto es igualitaria y tiende a un nivelamiento, aunque pacifico y legal, entre las condiciones de los individuos y de las clases». *La nuova religione dell'ideale,* en la *Rivista di Filosofia scientifica,* Septiembre 1889.

110 Haller, *Restaurazione della scienza politica,* Vol. 2.°, cap. 13, traducción italiana, Foligno, 1827.

sino un simple hecho, natural pero racional: es derecho. Afirmado esto, la crítica dirigida en todo tiempo a la organización de la sociedad humana cae por todas partes[111].

3. La fórmula *el derecho del más fuerte* tiene una historia negra. Por esto no es de maravillar que, sin darle el sentido que debe atribuirle el pensamiento moderno, despierte todavía una profunda repugnancia en el ánimo de los más. Solo al oírla resonar, animase delante toda una Ilíada de atropellos y de violencias que desarma el valor más invencible.

Verdaderamente, no puede negarse que, en las épocas bárbaras, en que los hechos se interpretan de la manera más grosera, la natural preeminencia de los más capaces sobre los menos capaces, o sea de los más fuertes sobre los más débiles, se haya interpretado en términos que llevasen a la más feroz tiranía: los más capaces, los fuertes, todo lo han reconocido para sí, todo lo han desconocido para los demás. Pero en estas épocas evidentemente no puede hablarse de derecho, en cuanto no tenemos más que el triunfo del principio contrario, o sea de la negación del Derecho mismo consumada por la fuerza brutal. Entonces como siempre, el dominio de los más capaces podría justificarse de algún modo; pero yendo tal dominio más allá del deber, es decir, hasta la supresión de la personalidad ajena, aquella justificación no puede hacer otra cosa que detenerse a mitad de camino. He ahí por qué los pueblos esclavos son en tales épocas como rebaños de los soberanos; la mujer es la sierva del marido; a los hijos podían matarles impunemente sus padres, que tienen sobre ellos el *ius vitœ et necis*. En una palabra, el poder está fuera de razón porque invade la esfera ajena: nada es sagrado, porque todo se atropella impunemente. El poderoso dice: *Sic volo, sic iubeo, stet pro ratione voluntas.* Es claro que aun entonces estalla alguna venganza, pero es una venganza privada: los débiles sucumben a menudo sin protección y sin venganza. Estamos en plena época bárbara, en la cual,

111 «La sociología rechaza pues la fórmula de la igualdad: *A cada uno según sus necesidades,* porque las necesidades son relativas al individuo y su satisfacción egoísta puedo no traer ventaja alguna parala comunidad. La sociología admitiría más bien la fórmula *A cada uno según su capacidad,* porque la capacidad implica el gasto de la actividad individual en provecho de un grupo más o menos extenso... La fórmula inglesa *the right man in the right place,* es la que con más exactitud representa el tipo de la igualdad de las sociedades modernas.» Th. Ferneuil, *Les principes de 1789 et la scienee sociale,* París, Hachette et Cie, 1889, pág. 310.

como en el reino animal, es ley constante que los débiles sean presa de los más fuertes[112].

Pero a este estado antijurídico sigue, por evolución natural de ideas, el estado jurídico, en el cual a todos los hombres como tales se les reconoce como iguales frente al Derecho y se les reputa dotados de facultades naturales inenajenables, como las de vida, de libertad, de propiedad y todas las demás que sirven para hacer desarrollar su actividad material y moral. Pero aun en el estado jurídico, la humanidad presenta las mismas condiciones de hecho, merced a las cuales todos los hombres tienen diversísimas capacidades de hacer: esto determina también naturalmente la preeminencia de los más capaces sobre los menos capaces, de los fuertes sobre los débiles. Sin embargo, esta preeminencia es *jurídica* y no sale nunca de la esfera del Derecho. En efecto, el mayor derecho del más capaz no destruye ahora el menor derecho del menos capaz: el débil es sagrado ante el Derecho, tan sagrado como el fuerte, solo que la protección del Derecho tiene mayor extensión respecto del más capaz, porque se encuentra ante una capacidad más vasta, mientras que la misma protección es menos extensa respecto del menos capaz, porque se encuentra ante una capacidad menos vasta. A pesar de ello, si varia la extensión (que es cosa puramente formal) no varía la intensidad: la protección del Derecho es intensa en igual grado lo mismo cuando se trata de proteger las pocas actividades de un débil, que cuando se trata de amparar la gran actividad de un fuerte. Una ofensa hecha a un pobre mendigo se repara por la ley lo mismo que se repararía igual ofensa inferida a un gran dignatario del Estado.

4. En el estado jurídico, pues, no solo la fuerza no es el Derecho, sino que tampoco aplasta el Derecho. Por esto no podríamos hacer racionalmente todo lo que tenemos fuerza para hacer. Para que lo que podemos hacer se haga racionalmente, es preciso que se respete la esfera de acción ajena, la personalidad ajena. Es indudable que cada uno tiene la fuerza de entrar en el campo ajeno y cometer rapiñas dentro de él; pero esto es apropiarse cosa ajena y por consiguiente hurto, y como tal será castigado. Al igual, todos tienen fuerza para desdorar a una muchacha o para matar a un hombre; pero esta fuerza, al manifestarse, invade la esfera de los derechos ajenos,

112 Si se refiriese a esta época cruel, tendría razón Spinoza cuando escribe que «el derecho natural del hombre no está determinado por la sana razón, sino por los apetitos y la potencia del individuo». *Tratado teológico-político,* cap. 16.

los viola, se manifiesta como ilegitima, y por consiguiente tampoco puede quedar impune.

Creer que la fuerza aplasta el derecho, nace en algunos de no comprender la razón jurídica de la preeminencia de los fuertes sobre los débiles. Se detienen en la corteza e interpretan esta próvida ley de un modo tan insultante como superficial[113]. El mismo príncipe de Bismarck, a quien se atribuyó aquella frase insultante, protestó muchas veces de haberla proferido nunca.

Por otra parte, pensar que el Derecho necesita para hacerse valer la fuerza individual del que lo posee, equivale a creer que todavía nos encontramos en el estado salvaje en que la defensa de cada uno está confiada a las fuerzas propias. La fuerza por lo contrario está y ha de estar en manos del Estado, que es el órgano fundamental del Derecho, y el Estado hace justicia para todos coactivamente. En el Estado jurídico, el primer deber de los ciudadanos es no hacerse justicia por sí mismos. Esta facultad apenas

---

113 Schopenhauer interpreta mal esta ley social cuando escribe: «En el mundo humano, como en el mundo animal, lo que reina es la fuerza, no el derecho. El derecho no es más que la medida de la fuerza de cada cual». También la interpreta mal Max Stirner cuando escribe: «¿Qué me importa el derecho? Para nada lo necesito. Poseo y gozo lo que puedo adquirir con la fuerza. Renuncio a lo que no puedo poseer, y no quiero para consuelo pavonearme con mi pretendido derecho, con mi derecho imprescriptible.» Véase Fouillée, *Idee moderne du droit,* París, Hachette, 1883, págs. 45-47. – Algunos otros apenas admiten que el Derecho es una opinión y que solamente tiene origen en la autoridad que lo decreta. «Para los naturalistas, escribe Espinas, el derecho es consecutivo a la acción social, *es un hecho de opinión.* Nada hay en la constitución personal del hombre que pueda fundar el derecho de vivir, de alimentarse, de poseer, etc. La sociedad no se limita a *definir* y a *proteger* el derecho: lo *constituye,* puesto que el derecho no es otra cosa que *el valor atribuido* a la persona humana en un país determinado». *Les études sociologiques en France,* en la *Revue Philosophique,* 14, pág. 514. – Otro *naturalista* (no *jurista*) escribe así: «El derecho surgirá siempre de la fuerza; entre ambas cosas no existirá jamás ninguna diferencia. El retórico *jus* se ha revelado constantemente como una idea mutabilísima con relación a tiempos, países, costumbres, condiciones sociales, en todo caso como imposición del número, no pocas veces como legitimación de prepotencias en el más innoble sentido de la palabra». Dr. Guido Bosio, *Un paradosso sociologico* en la *Gazzetta Letteraria* de 21 de Junio de 1890. ¿Y quién no recuerda que Manzoni llamó al Derecho *feroz fuerza?* «El mundo tiene una *feroz fuerza* que se hace llamar *derecho*».

si se concede en casos de agresión, cuando encontrándose como en pleno estado de naturaleza o salvaje por no poderse invocar la defensa pública, cada cual se erige en defensor de sí mismo y puede matar al que le agrede injustamente. Recuérdese sin embargo que aun en estos casos la defensa tiene un límite: no ha de extenderse más allá de lo necesario. He aquí porqué en el estado jurídico, pensamientos como los siguientes: «El Derecho sin la fuerza es la impotencia» (Pascal); «El Derecho resulta vano cuando no está sostenido por la fuerza» (Grimaldi); «La fuerza es una parte esencial del Derecho» (Trendelemburg), solamente tienen valor cuando se refieren al poder coactivo del Estado[114]; pero no tendrían ninguno, más bien serían bárbaros, si se interpretasen en el sentido de que cualquiera que tenga derechos haya de tener fuerza para actuarlos él mismo. Digamos pues que la fuerza no es elemento constitutivo del Derecho: es solo un medio para hacer valer el Derecho, como lo es la lucha. Esto es verdad en cuanto dado que todos siguiesen espontáneamente los dictados del Derecho, así como el Estado no tendría necesidad de esbirros, tampoco los hombres tendrían necesidad de luchar.

5. La escuela de los escépticos que a estas alturas de la civilización profesa el principio dé que, en el mundo social y humano, lo propio que en el animal, triunfa la fuerza y no el Derecho[115], todavía tiene por desgracia algún fundamento legitimo para no abandonar estos feroces principios. Efectivamente, dicha escuela no examina las relaciones civiles entre hombres y hombres en un estado jurídico, en los estados jurídicos; examina por lo contrario las relaciones entre Estado y Estado. Entonces, mientras que entre los hombres de un mismo Estado triunfa el Derecho porque están bajo una misma autoridad constituida, ve que en las relaciones entre Estados solamente domina la fuerza, y el más débil es siempre víctima no vindicada del más fuerte. La observación es tan exacta como desalentadora. Para consolarse, sin embargo, basta pensar que los Estados se hallan todavía en un estado antijurídico, es decir, se hallan todavía en pleno estado de naturaleza, en plena animalidad: por esto no vence entre ellos la fuerza de la

114 Véase en sentido contrario Lilla, *L'elemento psichico e l'elemento fisico del diritto,* Nápoles, Tipografía Gargiulo, 1890.

115 «El derecho mismo es lo que se pone en tela de juicio; sobre su concepto, su naturaleza, sus bases, su objetivo, su razón de ser en la vida social, es sobre lo que el pensamiento contemporáneo aparece inseguro, oscilante, contradictorio». Icilio Vanni, *Il problema della filosofía del diritto mella filosofía, nella scienza e nella vita.* Verona, Tedeschi e figlio, 1890, pág. 14.

razón, sino la razón de la fuerza[116]. El Derecho es para los Estados como si no existiese; no hay de hecho una autoridad constituida que lo haga valer entre ellos. He aquí por qué, aun en estos tiempos de luminosa civilización, hemos de presenciar el triste espectáculo de Estados pequeños devorados por los Estados grandes, como peces pequeños por peces grandes. Pero no hay que confundir el *momento histórico* con la *eternidad del principio:* mañana, todos los Estados podrán entrar en la esfera del Derecho, y entonces no se deplorarán ya semejantes abusos; los débiles quedarán protegidos lo mismo que los fuertes, de igual modo que ha sucedido entre los ciudadanos del mismo Estado, a los cuales se ha declarado al fin iguales, sagrados e inviolables ante la ley.

Por otra parte, mientras no so haya llegado a esto, es natural que los débiles se hallen sin protección, destinados a ser devorados por los fuertes, es decir, a ver desconocida su personalidad de entes independientes y libres. Esta independencia y libertad quedará protegida hasta donde llegue la fuerza material: más allá, hay que aguardar la emboscada y la derrota. En todo caso, no queriendo entonces los débiles caer bajo la esclavitud coaccionada, se ponen bajo la protección de alguna gran Potencia y caen en una especie de servidumbre voluntaria. En semejantes procelosos tiempos, las ideas morales, es decir, el reconocimiento de las sagradas prerrogativas naturales, así en los hombres como en los pueblos, no tienen valor y ceden al despotismo más cruel e inhumano. Entonces tiene razón Crispí para decir: «Las armas (medio, no fin) son necesarias hoy a todo. Si el Derecho tiene un valor moral sagrado, puede a pesar de ello ser violado cuando no esté asistido por la fuerza»[117].

Es evidente con todo, que dado que se llegue a la constitución jurídica de los Estados, los más capaces tendrán siempre mayor consideración ante el Derecho internacional, y esto no sería más que justicia verdadera.

---

116 Eduardo Cimbali, *Lo Stato secondo il diritto internazionale,* Roma, Fratelli Bocca, editori, 1891.

117 Crispi, *Discurso politico* pronunciado en Palermo el 14 de octubre de 1889.– Un autorizado periódico escribía lo siguiente a propósito de los atropellos ingleses contra Portugal: «Para llegar a ser una potencia maritima *respetable,* Portugal ha de recorrer un largo camino, y si le *faltan* las *fuerzas* para ello, ha de resignarse al *destino de los* débiles». *Opinione* de 15 de febrero de 1890, *La questione Anglo-Portoghese.* – Esto es brutal, pero corresponde al *estado actual* de las cosas.

Las mismas razones que determinan la jerarquía en los individuos de un mismo Estado, determinarían la jerarquía entre los Estados que formasen la sociedad universal a tenor de las diversas *capacidades*.

6. De lo que hemos dicho, se saca otra consecuencia importante y es, que siendo imposible que mil Atenas ni mil Romas den lo que la naturaleza niega, es igualmente imposible hacer que los débiles se eleven por caminos artificiales a la potencia de los fuertes, como es imposible que por iguales caminos los fuertes se conviertan en débiles. Solo intentarlo, además de necio e inconcluyente, sería hasta criminal: tendería a dar a los unos más de lo que les corresponde, a quitar a los otros más de lo que han de ceder. En resumen, por una parte, tendríamos una apropiación indebida, por otra una expropiación no menos indebida: en uno y en otro caso, flagrante injusticia.

Semejantes tentativas, sea en la ciencia sea en la vida, nacen de una falsa noción del derecho y de un falso sentimentalismo: Se cree por un lado que el débil está jurídicamente en peores condiciones que el fuerte, y por otro, que el mismo débil se encuentra socialmente en condiciones dolorosas respecto del fuerte. Esto es un doble error. Ya hemos visto que, jurídicamente, débiles y fuertes se encuentran en idénticas condiciones, en cuanto si la protección del Derecho es diferente como extensión (cosa del todo formal) es idéntica como intensidad (cosa del todo sustancial), y el débil tiene sobre su poco el mismo derecho que el fuerte sobre su mucho: el poco del uno es inviolable como el mucho del otro. Después hemos visto también que las condiciones psicológicas y sociales de los débiles no son en modo alguno tan deplorables como se supone deberían ser: los débiles quizá están más contentos con su poco que los fuertes con su mucho. Recuérdese que el que está encima se halla expuesto al vahído, y que el que está abajo carece hasta del germen del vértigo[118].

Pero en general no se toman en cuenta estas consideraciones inexpugnables; y con tal de no encontrar nada bien hecho, muchos y muchos se fatigan por encontrar remedios a males que no lo son, sino cosas usuales, y podemos añadir próvidas. De aquí los sistemas de reorganización social, que se predican de vez en cuando como panaceas universales. La desgracia está sin embargo en que repugnando como repugnan a la naturaleza misma de las cosas, es muy difícil que se pongan en práctica. Ade-

118 Véanse mis *Confessioni d'un disilluso,* Libro segundo.

más, dado que merced a esfuerzos artificiales sobrehumanos pudiesen actuarse, producirían daños incalculables, prescindiendo de que durarían poco. Es como obligar a las aguas de un rio a detenerse: es claro que se detienen por poco tiempo; pero aun prescindiendo de que después, en la violencia del desbordamiento, son causa de inmensas ruinas, durante el breve tiempo en que se logra tenerlas contenidas, las aguas estancadas infectan de miasmas el aire que antes era famoso por su salubridad. Sirva de ejemplo de esto la suerte de los Falansterios y de todas las nuevas reconstrucciones sociales inventadas y ensayadas en la práctica por los «amigos de la humanidad».

Es que las leyes de la naturaleza (y nunca se ha querido comprender esto por completo) no pueden cambiarse, y, por consiguiente, tampoco pueden cambiarse las principales de entre ellas que conciernen a la lucha por la existencia... Si por un mal entendido espíritu filantrópico se suprime la lucha por la existencia, que es la verdadera fuente de la vida y de todo progreso material y moral, como también la expresión de la libertad y autonomía individual, ya no hay existencia, sino un fantasma de existencia: en los monasterios no se vive.

He aquí porqué todo atentado contra la libre iniciativa individual y contra la lucha por la existencia, es un delito, no solo contra la naturaleza, sino contra los mismos hombres. Véase por esto cuán alejados están de la verdad los que creen que el organismo del Derecho ha de trastornar el organismo de la naturaleza, siendo así que por lo contrario aquél no está hecho para otra cosa que para contener a esta en sus justos límites. Véase también cuán alejados están de la verdad los que esperan del Estado (la roca del Derecho) la actuación de sus propias locuras humanitarias. El Estado tiene un solo fin: proteger a cada cual en la esfera de su actividad propia hasta donde esta llega legítimamente. Si diese a uno más de lo que le corresponde o si le quitase más de lo debido, si restringiese en cualquiera la libertad individual[119], seria un Estado eminentemente tiránico y haría traición a su misión tutelan.

En una palabra, ni el Derecho ni el Estado pueden transformar a los débiles en fuertes o a los fuertes en débiles. Además, ni uno ni otro pueden evitar los desastres más dolorosos de la lucha, como el deshonor, el suici-

119 Véase en este sentido Herbert Spencer, *L'Individuo e lo Stato,* trad. ital., Città di Castello, Lapi editore, 1886.

dio, la miseria y el delito, como no pueden evitar los supremos beneficios de la misma. Solamente pueden dar seguridades para que uno no pierda en la lucha más de lo debido, y para que al igual no gane otro más de lo justo. En este caso de lucha injusta, el Derecho interviene por medio de los poderes del Estado y atribuye a cada cual lo suyo. Cuando no puede hacer otra cosa para vindicar las ofensas, castiga a los ofensores[120].

Esto es lo único humanamente posible: todo lo demás es sueño y sueño pésimo. El que no se contente con esta *realidad* próvida e inmortal, que se eche al Tiber o que se vaya a una iglesia y ore para encontrar presto una realidad mejor más allá, en la otra vida. En cuanto a la presente, diremos con un profundo pensador:

«Desterrad del hombre la pena, el dolor, el espíritu de sacrificio y de resignación; suprimid la emulación y la envidia; abolid el egoísmo; truncad la lucha del provecho y de la libre competencia; negad la lisonja de lo mejor, y el organismo económico se disuelve. No: antes la guerra con todas sus consecuencias, que una paz comprada a precio de la libertad, del derecho, de la persona humana. La plaga del pauperismo, los estragos eventuales de la concurrencia libre, los abusos de la propiedad, la preponderancia del capital, las revueltas del trabajo, las crisis de la industria y de la moneda y la distribución desigual de las riquezas, antes que la paz sepulcral del convento filosófico, el silencio de la penitenciaría y el encasillado perpetuo de productores y consumidores en un palomar científico. Antes la violencia de una crítica biliosa, el aburrimiento de la retórica, las antinomias de la doctrina, las inseguridades de la razón, los impulsos desatinados del sentimiento o del empirismo, más

120 Muy oportunamente escribe Schäffle a este propósito: «La indagación de los hechos muestra incontrovertiblemente que el Derecho y la Moral dan normas y ordenamiento a la lucha de los intereses y a sus condiciones en lo interno de todo ente social, *pero que no la excluyen.* Lo que el Derecho y la Moral impiden, es la justicia individual, la violencia, el dolo: a pesar del Derecho, es viva la lucha que cada día se traba por la ganancia, por la propiedad, por el señorío, por el poder, por el honor... Y la adquisición y la afirmación de la preponderancia y de la superioridad, no la impiden ni el Derecho ni la Moral; hasta puede decirse que el primer derecho surgió de las primeras victorias de la violencia y de la astucia. Los éxitos ulteriores son resultado de una superioridad espiritual, corporal, económica; son efecto de un predominio legal y moralmente afirmado..., porque el Derecho protege los éxitos legales.» *Estructura y vida del cuerpo social.* Parte segunda, cap. 7.°, § 11.

bien que los ensayos de una arcadia artificial y cohibida. Hasta la injusticia abierta si queréis, pero libertad para rebelarse contra ella»[121].

7. Pero no todos los hombres pueden permanecer hasta su último suspiro en el campo de batalla, ni tampoco todos piensan o pueden pensar, en los tiempos felices, en asegurarse una retirada pacífica. Así sucede que, al fin, muchos por agotamiento de los medios de lucha, no solo se encuentran fuera de combate, sino faltos también de medios para satisfacer la primera necesidad de la vida, que es la de alimentarse y vestirse: por desgracia, la civilización más bien parece aumentar que evitar el pauperismo[122]. En este caso tenemos la más cruel manifestación de los males que inevitablemente persiguen a la humanidad, o sea la invalidez y la indigencia.

Sin embargo, es consolador advertir que, por próvida disposición de las cosas, en el mismo seno de la humanidad se encuentran los remedios de sus males. En estos casos desgraciados, la humanidad ha seguido en todo tiempo, más o menos racionalmente, el impulso de la naturaleza, y ha dispuesto que ningún ser humano pereciese en medio de la calle, expuesto a la intemperie, de hambre, de frio y de vergüenza por haberse quedado desnudo. De aquí el origen de todas las instituciones de Beneficencia pública y privada, cuyo único objeto ha sido socorrer a los pobres inválidos, a aquellos que después de babor agotado todas las fuerzas en la lucha han sido arrojados como esponjas exprimidas sobre la árida orilla del gran océano de la vida.

Y aquí surge fundadamente la pregunta: ¿tienen derecho los inválidos a ser protegidos? La respuesta afirmativa no puede ser dudosa, porque no es lícito que un hombre perezca de hambre por falta absoluta de medios

---

121 Fulvio Cazzaniga, *L'equità e le sue applicazioni,* Milán, Fratelli Dumolard, 1888, pág. 603. —V. del mismo autor, *L'uguaglianza studiata nella storia e nella scienza.* Cremona, Tipografia Ronzi e Signori. Dos volúmenes en 8.°

122 «Constituye una gran ley del desenvolvimiento social el hecho de que el camino de la esclavitud a la libertad sea también un camino de la seguridad a la incertidumbre del mañana. Aumenta la responsabilidad propia, aumentan las necesidades de los gobiernos, las contribuciones. Hay por consiguiente una estrecha relación entre el aumento de la libertad y el del pauperismo, y quizá no sea exagerado decir que este es el precio que se paga para tener aquélla». A. Toynbee, *Lectures on the industrial revolution in England,* Londres, 1884, pág. 96 y siguientes, citado por Villari en el artículo *La Riforma della beneficenza,* publicado en la *Nuova Antología* de 1.° de Mayo de 1890.

adecuados para proporcionarle lo necesario. El camino seguido hasta ahora por la humanidad es un argumento irrefutable de ello, solo que lo que hasta ahora ha dado voluntariamente la caridad, es preciso que en lo sucesivo sea concedido obligatoriamente por el deber, y para ello, es forzoso que la asistencia cambie su centro de gravedad: es preciso que de *privada* se convierta en *pública.*

En resumen, la asistencia, que es un derecho de los inválidos, es un deber para el Estado. De aquí surge la institución de la *Beneficencia pública,* que asegura a los pobres inválidos los últimos días de su vida. Ellos al menos bendecirán por último a la sociedad que durante tantos años y no caprichosamente, sino por el bien común, les obligó a agotarse por completo en la lucha más desapiadada.

Cuando se dice *pobres inválidos,* se determinan también los límites dentro de los cuales ha de desarrollarse la gran función social de la Beneficencia pública. El derecho a la asistencia pública nace en el beneficiando cuando no solamente es pobre, sino cuando se halla reducido a tal estado que no puede en manera alguna, ni siquiera ejecutando los actos más elementales y abyectos, ganarse la vida continuando en el trabajo y en la lucha. Mientras no se haya llegado a este punto, el Estado no puede venir obligado a subvenirle, y esto en interés social: en primer lugar, porque no es justo quitar algo a los que trabajan para darlo al que finge no poder trabajar, y en segundo lugar porque se fomentaría la vagancia. Dígalo la ley inglesa sobre los pobres.

He aquí por qué la constitución orgánica de la Beneficencia pública debe impedir el pordioseo, y en efecto lo va impidiendo. O el que pide la limosna es un inválido, y entonces se le lleva a un hospicio sin envilecer la dignidad humana, o es válido aún, y entonces es menester obligarle a trabajar, y castigarle en caso de reincidencia. Así vuelve a entrarse en un estado plenamente jurídico. Es inútil añadir ahora que en materia de asistencia pública, el derecho del hombre se limita a lo puramente necesario: resultaría extraño que el Estado hubiese de proporcionar, además de lo necesario, todas las comodidades deseables. Esto sería injusto, y por consiguiente ilegitimo.

# CONCLUSIÓN

## Consecuencias prácticas de nuestra doctrina

1. La pérdida de las ilusiones sociales y jurídicas es ganancia de fuerza. —2. La lucha justa por el derecho. —3. La doctrina del *derecho del más fuerte,* fundamento y límite de la doctrina de la *lucha por el derecho.* —4. Necesidad de circunscribir la actividad humana a los límites de la lucha justa. —5. La lucha injusta impedimento del verdadero progreso.

1. Si se aceptasen las ideas contenidas en este libro, la primera consecuencia fecunda que de ellas se obtendría sería la siguiente: la concentración de las fuerzas activas de los hombres en la consecución de fines sanos, posibles. Así, abandonadas las ilusiones de mentes enfermas que anhelan la reconstitución del mundo social y humano sobre bases completamente fantásticas, la vida se desenvolvería con energía más plena, más vigorosa, más resistente, sin aspiraciones desmasculinizadas, sin tergiversaciones inútiles, sin culpables pérdidas de tiempo, sin aquellos profundos desalientos que suceden a la explosión de deseos inmoderados. Caminando todos a compás, nadie viviría entonces muy descontento de su estado; encontraría, no solamente racional, sino saludable para él, no alargar el paso más allá de lo que permite su pierna; no se miraría con loca envidia al que está encima, ni con morbosa piedad al que está debajo; todos ambicionarían solamente cosas al alcance de su capacidad, y el consorcio civilizado (aun dando lugar siempre a la purificadora corriente de libertad) estaría menos expuesto, estaría hasta a cubierto de los violentos golpes de odios desaconsejados.

En suma, la proporción entre el Deber y el Derecho, entre la pretensión y la capacidad, haría encontrar armónico lo que parece inarmónico a los que no creen en la aritmética social; ordenado lo que parece desordenado, justo lo que parece inicuo.

2. Sin duda que, por varias razones que es inútil repetir aquí, también para la conquista de la verdad y de la justicia es precisa la lucha, lucha a veces despiada, porque hágase como se quiera, las ideas tradicionales son resistentes y ceden con dificultad. Pero cuando la pretensión que ha de hacerse valer estuviese aproximadamente encerrada en los justos límites, la lucha (además de ser menos desastrosa porque no causaría víctimas superfluas) sería menos complicada y al mismo tiempo más justificada, porque estaría en proporción exacta con el fin *real* que hay la intención de conseguir. En efecto, es de locos o de bárbaros cortar de raíz una planta para coger su fruto, como es igualmente de locos o de bárbaros entrar a saco y fuego una nación, una ciudad, y tender a la destrucción del Estado, para vindicar un pequeño agravio cometido por el más humilde de los agentes del poder público.

3. De este modo, la doctrina contenida en este libro sería fundamento y límite de la contenida en el libro *La lucha por el derecho* del filósofo alemán[123], doctrina verdadera en el fondo, pero que sería desastrosa sin limitaciones de clase alguna. Sí: para la conquista del derecho con frecuencia se necesita la lucha; cada uno encuentra su Derecho en la lucha y con la lucha; *iura vigilantibus et non dormientibus succurrunt el prosunt;* sí, a menudo es preciso subir a los techos y gritar a voz en cuello para obtener lo que nos pertenece; sí, en determinadas épocas es necesario recurrir hasta a las revoluciones para derribar órdenes de cosas fundados en el arbitrio y en la iniquidad; pero todo esto no quita que, hasta en nuestras reivindicaciones violentas procuremos que nos guie el principio tan luminoso como sencillo de la aritmética social, porque aun entonces es preciso no pretender más de lo que pueda pertenecemos[124]. Si vamos más allá, la lucha se vuelve, a más de absurda, injusta, porque absurdo e injusto es el fin que con ella queremos lograr. Además, esperándonos como nos espera una amarga

123 Rodolfo von Ihering, *La lotta pel diritto.* Traducción italiana Mariano, Milán, Ulrico Hoepli, editores, 1875.

124 Son preciosas las siguientes confesiones de Ihering: «De las observaciones dirigidas a mi teoría, la más grave es que está hecha para soliviantar el espíritu litigioso. Solo por esto ya quedaría juzgada y condenada por algunos... Se me ha dirigido además otra objeción: pero el que pretende un derecho y tal vez se considera investido en realidad del mismo está siempre verdaderamente en su derecho? El filósofo alemán responde a esta última pregunta: «Yo no he querido imponer el deber de luchar al que tal vez se cree realmente en su derecho, sino al que se encuentra en presencia de una ilegalidad patente,» *Ob. cit.* Prefacio.

desilusión, quedaríamos al final descontentos de nuestros mismos esfuerzos, y nos parecería inútil y vano aun lo poco que por fortuna hubiésemos conquistado.

4. Pero el querer combatir las ilusiones sociales, no nos autoriza a abrigar ilusiones psicológicas. Miremos pues también en esto (como diría Pelegrín Rossi) lo posible y no lo deseable, aun cuando pueda decirse que lo que no es posible, tampoco deberla ser deseable.

Toda vez que en el mundo no todos somos ni podemos ser filósofos, y toda vez que es una verdad positiva que el hombre es un lobo para el otro hombre (el *Homo homini lupus* de Hobbes) resulta que no todos, o por ignorancia o por maldad innata, tenemos plena conciencia de nuestros derechos y de nuestras obligaciones, noción exacta de lo *mío* y de lo *tuyo;* en suma, conciencia del límite. De aquí los conflictos inevitables entre hombre y hombre, como, en una escala más elevada, entre pueblo y pueblo, conflictos que serán tan eternos como la humanidad. Por una parle, en efecto, se encuentra constantemente quien quiere dar menos de lo que debe, por otra quien quiere tener más de lo que tiene derecho a tener; por una parte, la prepotencia del que es fuerte, por otra parte, el atropello del que es débil. He aquí la necesidad lógica y sempiterna del Derecho y de la justicia igualadora, o por mejor decir, proporcionadora, y como consecuencia inmediata, del Estado, del poder público, al cual corresponde hacer cumplir las leyes dictadas en interés común y contrabalancear así las diversas fuerzas en contraste.

¿Qué nace de esto? Que es cosa enteramente superior a la naturaleza humana pretender que del consorcio civilizado desaparezcan para siempre las pretensiones más allá de lo justo, y que desaparezcan también para siempre las luchas que se libran por efecto de esta exageración de pretensiones. Esto sería lo mismo que pretender que los hombres se volviesen ángeles y que la terrible y batalladora *Ciudad terrena* se transformase en paradisíaca y tranquila *Ciudad celeste;* seria pretender lo absurdo.

Todo esto es verdadero e incontrovertible; pero también lo es que cuando la dirección general de una época se encuentra sin necesidad en falso, puede muy bien conducírsela al camino recto. En este caso, una minoría puede permanecer adicta a las viejas ideas, pero a la mayoría se la puede muy bien llevar a nutrirse de otras ideas. La historia de la humanidad está llena de estas grandes desviaciones de ideas. Así al ambiente del paganismo clásico ha sucedido el ambiente del misticismo cristiano; así al ambiente del misticismo cristiano ha sucedido el ambiente del humanismo moderno; así al ambiente caballeresco y guerrero va sucediendo el ambiente civil y pacífico[125]. La misma mente humana es la que inspirándose en todas las condiciones internas y externas de la vida, proclama en las diversas épocas principios totalmente distintos, y de ellos saca su jugo y su sangre la mayor parte de la grey humana, que se deja guiar por los hombres-época que intuyen el porvenir profetizándolo y lo imponen. De este modo, y con igual esperanza de éxito, al ambiente revolucionario que todavía se impone, puede hacerse suceder el ambiente más conforme a la realidad de las cosas sociales, políticas y jurídicas, como en materia de cosmología y antropología al ambiente sagrado y metafísico ha sustituido el ambiente científico y naturalista. Podrán quedar (lo repito), aun en este caso, adoradores de la metafísica política, social y jurídica, pero las mayorías son las que representan el genio de una época.

Precisamente para la constitución de semejante mayoría ha descendido este libro a la batalla campal. En plena luz naturalista, es casi humillante encontrar gente que se propone realizar ideales como los siguientes: «El Estado es la negación de la libertad; mande el que quiera, todos sirven. La autoridad nada crea y lo corrompe todo. Todo Estado, aun democrático, es instrumento de despotismo. El mejor gobierno es el que llega a resultar inútil. Cambiar el sistema político no sirve de nada. Un hombre tiene una espina en el pie; cree aliviarse cambiando de calzado, pero padece lo mismo; la espina es lo que se necesita sacar pronto. El hombre libre en la municipalidad libre, y en la humanidad, nada más que los municipios confederados: he aquí el porvenir». Los mismos anarquistas expresan su programa de este otro modo: «Queremos que a cada uno se le dé la posibilidad de manifestar sus necesidades y los medios de satisfacerlas; en una palabra, que cada uno pueda hacer lo que quiera»[126].

Nos hallamos, como se ve, en la exageración más inaudita del principio de libertad, exageración que si lograse por un momento el predominio, volvería a conducirnos en derechura al estado salvaje, a la época del triunfo de la fuerza bruta. Queriendo destruir el Deber, se destruiría el Derecho; queriendo destruir la jerarquía, se marcharía al encuentro de la esclavitud. A propósito de esta libertad es el caso de repetir una vez más con Tácito:

---

125 Fulvio Cazzaniga, *L'ambiente,* Monografia, Cremona, Tipografía Ronzi e Signori, 1386.

126 Laveleye, *Le socialisme contemporain,* Passim.

*Apud imperitos humanitas vocabatur et par servitutis erat!* He aquí por qué, con el fin de proteger el santo principio de su exceso degenerador y pervertidor, hace falta una obra santa de reacción, demostrando, como se ha intentado demostrar en estas páginas, que la Naturaleza, la Razón y el Derecho quieren el orden, quieren la jerarquía, quieren que el que es capaz domine y el que es incapaz obedezca; quieren que el que es más tenga más, porque sin orden, sin jerarquía y sin proporción entre capacidad y dominio, sería imposible todo organismo, y por consiguiente, sería también imposible el organismo social, la vida social.

5. Es verdad que los movimientos anárquicos pueden sacudir, pero no destruir la trabazón de la sociedad humana, superior a cualquier ataque, a cualquier ruina temporal; pero cuando hemos llegado a ver con claridad la inconsistencia de los motivos que determinan aquellos movimientos, es doloroso, y más que doloroso, humillante, continuar sometiéndose a ellos y asistir al triste espectáculo de esfuerzos tan infantilmente vanos, y sin embargo, tan trágicamente capaces de poner obstáculos al verdadero progreso intelectual, moral, civil, político y económico de la humanidad.

# APÉNDICE
# POR EL DERECHO DEL MÁS FUERTE

## POLÉMICA CON LA «CRITICA SOCIALE»

*Jus est realis ac personalis hominis ad hominem proportio: quae, servata, societatem servai; et corrupta, corrumpit.*

DANTE

## PREFACIO

Al publicar *El Derecho del más fuerte,* no abrigué la ilusión de que este libro pasase entre las caricias más aterciopeladas del mundo. Sabía muy bien que no había anunciado cosas muy alegres (razón por la cual alguien, cortésmente, me ha atribuido valor) y por esto estaba plenamente convencido de que al pasar le aguardarían ásperas luchas.

No diré que a sus páginas no haya llegado alguna caricia en Italia y fuera de ella: sería un ingrato si tal dijese. Muchas han logrado, superiores quizá a su mérito. Básteme recordar a este propósito que Claudio Janet, en el *Polgbiblian* (mayo 1891) llamó a *El Derecho del más fuerte* «una de las mejores producciones de ciencia social y jurídica hechas según el método naturalista». Juan Boglietti escribió en la *Rassegna di scienze sociali e politiche* (1.° abril de 1891): «Ningún libro podría ser más oportuno que el de Cimbali en un tiempo como el nuestro, en que la agitación de las pasiones populares, no refrenadas o francamente alentadas por una ciencia insegura y falsa, desacredita todas las instituciones sociales existentes». El profesor Enrique Morselli, en su Curso libre de Sociología criminal y Psicología forense, profesado en la Universidad de Génova, hace de mi libro materia de una lección, cuyo sumario es el siguiente: «La capacidad civil y los intereses individuales, familiares y colectivos. — Fundamento psico-sociológico de la capacidad; teorías de Cimbali sobre el derecho del más fuerte (del más capaz)»[127]. No ha fallado después quien haya hecho un amplio comentario de *El Derecho del más fuerte,* y con palabras que mi modestia no me permite repetir[128]. Recordaré por último que, con profunda complacencia mía, (complacencia nacida de sentir plenamente comprendido mi pensamiento),

127 *Programma del Corso libero di Sociologia criminale e di Psicologia forense* del profesor Enrico Morselli, Milano, fratelli Dumolard, editori, 1891, par. 8.

128 Enrico Piccione, *Leggi biologiche e leggi giuridiche in rapporto atta questione sociale.* Roma. Tipografia Forzarli y C.ª, 1892.

un docto crítico alemán escribió en la *Zeitschrift für philosophie* (1892), que *El Derecho del más fuerte* es «una explicación naturalista del sistema social», añadiendo estas lisonjeras expresiones de orden más general: «Es satisfactorio el hecho de que, en Italia, se reconozca y demuestre elocuentemente, como en este caso, toda la falsedad del modo francés de considerar las cosas sociales y jurídicas, que en muchos ambientes todavía deja sentir sus efectos». Recordaré otra buena acogida dispensada a mi libro. Al día siguiente de los dolorosos hechos sucedidos en Roma el 1.° de mayo de 1891, el profesor Lorenzo Meucci, el único según creo que continúa entre los romanos la genuina tradición jurídica del país y con el cual tenía el placer de pasear por la Via Nazionale) me dijo, comentando mi libro con los desórdenes ocurridos el día anterior: —Vuestro libro merecería ser impreso a expensas del tesoro público y difundido a miles de ejemplares. —Ya se comprenderá que ninguna mayor recompensa podía desear a mi obra[129].

He aquí ahora el reverso de la medalla. El profesor Ercole Vidari, primero en el *Filangieri* (enero de 1891) y después en la *Legge* (12 de marzo de1891), después de haberme acusado «de aceptar y deificar el derecho del más fuerte en el sentido más incivilizado y brutal», y después de decir que yo «me fijo más en el éxito que en los factores del éxito», califica a mi libro de «libro peligroso». Rouxel, en el *Journal des Economistes* (agosto 1891) da una carga a fondo contra mi libro, diciendo que «*El Derecho del más fuerte* propone como maestro la zorra en lugar del león». El Sr. Miguel Ángel Vaccaro, en un artículo autolaudatorio publicado en *La Tribuna* a propósito de un inocentísimo trabajo suyo, *La lotta per l'esistenza e i suoi effetti nell'umanità,* me expone francamente al odio y a las venganzas populares calificando mi libro de «antidemocrático».

Pero no se han detenido aquí los rayos fulminados contra mí. Como era inevitable, caí entre las garras de la *Critica Sociale,* el órgano magno del socialismo anárquico italiano. No uno, sino dos adversarios me asaltaron, juntos y muchas veces, o sea, el abogado Adolfo Zerboglio y el abogado Felipe Turati, colaborador el primero, director el segundo de dicho periódico.

---

129 Recuerdo, por deber de gratitud, las indicaciones benévolas hechas sobre mi libro por Escipión Sighele en el *Archivio de psichiatria* (fasc. 1-2 de 1891); por Fernando Puglia en la *Scuola positiva di diritto penale* (10 de junio de 1891); por José Rossi en *la Rivista Italiana di Filosofia* (Julio-Agosto 1891); por Juan Marchesini en el *Pensiero Italiano* (Septiembre 1892) y por Manuel Carnevale en la *Rivista di giurisprudenza* (fasc. 3 y 4, 1892).

Procuré defenderme, y en honor a la verdad debo decir que encontré en el campo enemigo, no solo plena hospitalidad, sino también, entre estocada y estocada, seducciones de sirena. Hasta combatiéndoseme, se rindió homenaje a mi «firme puño» y a mi «sólido corazón», y en los términos más obsequiosos, se me invitó a sallar el foso, sin ocultarme que de este modo habría pasado al número de los héroes. Turati escribe efectivamente por lo que a mi toca:

«Deseamos que Cimbali se separe de ese hato de eunucos. Tiene firme el puño y sólido el corazón: abra pues todas sus puertas a la verdad humanitaria, que es la opuesta a la verdad que halaga a las clases dominantes, y si alguna resiste tenazmente, que la rompa. Perderá la cátedra de un ateneo, pero habrá tanteado las gradas de la tribuna de donde salen los fatídicos apostolados que aceleran la historia». (*Critica Sociale,*. 20 de agosto de 1891).

Por otra parte, el asunto de la polémica era de los más candentes, y no es de extrañar por consiguiente que la principal lucha, que se desarrolló durante el verano de 1891, haya traído cola en el invierno de 1893. En esta última fase me combatió un nuevo adversario: Lucio.

Ahora recojo esta polémica en las páginas que siguen. Espero que demostrará a los hombres de buena voluntad que el socialismo utópico y anárquico, plaga del tiempo presente contra la cual he luchado con el *derecho del más fuerte,* se equivoca adrede, balbucea y no sabe cómo defenderse cuando se le pone entre la espada y la pared, y que confundido y vencido ante el tribunal de la razón, trata de rehacerse a despecho de ella hundiéndose en la más obscura brutalidad. Así, según un proverbio clásico, por el gusto de sostenerse a toda costa en las exageraciones más absurdas, destruye hasta su derecho a la existencia.

*Et propter vitam vivendi perdere causas.*

Desde este punto de vista, la polémica será instructiva y tendrá su parte de utilidad: por esto precisamente vuelvo a publicarla.

Roma, diciembre de 1893.

GIUSEPPE CIMBALI

# I

## El triunfo del más fuerte en la vida social

**(De la *Critica Sociale,* de 10 de Julio de 1891)**

Esta vez dejaré las Revistas para fijarme en un libro; y este libro será el *Derecho del más fuerte,* de G. Cimbali.

¿El derecho del más fuerte? ¿Y qué se propone tratar el autor y probar con un título tan crudo?

La respuesta será breve, porque, en conclusión, la tesis de Cimbali no es sino la siguiente: que en la sociedad triunfan los mejores, a los cuales debe garantir y tutelar el derecho, como garantiza y tutela, el predominio que ya tienen por naturaleza[130].

Y al hacer esto, el derecho no viola el principio de la igualdad jurídica de todos los hombres entre si, en cuanto a ninguno da preferencia, independientemente del valor que tiene, limitándose a asegurar tan solo el desenvolvimiento de la actividad de cada uno conforme a su capacidad.

Sentada esta idea, el autor la aplica a todos los ramos de la vida co-asociada y estudia en consecuencia los efectos jurídicos de las varias capacidades humanas, física, intelectual, moral, económica y así sucesivamente.

Muy claros y muy llanos, no pocas veces muy sencillos, los argumentos de que se vale Cimbali parecen tener a veces un singular vigor de persuasión. Sin embargo, si lo que afirma este libro es verdad en abstracto, en la realidad de las cosas, es, a mi juicio, falso las más de las veces.

Sin entrar en detalles y deteniéndome en el fundamento de la obra, siento que está plagado de errores, puesto que afirmar que en la sociedad

---

130 Y si lo tienen por naturaleza, ¿á qué la garantía social? El «más fuerte» pidiendo tutela: ¡qué confesión de debilidad! – (NOTA DE LA DIRECCIÓN).

vence siempre o casi siempre el más fuerte, es afirmar una cosa desmentida por la práctica diaria. Ciertamente que tampoco es exacto lo contrario, es decir, que los vencedores sean los ineptos y los para poco; pero es indiscutible para mí que las excepciones al primer aserto son tantas que con frecuencia hacen sospechar si son ellas la regla general.

En su hermoso libro *La lucha por la existencia y sus efectos en la humanidad*[131], Vaccaro ha combatido seria y rudamente a los sostenedores del darwinismo social, y aconsejo a cuantos quieran convencerse de la inexactitud de la teoría de Cimbali que recurran a aquellas páginas.

Aquí, me basta llamar la atención del lector sobre las razones más patentes que militan en mi favor. El más fuerte, digo yo, implica ante todo la necesidad de saber de qué fuerza se habla: ¿la física? ¿la moral? ¿la intelectual? Ahora bien, entre estos varios aspectos del criterio de fuerza, hay tales enlaces y tales interferencias, que hacen perder toda probabilidad de una determinación precisa de los caracteres que constituyen con toda exactitud el más fuerte.

Ante la humanidad tomada en conjunto, continúa pues siendo bastante dudosa la modalidad de la supremacía de los mejores. El más robusto puede ser el más estúpido; el más genial, el más débil; el más hermoso, el más malo; el más honrado, el más feo, etc., etc.

Pero dejando esto aparte para no extenderme excesivamente, ¿acaso se cumple el predominio del más idóneo en cada uno de los casilleros, por llamarles así, de las aptitudes humanas? ¿En el campo físico, son los bien conformados los que por término medio sobreviven y se reproducen? Potencialmente si, estos son los predestinados a vencer y perpetuarse; pero por efecto de un cúmulo de circunstancias, en los hechos sucede una cosa muy diferente: las quintas y la guerra por sí solas hacen vana lo que sería sin embargo una inexorable ley natural. Se ha repetido hasta la saciedad que las guerras napoleónicas llegaron hasta a rebajar la talla media del pueblo francés.

¿Y en la esfera intelectual? Si bien es verdad que los individuos extraordinarios logran en su mayor parte salir a flote, bajando algunos peldaños nos encontramos en medio de una multitud en la cual sobresalen a bandadas las medianías en comparación con los talentos.

---

131 Traducción española de S. Valentí Camp y P. Umbert, que forma el vol. V de la *Biblioteca moderna de ciencias sociales.* (N. del T.)

Juan es un hombre de gran talento, pero también de carácter inflexible, que no tolera las transacciones, y esta segunda cualidad le pone en condiciones desfavorables respecto de Pablo, que tiene menor inteligencia pero también menor carácter. Dos factores negativos, indicio de inferioridad, contribuyen a producir una selección del peor.

Al exponer este caso ideal, todos ven que no he hecho más que abstractar lo que se concreta en la existencia de cada día. Además, invirtiendo semejante caso, por desgracia frecuentísimo, y llevando la cuestión al terreno moral, nos revela que también en este el triunfo del mejor a menudo no es otra cosa que un piadoso deseo.

Y en las industrias, en los comercios, en la política, ¿quién se atrevería sin avergonzarse de su ingenuidad a sostener el principio por mí combatido? La suerte enriquece a la mayor parte de los industriales y de los comerciantes, a despecho de su ignorancia o de su falta de probidad; y cuando la suerte no les favorece, el que es previsor, ingenioso, pero leal, pierde en comparación con el que es desleal, explicándose así el secreto de los asnos cargados de oro y de los ladrones con guantes amarillos.

No tocaré a la política, porque aun cuando en los parlamentos hay grandes inteligencias y maravillosos caracteres, las ocho décimas partes son pigmeos del intelecto y de la conciencia, que para honor de la humanidad no representan ciertamente el fruto de una selección de los mejores.

Podría continuar y continuar largo rato, porque no hay tema más fácil que el mío; pero como dada la dirección de la discusión cada cual se halla en estado de encontrar por sí solo los elementos de una refutación, terminaré haciendo constar con disgusto que a la Biblia, a la ley, a la historia y a Dante, se ha juntado el darwinismo, al cual se hace decir y demostrar todo lo que se sueña y todo lo que se quiere.

ADOLFO ZERBOGLIO

## II

### Por el Derecho del más fuerte

**(De la *Critica Sociale,* de 31 de julio de 1891.)**

Del señor G. Cimbali, director del periódico jurídico *Lo Spedalieri,* recibimos la carta siguiente:

Roma 20 Julio.

Egregio señor Director:

En el último número de la *Critica Sociale,* encuentro un artículo del abogado Adolfo Zerboglio sobre mi *Derecho del más fuerte.*

Gustándome como me gusta (en interés de la ciencia y de la utilidad práctica, que siempre me propongo lograr con mis escritos) ser, más bien que alabado, discutido, quizá nada tendría que responder a Zerboglio si hubiese sostenido una discusión seria sobre el contenido real y verdadero de mi último libro. La cosa sin embargo ha ido de otro modo. Olvidando lo que yo digo, Zerboglio se desahoga refutando con mucha facilidad lo que no solo no digo, sino que no podía decir ni diré jamás. De aquí la necesidad de una breve respuesta mía.

Zerboglio escribe:

«Sin entrar en detalles y deteniéndome *en el fondo de la obra,* siento que está plagada de errores, *puesto que afirmar que en la sociedad vence siempre o casi siempre el más fuerte, es afirmar una cosa desmentida por la práctica cotidiana. Ciertamente que tampoco es exacto lo contrario, es decir, que los victoriosos sean los ineptos y los haraganes; pero para mi es indiscutible que las excepciones a la primera afirmación son tantas, que hacen dudar no pocas veces si son la regla.*»

¿Cuál es por lo contrario el «fondo» de lo que Zerboglio ha llamado amablemente mi «obra» y que yo había titulado modestamente «Ensayo»? Es simplemente el siguiente: que en la sociedad todos tenemos capacidades de hacer diferentes (capacidad intelectual, moral, económica, política) y que el derecho, órgano del Estado tutor, ha de garantir las diversas condiciones sociales efecto de las diversas capacidades. Los que ocupan en el mundo situaciones espléndidas *(materiales o morales)* son naturalmente los más capaces, los mejores, y, por consiguiente, estos disfrutan derechos más amplios.

Ahora (esté Zerboglio bien atento) cuando hablo de los más capaces y de las posiciones sociales mejores, entiendo hablar sin duda alguna de los que *verdaderamente* son los más capaces y de las posiciones *legítimamente* adquiridas.

Desgraciadamente (lo sé por experiencia y se ve a cada momento) la *corrupción* lleva *inmerecidamente* a muchos hacia arriba, pero esto nada quita al principio que quiere todo lo contrario. En efecto, si la justicia humana tuviese en sus manos los documentos de la *ilegitimidad* de estas innumerables ascensiones y encontrase sacerdotes inexorables, las derribaría sin piedad. Zerboglio me enseña que, desde que el mundo os mundo, las leyes se han hecho exprofeso para impedir y castigar a un tiempo las usurpaciones indebidas.

Por lo demás, si escapa al castigo de la ley el que por corrupción goza de situaciones que no merece, es víctima siempre del juicio moral de sus semejantes, y por fortuna, este juicio es más terrible de lo que pueda imaginarse.

También Vidari, partiendo del falso supuesto de Zerboglio, me acusó de alabador a toda costa del éxito. Por lo contrario, yo miro los medios con que se llega a este éxito; y si los medios son rectos, justifico aquel éxito en nombre del derecho; pero si se ha logrado con malas artes, protesto y pido amplia venganza siempre en nombre del derecho.

¿Tiene algo que decir sobre esto Zerboglio? Este es el punto.

Esta rectificación me importa tanto más cuanto que Zerboglio, si no hubiese tomado la dirección que deploro, se habría juntado incondicionalmente al coro de mis más exagerados alabadores.

En efecto, Zerboglio escribe de mi libro:

«En abstracto, lo que afirma este libro es verdad». Y aún más: «Muy claros y llanos, y no pocas veces muy sencillos, los argumentos de que se sirve Cimbali *parecen tener a veces singular vigor de persuasión.*»

Y ahora, una observación para usted, señor Director.

En una nota al artículo de Zerboglio, escribe usted:

«Y si los más capaces lo tienen (el predominio) por naturaleza, ¿para qué la garantía social? El «más fuerte» pidiendo tutela: ¡qué confesión de debilidad!»

Sin hacer doctrina, responderé con un ejemplo. Figurémonos por un momento (y lo deseo con toda mi alma) que la *Critica Sociale,* siendo el mejor o sea «el más fuerte» órgano del socialismo, adquiera un ascendiente tal que le proporcione cien mil suscripciones, y que costando la suscripción anual diez liras, gane usted un millón al año. Sea que este millón anual lo guardase usted en su caja de caudales, sea que lo invirtiese en bienes muebles o inmuebles, usted, aunque socialista convencido, con seguridad no permitiría que se lo robasen. Además, para quedar plenamente garantido en el goce de su propiedad *legítimamente* adquirida, usted, en su concepto de ciudadano, no puede contar más que con la tutela del poder público. Pues bien: al hacer esto, usted, tan «fuerte» o sea «tan capaz» de ganar un millón al año con la publicación de la *Critica Saciale,* no confesaría su «debilidad»: ejercería simplemente su derecho de contribuyente, puesto que en la sociedad civilizada, el Estado es tutor de todos, sean fuertes sean débiles, de los unos con su mucho y de los otros con su poco.

Créame usted, su afectísimo

GIUSEPPE CIMBALI.

Y ahora tiene la palabra nuestro amigo Adolfo Zerboglio:

«No a la ventura escribí que en su «Ensayo» el señor Cimbali da muestras de creer que en la sociedad triunfan los mejores. Esta idea salta a cada paso, y se diría que forma la preocupación constante del pensamiento del autor.

En efecto, dice: «Por esto es verdad en absoluto que el mundo social y humano (como todos los demás mundos vivientes) está dominado por los mejores; por esto los peores están como condenados a una servidumbre eterna.»

Y más adelante: «En general, cada uno, hasta desde el punto de vista intelectual, tiene en el mundo la posición que merece, y raras veces sucede lo contrario; en tal caso, la excepción tan solo puede confirmar la regla general.»

Finalmente, añade, el padre de las ciencias modernas, Darwin, establece de un modo definitivo que en la eterna lucha por la existencia, la victoria no puede sonreír sino a los más fuertes.»

Pero hay más. En la misma respuesta que precede a esta réplica, cualquiera ve que Cimbali sostiene la misma tesis que quisiera negar. Dice en efecto: «Los que tienen en el mundo situaciones espléndidas *(materiales o morales)* son naturalmente los más capaces, los mejores.»

No es posible refutarse a sí propio de un modo más terminante. Pero Cimbali llama mi atención sobre el hecho de que entiende hablar de los *verdaderamente* capaces, de las situaciones *legítimamente* adquiridas.

Observaré ante todo que si tales son sus intenciones íntimas, por desgracia no se manifiestan suficientemente en su «Ensayo», y las citas que acabo de hacer bastan para demostrarlo.

Por otra parte, para una persona que se declara amante de la *utilidad práctica,* es más bien extraña esta escapatoria al mundo de los imposibles, representado por la dificultad casi insuperable de fijar cuándo se es *verdaderamente* capaz, y cuándo las posiciones adquiridas lo han sido *legítimamente.*

No me preocupa el llamamiento a la opinión pública subsanadora de los errores de la ley, porque *en la práctica* tiene, para bien del individuo, el mismo valor que las necrologías laudatorias para aquellos a quienes se ha combatido sin tregua y sin piedad mientras vivieron.

Demostrado por consiguiente que Cimbali defiende en realidad la tesis del triunfo del más fuerte, resulta natural mi afirmación de que el fondo principal de su Ensayo es más bien el indicado por mí que el indicado por él.

Si Cimbali se hubiese contentado con sostener en abstracto que el derecho ha de garantir... etcétera, etc., entonces estaríamos de acuerdo; pero puesto que se complace en llevar la cuestión al terreno de la vida real, yo digo en virtud del positivismo que sigo, que esta segunda parte ha tomado la delantera a la otra, de índole completamente teórica.

En coherencia con esta convicción mía, he escrito en el artículo recriminado: «En abstracto, lo que afirma este libro es verdad.» Pero ya me apremia la necesidad de acabar, y termino con una nota a una frase incidental de Cimbali.

Zerboglio me enseña, dice este, que desde que el mundo es mundo, las leyes se han hecho precisamente para impedir y castigar a la vez las usurpaciones indebidas».

Pues bien: yo no enseño nada; pero si enseñase algo, sería que con muchísima frecuencia, la ley ha sido y es verdaderamente la tutora más rígida de las usurpaciones indebidas.»

En cuanto a nosotros, es decir, en cuanto al argumento *ad hominem* que nos ha lanzado el señor Cimbali, le damos las gracias por un deseo cuyo cumplimiento nos permitiría destinar un millón anual a la supresión del falso derecho del más fuerte que triunfa en el régimen social de nuestros días.

Entre tanto y mientras maduran las habas, le oponemos la reflexión siguiente:

Dado que el director de la *Critica Sociale,* convertido en rey Midas, pudiese *legítimamente* embolsarse e invertir en renta pública en provecho suyo aquellos ochavos, a cambio de dar parte en ellos a los colaboradores y de reducir los precios de suscripción al limite mínimo, la consecuencia sería la siguiente: que pediría a los poderes públicos, no ya una protección para *adquirir,* sino únicamente para *no perder* lo que con sus solas fuerzas y sin protección legal particular, habría adquirido legítimamente.

Es evidente que los dos momentos, los dos fenómenos, son completamente diferentes. El que pide protección y privilegios en la lucha económica, confiesa con esto, lo repetimos, su debilidad: confiesa que su fuerza era un pretexto (dígase también un fraude) y que se vale de un artificio. Pero cuando se trata de conservar una adquisición legítima, el ciudadano que invoca para esto la reciproca tutela de los coasociados, no hace más que apelar a la condición elemental de cualquier sociedad. Yo puedo muy bien ser (se dice para razonar) más fuerte que un competidor para defender en mi periódico con la pluma en la mano la justicia y el derecho; no por esto me arrogo el ser igualmente fuerte (ninguna humillación me causa el confesarlo) para protegerme a mí mismo de las impreveibles asechanzas de los ladrones y de los canallas; antes bien, si en tan divertida ocupación hubiese de consumir lo mejor de mi tiempo, me volvería débil por cualquier otro lado y el periódico dejaría de publicarse.

La comparación del señor Cimbali tendría virtualidad para ponerme en contradicción si para proporcionarme el millón o hasta para conservar su vida tan solo, pidiese para la *Critica Sociale* (como se hace con la pluralidad de sus hermanas) una subvención del Estado, o, lo que viene a ser lo mismo, la suscripción de todas las oficinas y bibliotecas del Reino. Esta idea no se me ha ocurrido todavía, y tengo una vaga sospecha de que si se me ocurriese, sería en vano.

Ahora bien, este es el único sentido en que merece ser discutida la cuestión del derecho del más fuerte y de la protección que obtiene.

En la sociedad capitalista, el *capital* es más fuerte que el *trabajo* (y por esto lo exprime, lo trabaja, quiere verlo falto de toda protección), pero el *capitalista* no es más fuerte, física ni moralmente, que el *obrero,* si no en cuanto es capitalista. El capitalista es fuerte por la sangre que gracias al monopolio del capital ha chupado en las venas del obrero mercenario en forma de exceso de trabajo no pagado; es fuerte por las bayonetas que el monopolio del capital y la consiguiente inconciencia de las míseras plebes, le permiten confiar a otros obreros con la consigna de dirigirlas contra el pecho de sus propios hermanos de desventura, al primer indicio, aun remoto, de veleidades reivindicadoras. Es fuerte con los sofismas y los servicios de una pandilla de abogados, de magistrados, de tenedores de libros, de profesionistas de todas clases, atraídos, sin darse cuenta de ello, como la mariposa hacia la luz, por el brillo de aquel metal de que le ha hecho detentador y dispensador el artificio capitalista. Acerca de los componentes y los orígenes de esta «fuerza» de los más fuertes de hoy, hay un pasaje espléndido en aquella conferencia de Mozzoni sobre la *Organización de los obreros,* que en este y en otros fascículos nuestros no nos cansamos de recomendar.

Esta es la fuerza, que es *la fuerza de los otros* (como es *de los otros* su riqueza, como es *de los otros,* en abstracto, su propiedad) que el capitalista, ya protegido por el capital, pide a la ley, y del Estado protecciones siempre nuevas y más sólidas. Y las obtiene, porque el Estado, y por consiguiente la ley, no son más que la obra y el producto de la conjura de los que son más fuertes. ¿Cómo no? ¿Quién puede concebir ni cómo que la ley la dicte el débil, el desposeído? Y con la ley está la opinión (infiltrada artificialmente hasta en los sometidos), de las clases sometedoras y directivas. Ambos testimonios, opinión y ley, como imágenes reverberadas por espejos, no forman más que uno.

Hoy, el más fuerte obtiene protecciones especiales. Dejará de obtenerlas así que los supuestos débiles, conscientes de su fuerza latente, de la que ceden al capital y de la que les da la asociación, empiecen a ponerla en juego, a hacerla valer en la dinámica social. El bruto, con una elevación de conciencia, se vuelve hombre; el obrero se convierte en ciudadano. El proceso empieza bajo un aspecto económico y después, apenas queda un poco vigorizado, toma carácter político. La revolución puede efectuarse sin sacudidas, sin atentados a la ley, toda vez que esta sigue a la fuerza que *deviene,* y hasta no es más que expresión de la misma fuerza.

Confesamos que no acertamos a comprender qué concepto se forja del *derecho* nuestro egregio contradictor. Casi hace de él un principio religioso, que se impone por revelación divina fuera de las conciencias. Este derecho solo es fuerte en Arcadia, país soñado por los poetas y no encontrado por los juristas ni en Grecia ni en otras partes. Nosotros reconocemos (en la realidad de las cosas) un derecho capitalista que, por efecto de la evolución, va perdiendo vigor cada vez, y vemos en frente un derecho de los obreros que cada día lo adquiere mayor. El contraste no se produce en los solitarios Olimpos del pensamiento, sino en el terreno candente de los hechos y de la vida: la arena es una edad de la historia.

Cuando el derecho del capitalista cede el campo al derecho del obrero, se instaura un nuevo y más elevado derecho, triunfa el *verdadero* derecho del más fuerte; pero «el más fuerte» es la Humanidad.

Felipe Turati.

## III

### Otra, vez por el Derecho del más fuerte
### (De la *Critica Sociale,* de 20 de agosto de 1891)

Replica el señor Cimbali, director de *Lo Spedalieri:*

Roma 9 de agosto 1891.

Egregio señor Director:

Me permito pedirle de nuevo la palabra (y esperó que por última vez), para responder, lo más sucintamente que pueda, a las observaciones hechas por Zerboglio y por V. sobre la carta que escribí en Julio pasado en defensa de mi *Derecho del más fuerte.* Con este libro creo haber puesto honradamente el dedo en la llaga, y ninguna discusión que sobre él se sostenga resultará inútil para el interés común, que es en definitiva el mayor bien de nuestros semejantes.

Me place infinito que Zerboglio vuelva a declarar «que, en abstracto, lo que afirma mi libro es verdad»; pero añade que mi principio, aplicado al terreno práctico, no se sostiene. Como se ve, mi valiente adversario y yo tenemos algo común, y por esto precisamente conviene discutir ese poco, pudiendo alimentarse en este singular caso la esperanza de acabar por estar de acuerdo después de alguna explicación.

Ante todo, le haré observar que la verdad es una, y que si lo que se dice es verdad en teoría, ha de serlo también en la práctica que constituye la prueba sensible de la teoría. Un principio verdadero en teoría y absurdo en la práctica, si bien se mira, ni siquiera en teoría es verdadero. Sentado esto, se infiere de ello que si el principio fundamental de mi libro es, aun en opinión de Zerboglio, verdadero, no sé ver por qué no deba serlo también en la práctica, en la práctica de este mundo social y humano.

¿Qué se trata de un *partipris,* de un prejuicio? Efectivamente, Zerboglio (cuyo sentido jurídico no podía ser tan rebelde que negase la evidencia de mi principio) no podría en vigor, aun queriendo, aceptar todas las consecuencias que de él se sacan, porque si tal hiciese, ya no podría asociarse a los ideales (honrados y generosos sí, pero irrealizables en su mayor parte) de la *Critica Sociale.* Este aprieto de mi adversario se hace traición con la mayor evidencia en el hecho de que para no aceptar las consecuencias del principio que acepta, y que proclama «verdadero», se sirve para probarlo de argumentaciones bien frágiles, y me atrevo a añadir injustas.

Zerboglio se obstina en creer falsamente que al sostener el mayor derecho del más fuerte o más capaz, yo soy sin más ni más un adorador, hasta un justificador del éxito, y que soy por consiguiente un instrumento más o monos inconsciente de las más feroces injusticias humanas. Ya le he respondido que hablo de los *verdaderamente fuertes o capaces,* y de *posiciones legítimamente adquiridas;* le he hablado hasta de *venganza judicial* para los casos de *usurpaciones indebidas,* pero él con la mayor desenvoltura me responde a su vez «que si tales son mis intenciones, no se manifiestan lo suficiente en mi libro».

Este es el verdadero nudo de la cuestión, y en él he de insistir, tanto más cuanto que mi adversario, con las palabras citadas, confiesa implícitamente que se daría por vencido en todo con tal que yo demostrase que estas óptimas intenciones «se manifiestan lo suficiente en mi libro».

Inmediatamente le haré observar a este propósito que al hablar del *derecho del más fuerte o más capaz,* no podía referirme más que a la *fuerza* en cuanto *justa,* a la *capacidad* en cuanto *legítima.* Sé muy bien que el título escogido para mi libro recuerda una máxima brutal: *la fuerza aplasta el derecho;* pero prescindiendo de que si bien el título de mi libro recuerda semejante feroz máxima, no la presupone incondicionalmente, es deber de la crítica juzgar después de haber leído, y al leer, se ve que estoy muy lejos de hacerme paladín de ideas medioevales. Por otra parte, este severo título no lo escogí al azar. Para mí representaba y representa muy bien la posición que quería adoptar en el contraste de las teorías sociales de mi tiempo, y especialmente en el contraste de las dos más marcadas: por una parte, de la que inspirándose ciegamente en las doctrinas darwinianas, afirma que no hay derecho por estar este aplastado por la fuerza; por otra parte, de la que prescindiendo de cualquier necesidad real de la existencia, no solo cree en el derecho, sino que tiene por él un culto tan supersticioso, que cree que puede bajar a los naturalmente fuertes al nivel de los naturalmente débiles, o elevar a estos al nivel de aquéllos. En resumen, conciliar o hacer ver que pueden conciliarse para la paz social las necesidades reales de la existencia tales como han venido resultando de la observación de la ciencia naturalista moderna, con los dictados eternos del derecho: he aquí lo que a mi juicio había que hacer con provecho para todos, y lo que he tratado modestamente de hacer con mi libro.

Basta dirigir una ojeada al índice para ver que esto es lo que en realidad he hecho. Empiezo por establecer que la vida social, como la vida fisiológica, presupone el organismo, y que este se funda esencialmente en la jerarquía de los miembros que lo componen. La jerarquía no se constituye arbitrariamente; en la jerarquía social, cada uno ocupa el lugar que merece, el lugar que le consiente su *fuerza o capacidad.* Y esta ley según la cual se establece la jerarquía social, es justa, en cuanto nadie tiene derecho a tener más de lo que da: de ahí las relaciones necesarias entre la jerarquía, la capacidad y el derecho. Pero la capacidad humana es de muchas especies: *física, intelectual, moral, económica, civil y política.* Todos los hombres poseen una o más especies de esta capacidad en diversos grados, y de ahí la necesidad de proporcionar la garantía jurídica a las varias capacidades o a los varios grados de una misma capacidad. Este trabajo de proporcionamiento matemático, lo he hecho en seis capítulos bastante largos en los cuales he tratado respectivamente de los *efectos jurídicos de la capacidad física, de la capacidad intelectual, moral, económica, civil* y *política.* Por último, en un capítulo resumen (titulado *El mayor derecho del más capaz o del más fuerte),* he sostenido, a modo de conclusión general, que aun habiendo de estar todos, fuertes y débiles, más y menos capaces, garantidos por el derecho, los más fuertes o más capaces han de estar garantidos igualmente en los efectos de esta mayor fuerza o capacidad suya. De modo que estando en la naturaleza todas estas diversas capacidades o fuerzas, y en consecuencia tantas gradaciones o desigualdades sociales, estas se hallan completamente sancionadas por el derecho. Es cuestión de proporción matemática: nada más.

Por lo tanto, si en el *maremagnum* de estas discusiones adelanto constantemente con la antorcha del derecho en la mano, ¿cómo puede decir Zerboglio que «esto está simplemente en mis intenciones y que no se manifiesta lo bastante en mi libro?» Comprendo muy bien que las inexorables consecuencias de mi principio y mis argumentaciones (que al decir del mismo Zerboglio, *parecen tener un vigor singular de persuasión)* hacen caer en la vanidad de las ilusiones más infantiles muchos que parecen graves problemas fundamentales, y deshinchan las vejiguillas de todos los ideales igualitarios, socialistas y comunistas, pero yo nada puedo hacerle: solo pido en nombre de la lógica que el que quiera negar mis consecuencias niegue también mi principio, o que, aceptándose el principio, se acepten también en santa paz las consecuencias que de él derivan. De aquí no se sale.

Para resumir, diré que defiendo en nombre del derecho solamente los privilegios naturales, y que en nombre del derecho mismo protesto contra todo privilegio legal. Pero, para ser consecuente también en esto, así como no debemos permitir privilegios legales para hacer más fuertes a los que ya lo son, así no debemos permitirlos tampoco para hacer fuertes a los débiles. La garantía del derecho debe extenderse hasta donde se extiende la fuerza o la capacidad legítima de cada uno, hasta donde se extienden los efectos legítimos de esta fuerza o capacidad. Es preciso que fuertes y débiles se queden con sus recursos naturales. He aquí por qué decía en mi libro que ni el derecho ni el Estado (que es el órgano fundamental del derecho) pueden vencer la naturaleza de las cosas y prestarse a las fantasías palingenésicas de humanitarios abstractos.

Zerhoglio me lanza, a modo de rayo final, la sentencia siguiente: «Con mucha frecuencia la ley es verdaderamente la tutora más rígida de indebidas usurpaciones.»

No lo niego; pero Zerhoglio sabe muy bien que en el mundo no impera siempre una misma ley, y que cuando una ley, a despecho de su misión de verbo del derecho se manifiesta «Autora de usurpaciones indebidas», tenemos, especialmente en estos tiempos de gloriosa democracia, toda clase de medios, incluso las revoluciones, para echarla patas arriba y hacer mil otras leyes que respondan mejor a su fin. Pero también en este punto todo está en no tomar por «usurpaciones» lo que son verdaderos derechos, y en la mente virgen de cultura jurídica de los socialistas exaltados, esta confusión es frecuente.

Y ahora dejo a Zerhoglio y llego a V., egregio Director.

Ante todo, le diré que le envío mi libro porque deseo que lo favorezca con su atención y que se forme una idea cualquiera de él *de primera mano,* no por conducto de lo que otros o yo mismo escribamos en su periódico. ¡Quién sabe si así llegaré a conquistar en cierto modo su asentimiento! Por lo menos, ya no pensará V. sin razón que yo atribuyo derechos tan solo a los fuertes y los niego a los débiles, siendo así que el objetivo práctico de mi libro es hacer ver, en tiempos de desatinados y funestos odios sociales, que unos y otros tienen derechos sagrados, y que esto no obstante, el sentido de la justicia no queda agraviada por el hecho de las diversas gradaciones o desigualdades sociales.

Añadiré además que al responder a mi argumento *ad hominem,* se ha extraviado V. en su raciocinio. Rehuyendo tomar en consideración el caso ofensivo en que llegase V. a ser millonario con la publicación de la *Critica Saciale* usando malas artes, yo solo había tomado en cuenta (y me bastaba) aquel en que lograse V. el mismo fin *legítimamente,* y afirmaba que al invocar la protección del Estado «para no perder lo que con sus solas fuerzas o sin particular protección legal hubiese adquirido legítimamente», usted, «fuerte», más bien que confesar su propia debilidad, no hubiera hecho sino servirse de un derecho común a todos los contribuyentes. Esto es innegable, pero V., para no darse por vencido, vira de bordo e insiste en el caso de las *adquisiciones ilegitimas,* hundiendo puertas abiertas porque dice cosas que yo mismo, no solamente profeso, sino que como hombre y como jurista debo profesar.

De todos modos, repito que tampoco yo admito privilegios legales, o sea «usurpaciones legales» en favor de nadie, ni de los débiles ni de los fuertes, y ahí está mi libro para demostrarlo. Lo que necesitamos todos, fuertes y débiles, es lo siguiente: garantía y tutela jurídica de nuestras personas, de lo que legítimamente poseemos y de lo que legítimamente producimos. Será fuerte el capitalista y débil el operario; pero el derecho, que garantiza como he dicho a fuertes y débiles, ha de garantir igualmente el salario del operario y el capital del capitalista. Hablar de *ocaso* del derecho del capitalista y de *aurora* del derecho del obrero, es absurdo: ambos son sagrados y se encuentran por tanto en perpetuo mediodía. Si el uno se afirmase ilegítimamente sobre las ruinas del otro, habría expoliación de una parte y enriquecimiento indebido de otra. Es verdad que el capitalista puede quebrar por no saber dirigir sus negocios (y abundan ejemplos de esto) y quedar reducido a la condición de simple obrero; como puedo el simple obrero (y también abundan los ejemplos de ello) elevarse con sus ahorros y su industria a la categoría de capitalista, pero esto es una cuestión de fortuna o de habilidad: el Derecho y el Estado nada tienen que ver con estas vicisitudes.

Después de esto, no creo que me diga V. de nuevo que de este modo «yo hago del derecho casi un principio religioso que se impone fuera de las conciencias como por revelación divina». Que el derecho se imponga por fuera y como por revelación divina, no; ¡son tan humanos y palpables los orígenes y la misión que le atribuyo! Pero que sea algo casi religioso, sí, atendido el respeto incondicional quc merece de todos. Y aquí apelo a V., o a aquel de sus colaboradores que en la *Critica Sociale* se adhirió con entusiasmo que tanto me lisonjea y alienta, al programa de mi revista *Lo Spedalieri,* fundada únicamente para mantener alta, en estos tiempos de transición y de ofuscamiento de los grandes principios humanos, la conciencia del derecho frente a todos: frente a los fuertes para que no crean poder abusar impunemente de su fuerza; frente a los débiles para que sepan que cada cual ocupa muy racionalmente la posición que merece, y que el que vale poco o da poco, no puede tener derecho más que a poco[132].

Me objetará V. escépticamente con Loria que, si es verdad que el derecho es cosa hermosa y respetable, las leyes que han de interpretar el derecho están hechas por los prepotentes y por consiguiente en su propio y exclusivo provecho. En primer lugar le contestaré a V. (y también a Loria) que esto es un insulto y una patente de impotencia para la democracia triunfante... Le contestaré en segundo lugar que si se hubiese de desesperar sistemáticamente de la utilidad y de la realización del derecho, resultaría estúpida esta santa guerra nuestra de tinta, y que seria francamente mejor enviar a la disolución esta decrépita sociedad civilizada y volver a vivir como bestias feroces, en el estado de pura naturaleza tan anhelado por Rousseau. Pero desesperar de la realización del derecho por medio de buenas leyes es, más que ingratitud, ceguera; es elevar a la dignidad de principio absoluto una forma histórica transitoria. Considérense los progresos que por obra del derecho ha hecho la condición humana, en el último siglo por no decir más, y se verá que de la sombra hemos llegado indiscutiblemente a la luz. Por lo demás, si mañana la democracia social se apoderase del poder y legiferase, ¿desconfiaría usted también?

La verdad es que, bajo cierto aspecto, todo partido triunfante, por tendencia innata y casi de buena fe, lleva el agua a su molino; pero precisamente esto determina la necesidad próvida de la lucha eterna, inextinguible, fecunda por el derecho. Si está en el poder el capital, las protestas del trabajo le harán cometer las menores injusticias posibles; si está en el poder el trabajo, las protestas del capital producirán el mismo efecto. Entre todos estos contrastes y en medio de tantas catástrofes, la navecilla del derecho, guía y sostén del género humano, marcha siempre adelante, adelante. Se detendría y parecería vencida por la fuerza brutal si los marineros se parasen un instante con los remos en el aire, si se despojasen por un momento

132 Véase en el Prefacio ( V) de esta edición lo que la *Critica Saciale* de 20 de Junio de 1891 escribió acerca de mi revista *Lo Spedalieri.*

de su actividad batalladora. Goethe lo ha dicho: *He aquí la última palabra de la sabiduría: solo merece libertad y vida el que cada día sabe conquistársela.*

Le estrecha cordialmente la mano su afectísimo,

GIUSEPPE CIMBALI

Acaso no será superflua una breve respuesta.

No tuvimos dificultad alguna en que el egregio Director de *Lo Spedalieri* se aprovechase repetidamente de nuestras columnas y de las indicaciones y de alguna alabanza que en ellas le ha dirigido el amigo Zerboglio, para recomendar muchas veces a nuestros lectores la idea y la lectura de su libro; antes bien, reconocemos inmediatamente lo razonable que resulta su deseo de que para juzgar de él lo conozcamos *de primera mano.*

Zerboglio lo ha hecho, y su réplica ha dado la demostración palmaria de ello. Nosotros no lo hemos hecho hasta ahora, y no entendemos juzgar el libro, sino responder simplemente a una argumentación que nos dirigió el Sr. Cimbali. El libro lo leeremos con toda comodidad; y puesto que el tema tiene con todos los problemas que agitan la vida social de nuestros días, más relaciones de las que a primera vista quizá le parezcan a alguien, es probable que no faltará ocasión para volver a discurrir sobre él.

Pero dicho esto, queremos añadir (y no lo tome a mal el valiente Cimbali) que en el caso de necesitar refuerzo nuestro escepticismo acerca de la eficacia de la mayor parte de las polémicas (no decimos de todas), lo encontraría fácilmente en la carta publicada más arriba.

Cuando, por ejemplo, recogiendo una frase más o menos feliz de Zerboglio (o llamémosla sin ambages desgraciada *como fórmula,* pero cuyo significado por otra parle era bastante claro) se nos viene a decir que «un principio verdadero en teoría no puede ser absurdo en la práctica, o esto prueba solamente que, bien mirado, tampoco en teoría era verdadero», se dice una cosa perfectamente verdadera y se hace dialéctica abogacil, pero el fondo de la cuestión queda enteramente invulnerado; es decir, que todos los cuerpos graves caen en tierra (esta sería la *teoría)* y que, sin embargo, la pluma que estoy sosteniendo no cae porque mi resistencia vence el peso.

En rigor, ambas son *teorías,* verdaderas, pero puede decirse, para hacernos entender, que la teoría más general es la primera y dar a la segunda el nombre de *caso especial,* de *excepción práctica.* Este es el sentido en que se dice que «las excepciones confirman las reglas» y el que refutase este «error» en realidad no refutaría nada. Se combate por deleite de esgrimidor y en el fondo se está de acuerdo.

El fondo de la cuestión no está tampoco en los elogios que tributamos (precisamente nosotros en persona) al programa de *Lo Spedalieri.* Nos agrada que la controversia se encamine al terreno que indicaba aquel programa. Esto no implica en modo alguno adhesión incondicional a todas y cada una de las ideas del Director de aquella estimable Revista, el cual es jurista; pero en el calor de la polémica, no solo olvidó la máxima que prohíbe *sumare arma de domo reí,* sino que haciéndose fuerte con aquellos sinceros elogios, escogió un arma que no sirve para herir.

Prescindiendo del libro y limitándonos a los artículos publicados, para nosotros el fondo de la cuestión es el siguiente: En la vida social de nuestros días, en el régimen informado por los principios jurídicos dominantes (no hablamos de cada leyecita en particular, sino de aquellas instituciones jurídicas vastas y permanentes como la forma de propiedad, de herencia, de familia, etcétera, que dan carácter a una época) ¿es verdad que prevalece el más fuerte, el más capaz, o lo es más bien en muchísimos casos, tal vez en la pluralidad de ellos, precisa y diametralmente lo contrario?

Por segunda vez, ora el Sr. Cimbali afirma una cosa, ora otra.

Afirma que «cada cual tiene en la jerarquía social el lugar que merece». Luego, por instinto de defensa contra objeciones demasiado evidentes, confiesa que la ley que añade «privilegios legales» a los «privilegios naturales», se convierte en «tutora de adquisiciones ilegítimas», de «usurpaciones indebidas», y admite el derecho hasta a la revolución para «echar patas arriba» los abusos legalizados.

Pero según él, la *ley* no es el *derecho,* bien que tenga la «misión» de representarlo. El derecho no es lo que es, sino lo que habría de ser, lo que lucha justamente por ser: es la «navecilla guía y sostén del género humano», y esta concepción, más literaria y trascendente que histórica y positiva, lleva a Cimbali a distinguir entre fuerzas *justas* e *injustas,* entre capacidades *legitimas* e *ilegitimas* verdadero derecho, el derecho como él lo concibe, no es paladión más que al primer golpe de vista. Pero entonces, o nuestra lógica es tuerta y coja, o la cuestión que se quiere resolver está presentada como antes: volvemos de nuevo al *sicut erat,* porque cuando se tratará de decidir cuáles son las fuerzas *justas y* las capacidades que dan lugar a las adquisiciones *legitimas,* cuál es el *buen derecho* al cual protege la fuerza, cuál es el *derecho* sin la *fuerza,* cuál la fuerza sin el *derecho,* sabremos de ello precisamente lo mismo que antes. El Sr. Cimbali quiere conciliar el materialismo científico con el idealismo jurídico, y nosotros no pensamos que, en cierto sentido, sea esta una empresa desesperada: más bien opinamos que la evolución moral de la humanidad se concreta precisamente en esta lucha y en esta continua integración. Pero entonces, resulta claro que la *tesis* del «derecho del más fuerte» pierde todo su valor en el sentido que Cimbali parece atribuirle a veces, de justificar la posición jerárquica tal cual es de hecho en la mayoría de los casos. Ya no es la fuerza la que triunfa y ni siquiera que *debería* triunfar, o que tiene alguna garantía de triunfar en el porvenir, sino simplemente la fuerza *justa,* la fuerza *jurídica,* en otros términos el *derecho,* derecho que nadie (ni siquiera el Sr. Cimbali, a juzgar por lo que él mismo escribe a este propósito) ha soñado en figurarse como algo meramente abstracto, arrancado a las energías y a las luchadoras realidades de la vida. Es en sustancia una fuerza que se impone a los más y que violentamente o con maña, de buen o de mal grado, se hace reconocer no ya como *accidente,* sino como *norma,* al menos durante un período histórico determinado, en una civilización dada.

Vengamos a los ejemplos prácticos. El salteador de caminos es más fuerte que el viandante: por esto le aligera de su bolsa y se enriquece con daño suyo. Aquí intervienen el Estado y el señor Cimbali y dicen al neo-capitalista calificado de criminal: ¡alto ahí! vuestra *fuerza* era *injusta;* la *capacidad* de vuestro trabuco era *ilegítima;* vuestra *adquisición* fue una *usurpación indebida.* Dadnos vuestra vida o al menos vuestra libertad, para que vuestra especial teoría del derecho del más fuerte en la carretera real no tenga ocasión de hacer demasiada propaganda, y les sea licito a los viandantes, fuertes y débiles, andar de noche por las carreteras para acudir a sus negocios. La convivencia humana estriba en este pacto.

La burguesía de una nación es con sus caudales y sus ejércitos más fuerte que la burguesía de la nación «hermana». Como quiera que «las jerarquías no son arbitrarias», como cada cual ha de tener en la sociedad «el puesto que racionalmente se merece», la burguesía más fuerte dice a la más débil: «quítate allá, que aquí quiero ponerme yo». Y si esta no se resigna a la razón del poeta de Mugello, se la hace a un lado con los impulsadores que se llaman metralla y torpedos. Aquí el Estado no interviene contra la burguesía de cuyas entrañas es hijo: se hace hasta sicario de ella. El bandolerismo es «legal».

Todavía podrá el Sr. Cimbali (si no siempre en muchos casos) «como jurista y como hombre» hacer en su valiente *Spedalieri* valientes reservas en nombre de su valiente derecho... ¿de quién? ¡Toma! ¡del más débil!

Pero cuando precisamente con los instrumentos que el Estado pone en su mano, la clase capitalista (la más armada) dice a la gran mayoría de la gente: «trabaja para mí 14 horas diarias y toma el producto de 6: el resto me lo quedo yo *quia nominor leo.* Tú clame buena parte de tu vida, de tu sangre, para hacer con ello guardianes asalariados de esta industria mía tan ingeniosa y desangradora, y yo en compensación te aseguro que cuando mi imprevisión haya atestado los almacenes, producido y exacerbado la miseria, la crisis, tú errarás desocupado y sin pan por campos y por mares, y yo te amonestaré, te detendré por vago sospechoso de crímenes contra la propiedad y las personas»; cuando la clase capitalista hace este hermoso razonamiento y lo pone en práctica, que es peor, y el Estado lo repite y le aguanta la capa, entonces el Sr. Cimbali «como jurista y como hombre» deja de repente de protestar. Dice él: «la jerarquía social no es arbitraria, todos tienen en la vida el puesto que racionalmente merecen». El puesto de los unos está en los baños de S. Moritz, a disfrutar en agosto del fresco; el puesto de los otros está en un desván o en la cárcel celular. La garantía del derecho ha de extenderse hasta donde se extiende la fuerza legítima de cada uno: ¿qué cosa se quiere más «legítima» que enriquecerse con el sudor ajeno? Todo nuestro orden social gira sobre este eje, fuera del cual ya no hay convivencia posible para nosotros. Quisierais pues que también nosotros, como pretenden los «socialistas exaltados vírgenes de toda cultura jurídica», introdujésemos «privilegios legales para hacer fuerte a los débiles»? Entonces la «antorcha» del derecho con la «navecilla» correspondiente, se iría prontamente a pique, sobre las arenas infecundas. ¡Oh «trinchadores de vejiguillas igualitarias», oh «socialistas y comunistas», oh agitadores de «funestos y desatinados odios sociales», oh «fantasías palingenésicas» y «tiernas abstracciones humanitarias», diréis pues que esta es precisamente la teoría del ladrón? Freno a la lengua os digo, «insultáis, dais una patente de impotencia a la gloriosa democracia, a la democracia triunfante». Puede darse mayor iniquidad y peor irreverencia?

No se nos acuse de ensamblar frases aisladas para hacer decir al Sr. Cimbali mucho más de lo que ha dicho. Sabemos muy bien que nuestro egregio contradictor es demasiado hábil «como hombre y como jurista» para encontrar, cuando quiera seguir le polémica, escapatorias aun (se entiende bien) sin traer a colación su libro que, se lo repetimos, nada tiene que ver con la presente discusión. Ha hecho en su carta profesiones de fe genéricas (¡oh, inmensamente genéricas!) contra el abuso de la fuerza y en favor del derecho de cambiar la ley, en las cuales se ha arreglado un refugio. No animado, lo admitimos, de otro ardor que el de polemista, conoce y practica todas las emboscadas y escondrijos de esta «santa guerra de tinta», y mañana podría acusarnos aún de haber «hundido puertas abiertas», siendo así que, a decir verdad, todas sus puertas están medio abiertas y medio cerradas.

En la polémica más que en ninguna parte, *il faut qu'une porte soit ouverte ou fermée,* según el adagio francés; de lo contrario, damos de cabeza en frases sin sentido. Pero nosotros preguntamos al que busque el fondo de las cosas, al que quiera formarse una idea clara y sintética de esta polémica, si las ideas del Sr. Cimbali (en el terreno práctico, y dado que hayan de conducir a algo) no llevan justamente a las consecuencias indicadas por nosotros. Si solamente hubiese querido demostrar que hay en la naturaleza debilidades y desigualdades que el Estado no puede ni debe suprimir y que, *dentro de ciertos límites,* las ventajas de la vida social deben proporcionarse a la contribución de utilidad social que cada uno puede dar y que ofrece realmente (porque en resumen la sociedad y el progreso no deben rebajar al genio al nivel del cretino ni pueden hacer lo contrario), sería simplemente cosa de preguntarle: ¿pero a quién se lo dice usted?

A pesar de las declaraciones genéricas en que se complace Cimbali, que no hacen daño a nadie y merced a las cuales logra, en el papel, persuadirse de que «concilia» lo inconciliable, o como escribe él mismo, que su modesto fin consiste en *«salvarlo todo»,* el centro de su pensamiento se percibe en la proposición siguiente: «Hablar de *ocaso* del derecho del capitalista y de *aurora* del derecho del obrero, es absurdo: ambos derechos son sagrados y por ello están en perenne mediodía».

Resulta pues claro que para él el derecho del capitalista *(id est,* el derecho a la explotación directa o indirecta sobre un semejante) no es una de aquellas «formas históricas transitorias» que sin razón se quisieran «elevar a la dignidad de principio absoluto». El «perenne mediodía» de aquel derecho forma parte de una astronomía muy cómoda y halagüeña en verdad para los que sosegadamente se calientan a aquellos rayos, sin fijarse en si en otras partes se condensa la sombra y la nevasca. Pero la humanidad (créalo el señor Cimbali) por medio de las organizaciones obreras y de los *hincha vejiguillas igualitarias,* ha sacudido hace ya mucho tiempo la inmovilidad de aquel sistema tolomeiano del derecho, y cual nuevo Galileo va proclamando cada vez más alto, hasta entre las feroces torturas de las nuevas inquisiciones, un fatídico «*eppur si muove!*» social.

Pero para que resalle todavía mejor la inanidad lógica de la idea opuesta, que es en sustancia la negación de la historia y de la evolución en sus giros más amplios, reproduciremos íntegramente el período del que antes no tomamos más que un inciso. Solamente imaginaremos que en lugar de Cimbali lo escribiese Aristóteles (no se dolerá nuestro colega del parangón) o algún otro de los sabios antiguos que tuvieron la esclavitud por inmutable hasta que(como lo ha conseguido el maquinismo moderno) la lanzadera hubiese aprendido a moverse en el telar por si sola, y por esta razón únicamente sustituiremos el derecho del *capitalista* por el derecho del antiguo *hombre libre, dueño de esclavos,* que justamente se ha transformado en el capitalista de hoy.

«Lo que necesitamos todos, fuertes y débiles (así argumentaría Aristóteles puesto en el lugar de Cimbali y del que piense como este), es lo siguiente: garantía y tutela de nuestras personas, de lo que legítimamente poseemos y de lo que legítimamente producimos. El *hombre libre* será el *fuerte y* el esclavo el *débil;* pero el derecho, que según he dicho garantiza a fuertes y débiles, ha de garantir igualmente *el mantenimiento del esclavo* y el *dominio del dueño.* Hablar de *ocaso* del derecho del *dueño de esclavos* y de *aurora* del derecho del *esclavo,* es absurdo: ambos derechos son sagrados y se hallan por tanto en perenne mediodía. Si el uno se afirmase ilegítimamente sobre las ruinas del otro, se tendría espoliación de una parte y enriquecimiento indebido de otra. Puede en verdad el *hombre libre* (y abundan los ejemplos) por no saber dirigir sus negocios, caer y quedar reducido a la esclavitud, como puede el simple *esclavo* (y también aquí abundan los ejemplos) con *benemerencias* e industrias elevarse a *hombre libre,* pero esto es cuestión de habilidad o de fortuna: el derecho y la *Ciudad* nada tienen que ver con esta variación de vicisitudes.»

Así habría hablado, pues, aquel sabio antiguo; así repiten los menos sabios modernos, que sin embargo tienen tras de sí dos mil años más de historia, que algo habrían debido enseñarles. Aquéllos quedaron desmentidos por la historia que *deviene,* estos lo serán igualmente por la historia que *devendrá.* Unos y otros pastelean entre lo viejo y lo nuevo, entre la realidad y el ideal, o sea entre la realidad del hoy, que no quieren huya por entero, y la realidad de mañana a la que temen o juzgan imposible. A unos y otros les falta aquel sentido histórico y aquel alto sentido jurídico que es superior de mucho a la ley escrita y a las costumbres, que es hasta su negación constante, porque es un sentido evolutivo que mira el fenómeno económico en perenne desenvolvimiento como apoyo del derecho social y del progreso moral. Y formándose del derecho ciertas categorías formales y especies estables que en realidad no tienen vida más que en lo íntimo de su cerebro, ponen inconscientemente los supuestos «dictados eternos» al servicio de la iniquidad.

De ahí que puedan decir de buena fe las cosas más patentemente desmentidas por la ciencia y por los hechos, como, por ejemplo, que el pertenecer a una u otra clase social «es cuestión de fortuna o de habilidad», y citar en prueba accidentes aislados que no tienen más valor probatorio que el que podría tener el haber sacado una vez la lotería. Nacidos o acomodados a maravilla en los algodones del privilegio, no comprenden la lucha de clase, no ven en ella más que «odios funestos y desatinados», y reducen el gran álveo de la historia al tamaño de una tabaquera de bolsillo, buena para las pequeñas complacencias de su naricilla, más allá de la cual no ven nada. Así «salvan» efectivamente muchas cosas; pero si la humanidad se salva a si misma, es a pesar de ellos y contra ellos.

Aplicadas a Cimbali, entrado con ardiente y juvenil atrevimiento en el palenque científico, estas palabras pueden parecer, y lo son en efecto, demasiado duras e injustas. Pero nosotros al escribirlas no pensamos en él, sino en toda una pandilla de doctos laureados, cariátides del presente cuando no lloradores del pasado, aduladores de todos los prejuicios, iniquidades y sofismas cuya complicidad moral pesa en gran parte sobre ellos. Deseamos que Cimbali se separe de ese hato de eunucos. Tiene firme puño y corazón sólido: abra pues todas sus puertas a la verdad humanitaria, que es la opuesta a la verdad halagüeña para las clases dominantes, y si alguna resiste tenazmente, rómpala. Tal vez perderá la cátedra de un «Ateneo», pero habrá tanteado los peldaños de la tribuna de donde salen los fatídicos apostolados que aceleran la historia.

FELIPE TURATI.

# IV

## Por el Derecho y por la lógica

**(De la *Crítica Sociale,* de 16 de marzo de 1893)**

Roma, 28 de febrero.

Egregio Director:

Veo con placer que la *Critica Sociale* discute aún la cuestión sobre el derecho y sobre la fuerza planteada por Zerboglio, por usted y por mí durante el verano de 1891 a propósito de mi *Derecho del más fuerte.* Esto me convence cada vez más de la importancia decisiva del asunto, y me impulsa a pedir una vez más hospitalidad a su batalladora Revista, para decir lo que pienso de las respuestas dadas recientemente por V. a Loria *(Critica Saciale* de 1.º de diciembre de 1892) y al señor D'Ambrosio *(Critica Sociale* de 16 de Febrero de 1893).

Loria ha protestado y V. le ha llamado *(Critica Sociale* de 1.º de noviembre de 1892) poco menos que inocente porque no considera que el que ha vencido sea el más fuerte en el mero hecho de haber vencido[133]. Des-

133 Turati había escrito *(Critica Sociale* de 1.º de noviembre de 1892): «Aquiles Loria escribe, en un estudio sobre Darwin y la Economía política, que juzgar de la medida de las fuerzas en lucha por el resultado de la lucha, pronunciar que el que en realidad ha vencido ha sido el más fuerte solo porque ha vencido, es una petición de principio enorme. Por lo demás, no vemos nosotros que otro criterio pueda aplicarse a las fuerzas para medirlas.»

Loria le respondió en la *Critica Sociale* de 1.º de diciembre de 1892: «Ten paciencia, carísimo, pero no llegas a convencerme. La medida normal de la fuerza es la *producción,* no la *lucha,* fenómeno propio de una sociedad viciada y perteneciente a la patología social. Para medir la fuerza relativa de Zola y de Pedro Loti, yo comparo *Nana* a *Madame Chrisantheme* y no miro el resultado

pués, el señor D'Ambrosio ha hecho una hermosa y laudatoria profesión de fe en el derecho natural, sosteniendo que la violencia victoriosa no puede transformarse nunca en derecho, y que «la doctrina darwiniana de la lucha por la existencia, si puede encontrar aplicación en los animales y entre los salvajes, no se encuentra en una sociedad civilizada y bien organizada». En sustancia, uno y otro se rebelan contra la vieja idea favorita de V. de que «el derecho no es otra cosa que expresión de la fuerza que *deviene*», o sea de la fuerza victoriosa.

Naturalmente, V. ha confirmado esta idea en las polémicas recientes, diciendo «que esto le parece conforme a la experiencia histórica y a las concepciones positivas». Ha añadido V.: «Nosotros andamos por el terreno de los hechos, no por el de los razonamientos... Nosotros tomamos el derecho tal como lo encontramos en la historia, no tal como lo piensa diversamente cada cerebro.» Y ha concluido: «Los conflictos son permanentes... Así que ha cesado una contienda, así que se ha producido una adaptación a un orden determinado de relaciones, entonces decimos nosotros que esto es justo, que así había de ser, y también nos parece justo y necesario lo que mejor armoniza con la adaptación ya consumada e irrevocable. La *justicia*, la *bondad* de las cosas es para nosotros un resultado de los hechos, no una idea divina pensada *ab aeterno*.» (*Critica Sociale*, 16 de febrero de 1893).

No negaré que las ideas por V. profesadas sean desgraciadamente las enseñanzas de la pretendida dirección positiva de cierta ciencia social contemporánea. Pero sin repetir aquí lo que ampliamente he dicho en mis escritos *Diritto ed evoluzione* (*Lo Spedalieri*, Diciembre 1891), *Fatti e realtà* (*Lo Spedalieri*, Junio 1892) y *Le scienze morali e politiche, il loro metodo ed i loro risultati* (*Lo Spedalieri*, Diciembre 1892)[134], para combatir con todas mis fuerzas una dirección tan ciega y brutal, me permitiré simplemente demostrar (en servicio de la lógica) que V., partiendo de semejantes principios, hace profundo daño a la causa del socialismo hasta en aquello que (lo reconocemos en muchos) puede tener de verdadero y de santo.

---

de una contienda entre ambos escritores para ocupar un sillón en la Academia. Este segundo método me lleva a un resultado opuesto a aquel a que me conduce el primero, y responde tan solo a la verdad. Así al menos lo veo yo, y así lo veías tú mismo en una hermosísima crítica del *Derecho del más fuerte* de Cimbali publicada en la *Critica Sociale* de 1891» (Nota de G. Cimbali.)

134 Este último trabajo ha sido publicado aparte por los editores Rono y Compañía. Roma-Turín, 1893.

¿En nombre de qué defiende V. (se le puede preguntar) con tanto aliento y tanto vigor los intereses socialistas? Ateniéndose a sus ideas, no podría V. dar otra respuesta que la siguiente: Somos los débiles de hoy y queremos llegar a ser los fuertes de mañana a cualquier costa. ¡Triunfaremos por medio de la fuerza y nos convertiremos de pordioseros en disputadores!

Crea V. que no seré yo el que me escandalice de esta moral, ni el que se retire espantado ante las consecuencias de la misma. Sin embargo, habrá de consentir V. que para concebirla en teoría y aplicarla en la práctica, primero habremos de volver a aquel estado salvaje tan decantado por el alma grande de Juan Jacobo, rompiendo de una vez para siempre con la civilización, esa mentira parlante que, siempre según el evangelio de Juan Jacobo, ha sido la causa de toda depravación humana. Pero antes de que se llegue a esto, cómo puede ocuparse la propiedad ajena sin caer en las redes del código civil?¿Cómo es posible ofender la persona de nuestros semejantes sin incurrir en las penas establecidas por el código penal? Mientras esté en pie esa friolera de códigos y tribunales, no podéis permitiros impunemente, así seáis el coloso de Rodas, causar daño en su persona y en su patrimonio al hombre más liliputiense que pise la tierra.

Ahora bien, encontrándose en el estado social estos obstáculos insuperables a la libre manifestación de la fuerza y de la violencia, ya ve usted que la moral por V. defendida no puede tener efecto práctico de clase alguna, que queda ahogada al nacer. A los ojos hasta de los menos puritanos más bien podría aparecer sediciosa, instigadora al delito contra las personas y contra los bienes.

No pudiendo pues en el estado de civilización asegurar el triunfo del socialismo por virtud de la lucha salvaje, no le queda a V., quiéralo o no, otro expediente que el de la lucha jurídica, si no legal. Y he aquí que de esta suerte V., para mantenerse bien en su noble apostolado, ha de hacer entrar por la ventana aquel inexorable fantasma de la idea del derecho que había creído usted poder arrojar como servidor molesto por la puerta.

¿Pero es de verdad el derecho aquella cosa fantástica y vana que V. pinta? ¿Es aquel cobarde maestro de ceremonias destinado únicamente a glorificar y consagrar los actos ejecutados por los más pérfidos, como V. imagina? Para ser reputada cosa fantástica y vana, sería preciso que primero afirmase V. que los dos principios del *neminem laedere* y del *suum cuique tribuere,* sustancia y objetivo del derecho, son cosa de las *Mil y una noches,* y no hechos expresamente para sostener en pie lo mejor posible la pobre sociedad civil. Por otra parte, para ser glorificador y consagrador de todo hecho consumado, sería preciso que demostrase V. que jamás se ha elevado ni se eleva ninguna voz contra las infamias que han consumado y van consumando los poderes constituidos.

No vayamos lejos. Cuando arma V. tanto ruido contra la burguesía y contra el capitalismo, qué le impulsa a V.? Ciertamente el espectáculo de lo que es o V. cree que es abuso de la clase dominante sobre la clase sirviente, de lo que es o usted cree hurto del capital contra el trabajo. ¿Y bien, ¿qué significa esto en prosa llana? Nada más que lo siguiente: que, según V., al oprimir la burguesía al pueblo y al explotar el capital al trabajo, agravian uno de los principios fundamentales del derecho, el *neminem laedere.* Además, cuando hace V. todo lo que puede para asegurar la emancipación económica y política de los obreros, ¿a qué aspira V. más que a hacer triunfar en su favor el otro principio fundamental del derecho, que es el *suum cuique tribuere?*

Ahora mírelo V. bien, porque al hacer esto se pone V. en perfecta contradicción con la idea que tiene V. del derecho y de las leyes sociales. Si V. hubiese de ser fiel al principio que profesa, no habría de sublevarse contra el actual estado político, económico y social (fruto de la adaptación histórica) sino respetarlo escrupulosamente!

El derecho, pues, más bien que «expresión de la fuerza que de la fuerza victoriosa, como V. cree, es el ácido más corrosivo de cualquier poder apoyado únicamente en la fuerza y en la violencia. Después, no es justa, como escribe usted, «la adaptación a *todo orden* de relaciones», sino simplemente la adaptación que respeta los derechos de cada cual. De esto resulta que solo inspirándose en los principios del derecho puede hacerse la crítica de los hechos (precisamente el caso de la *Critica Sociale!)* y estos se respetan si son justos y se derriban (aunque sea con revoluciones) si están fundados en la injusticia. El derecho en suma es juez, no rufián de los hechos sociales.

¿Porqué se ríe V. escépticamente de las «ideas», de los «razonamientos»? ¿Cuántos edificios que parecían indesplomables han sido destruidos por el soplo de ciertas ideas y de ciertos razonamientos, invisibles e impalpables si, pero de una fuerza omnipotente?

Esto no es metafísica, sino noción elementalísima de la realidad. Comprendo muy bien que la consideren metafísica los vividores, los parásitos, los privilegiados, los aduladores, los cortesanos, los que tienen todo el interés en que el *statu quo* se mantenga firme e invariable; pero, no lo ocultaré, me causa asombro y espanto que lo considere metafísica quien, como V., lucha por la elevación de los oprimidos contra las perfidias reales o supuestas de Los opresores.

Usted, que cree necesaria la palingenesia social, es el que realmente debería tener, no solo la verdadera idea del derecho, sino hasta el sentimiento místico, exagerado, agresivo del mismo. En nombre del derecho se ha combatido en todo tiempo por las grandes reivindicaciones humanas; en nombre del derecho se han alcanzado las victorias más fecundas, y solo con esta bandera podréis combatir victoriosamente si de veras deploráis abusos y si de veras creéis que hacen falta nuevas reparaciones en el sistema social!

Si por lo contrario (aunque sea a causa del mal tercio que os hace la incauta presuposición del más estéril sistema filosófico) nos decís descaradamente que queréis llegar a donde ambicionáis *solo por llegar,* desacreditáis para siempre vuestra causa y acreditáis la acusación de *facineroso* dada por los tímidos al socialismo.

Créame V. con la estimación de siempre, su afectísimo,

GIUSEPPE CIMBALI.

Responderé sucintamente, sea porque en la réplica al abogado D'Ambrosio la objeción ya indicada por este y que ha desarrollado Cimbali fue ya rebatida, sea porque opino que el que no ha visto por sí mismo, a la primera lectura, el sofisma al rededor del cual gira toda esta carta, no lo verá tampoco cuando lo haya sacado a luz mi respuesta. Además, el Director de *Lo Spedalieri* (escritor egregio y polemista vivaz) tiene a su servicio todo el viejo y metafísico arsenal de la ideación humana tradicional. Con él está aliado el hábito mental de los siglos. Por esto en la disputa, ante el sufragio universal, es suyo aquel «derecho del más fuerte» del cual reniega.

El sofisma de Cimbali es doble. Por un lado, no da señales de haber comprendido que, al hablar del *derecho,* hablé siempre del *derecho histórico,* del derecho concreto y efectivo (no lo llamo derecho *positivo* porque no quiero empequeñecer su idea dentro de la *forma* completamente accidental de las leyes y de los códigos). El derecho abstracto y natural, o sea la imagen subjetiva «de lo que habría de ser» según el pensamiento de los unos o de los otros, imagen o aspiración que a menudo no es más que la *previsión* de lo que tiende a ser y que después, con la ayuda de las circunstancias, se convierte en realidad, no lo tuve yo en cuenta más que precisamente como fuerza que evoluciona, se desenvuelve, *deviene,* como derecho concreto en maduración. Lo que encontramos en la historia es la «vida embrional» del derecho, y la que justamente traté de investigar un poco mejor de lo que otros han hecho según mis noticias. En conclusión, no hice más que añadir al viejo y un poco rígido axioma, cuya verdad por lo demás no querrá controvertir Cimbali, según el cual los vencedores dictan la ley, imponen un derecho a los vencidos, algunas aclaraciones sacadas de lo vivo de los conflictos contemporáneos, y que hacían ver el *modo* y la *gradualidad* de aquella formación del derecho en el seno de la moderna evolución económica.

Ahora bien, cuando Cimbali opone a mi tesis que en lodo tiempo se elevaron voces que en nombre del derecho protestaron contra los poderes constituidos, no dice más que lo que yo dije y nadie niega. Dice él que hay una lucha en la vida del derecho, lucha consciente, pensada, ruidosa, por medio de la cual el viejo derecho se sustituye por otro nuevo; solo que él le llama *derecho* antes de nacer, y yo no le llamo *derecho* hasta después de haber nacido, y esto me parece más claro y más sólido. Es cuestión, lo repito, nada más que de nomenclatura.

Sobre este punto pues no existe divergencia entre nosotros. El sofisma de Cimbali está en suponer y hacer suponer que exista una discrepancia. La cuestión está en otra parte: ¿cuál de aquellas voces de protesta encarnaba una fuerza que *deviene,* un derecho futuro? ¿Cuál era voz, no solo sentimental, sino también profética? ¿En qué condiciones representaba aquella voz un derecho futuro, o sea, según el vocabulario de Cimbali, un verdadero derecho? Yo creo que si mi contradictor profundizase el análisis, habría de llegar también a la misma conclusión, o sea, que solo estaban en tales condiciones las voces que podían aunar una fuerza que prevaleciese sobre las voces o sobre las resistencias opuestas. Cómo se aúna esta fuerza; si la causa primera de ello son ideas y razonamientos autóctonos o más bien hechos e intereses sociales de que las ideas no son más que el efecto y el reflejo intelectual: también sobre esto nos hallamos y continuamos divididos, pero no puedo dar mi demostración en pocas líneas.

El otro lado del sofisma puede expresarse en la siguiente curiosa pregunta: *¿Con qué derecho* (nos pregunta Cimbali) sois socialistas? *¿Con qué derecho* (podría preguntar más en general) formuláis vosotros ciertas pretensiones en nombre vuestro o ajeno, si no creéis en el derecho en sí mismo, si no admitís el derecho donde no hay fuerza triunfante?

Pero no hace falla ser licenciado en una escuela de lógica para advertir que esta pregunta (que resume gran parte, la principal del escrito de Cimbali) es un círculo vicioso de los más ingenuos: presupone, en los mismos términos de su esquema, la realidad de aquel derecho cuya existencia quiere probar *en absurdo.* No sería diferente la argumentación de un creyente que disputando con un ateo le dijese: ¿cómo puedes llamarte viviente si no admites el Dios que te ha creado?

Una y otra pregunta no demuestran más que una cosa, o sea que el objetante no sabe en modo alguno apartarse de su punto de vista habitual, que no sabe ponerse en el lugar de su contradictor, que presta a este la mitad de su pensamiento y luego, como es muy natural, descubre la contradicción en el pensamiento del otro. Aquel creyente no comprende que uno pueda sentirse vivo sin creerse creado, como Cimbali no comprende que se pueda ser socialista, que se pueda pretender de cualquier modo cualquier cosa, sin invocar un derecho abstracto, preexistente, inmutable, eterno. Nosotros, viceversa, somos socialistas en vista del derecho futuro, y contribuimos a formar su conciencia: con esto facilitamos su advenimiento. Este derecho potencial triunfará el día que seamos los más fuertes.

El punto de vista de Cimbali revela a mi juicio otro fundamental error. Se imagina el socialismo como una teoría que se impondrá a los hechos porque es justa o en cuanto es justa. (En esta cuestión del socialismo, forma parte del estilo ordinario de Cimbali, y no desde hoy tan solo, balancearse entre alternativas: la causa del socialismo tiene, más bien *puede tener algo* de verdadero y santo; las perfidias de los opresores son las perfidias *reales o supuestas,* etc., etc. Si la tiranía económica tal cual es, si la explotación del trabajo son de combatir o no, esto no ha podido saberse nunca de Cimbali, al menos en nuestras polémicas). El socialismo es para él una teoría que solo tiene derecho a prevalecer si es conforme al *derecho,* es decir, si responde a los requisitos de no *ofender a nadie* y de *atribuir a cada cual lo suyo.*

Ahora yo quiero decirle que el socialismo es una cosa completamente distinta de la que él cree. Muy otros son sus títulos de legitimidad. ¡Pobres de nosotros si no fuese más que una teoría medible por los vagos, subjetivos y mudables criterios de lo justo y lo injusto, lo bueno y lo malo, lo hermoso y lo feo, lo santo y lo impío, y de otras semejantes vanidades que parecen cosas!

Ante todo ¡pobres de nosotros si el socialismo pudiese y debiese no *agraviar a nadie!* Ah, si, agravia y agravia cruelmente a la burguesía; quiere nada menos que desarmarla y vencerla, quiere quitarle todo lo que es *suyo,* todo aquello que se jacta es *suyo,* y que al contrario llama suyo propio el proletariado. ¿Qué significa ese pronombre posesivo: *suyo?* He aquí una cuestión interesante, pero que resuelve la historia económica, no la jurisprudencia, puesto que en el derecho bárbaro primero, en el derecho griego y romano, en el derecho feudal, en el derecho moderno, etc., este pronombre toma las significaciones más diversas con el variar de las relaciones sociales de la producción y del cambio, y de las relaciones jurídicas y políticas que son su emanación y vestidura.

Cuando surgió y se impuso la propiedad mueble, forjó una moral y un derecho para su servicio propio, cuyo precepto cardinal fue *no robar,* que es el séptimo del Decálogo. Sobre la base de este precepto, los dominadores en todo tiempo, hoy la burguesía, despojaron a las clases oprimidas hasta de la camisa.

Guando desapareció la propiedad común de las tierras, los usurpadores triunfantes llamaron usurpador al que invertía los términos, al que sin pagar derechos de camorra, sembraba o recogía en la tierra madre.

Aplicad si podéis estas ideas a un sistema social de propiedad colectiva. Así que el proletariado, más fuerte, haya afirmado e impuesto su voluntad, que entonces será su derecho, el precepto *no robar* habrá perdido su significado histórico.

Nosotros los socialistas creemos que esta evolución es conforme al curso fatal de los acontecimientos. Por esto tratamos de facilitarla. ¿Por qué hemos de estar en adoración del pasado? ¿Por qué habríamos de desconocer la influencia de la voluntad y de la conciencia de los hombres en las renovaciones sociales? En el cumplimiento de esta evolución, pensamos que la humanidad, desechados los viejos prejuicios, rotos, como ya lo ha hecho mil veces, los viejos códigos (que en nada son «obstáculo a la fuerza y a la violencia», sino consagración ¿instrumento de fuerzas y de violencias triunfantes hasta ahora) encontrará una nueva *adaptación* muchísimo más *armoniosa, digna y feliz* que las precedentes. Esta es nuestra concepción «brutal» que sin el *rótulo* jurídico habría de volver a dejarnos caer en el «estado salvaje». Si a Cimbali le gusta llamar *derecho* a la *armonía,* la *dignidad,* la *felicidad,* si quiere llamar derecho tal vez a la gallina en el puchero que soñó Enrique IV, esto es asunto suyo y arréglese como quiera. Nosotros no sentimos la necesidad de traducir las palabras, mucho menos de traducir lo concreto a lo abstracto, lo preciso a lo oscuro, en provecho exclusivo de los sofistas y de los escolásticos. Lo certísimo es lo siguiente: que el llamar una cosa por un nombre o por otro, no acelera ni de un minuto su advenimiento.

En la historia, el derecho, hijo de la fuerza, sirvió de lenon a todos los abusos de la fuerza. Fue arbolado (dice bien Cimbali) como una bandera, y todavía es un atavismo del pensamiento salvaje tomar la bandera, es decir, el símbolo, por la realidad, Hasta los que se sublevaban contra aquellos abusos sentían con frecuencia la necesidad de invocar la palabra *derecho,* tanto se la había infiltrado en la corteza cerebral la hipocresía de la educación dominante. Vestían la librea de los adversarios para combatirlos mejor, como los primeros rebeldes del catolicismo oponían al Papa un antipapa y a los dogmas del silabo otros dogmas sacados del Evangelio.

Nosotros en cambio (dado un paso más allá) hemos salido de la Iglesia.

FELIPE TURATI.

# V

## ¿Derecho natural o derecho positivo?

**(De la *Critica Sociale*, de 16 de abril de 1893)**

Carísimo:

Seguramente recordará usted el caso sucedido al conde de Robilant, ministro de Negocios extranjeros del reino de Italia. Un diputado cuyo nombre no recuerdo, le interpeló un día sobre los asuntos de Bulgaria, y con mucha palabrería y no menos petulancia quiso probarle que el Gobierno italiano tenía la obligación de hacer valer en aquel desgraciado país los principios de libertad y de nacionalidad.

El ministro respondió un poco cargado, y en cierto punto, sea que le faltase la paciencia o que la sinceridad pudiese en él más que el oportunismo, llegó a decir: «¡Pero qué principios! Yo no conozco principios; solamente conozco intereses que fomentar o que tutelar.»

La frase era verdadera, y sin embargo, pareció poco menos que una blasfemia. Los representantes de la nación se taparon púdicamente los oídos; pero los representantes del cuarto poder, más atrevidos y más lenguaraces sentenciaron sin más ni más que su larga permanencia en Viena y su participación en el gobierno de Depretis, habían hecho olvidar al noble conde que en Novara había perdido un brazo y corrido peligro de perder la vida precisamente en defensa de un principio.

Lo mismo le ha pasado a usted, querido Turati. Ha dicho usted que no existe un *derecho tipo*, un *derecho absoluto;* que, por lo contrario, cada periodo histórico tiene su derecho; que los fenómenos jurídicos cambian al cambiar de tiempo, de lugares y de civilización, y que por esto no son más que otras tantas formas de adaptación a determinadas relaciones sociales; y para resumir sus indagaciones en una idea más general y dar al derecho una significación más precisa, ha añadido usted que en fin de cuentas es «la expresión de la fuerza que *deviene*», o sea de la fuerza victoriosa.

Estas son verdades que las disciplinas positivas van enseñando hace ya tiempo aun en Italia; pero ha cometido usted la falta de llamar a las cosas por sus nombres, sin pensar que su representación de la fuerza como único contenido real y efectivo del derecho, podía poner nerviosas a las personas delicadas.

Y así ha sucedido en realidad. Los defensores del derecho natural (¡hay aún tantos!) han saltado sobre usted, y de un modo o de otro le han hecho entender que profesa usted una doctrina falsa, inhumana y hasta un poquitín tonta, puesto que sin repararlo le corta usted las piernas al socialismo, y da usted muestras de no comprender el potente soplo que tienen «ciertas ideas y ciertos razonamientos invisibles e impalpables.» ¿Cuáles podrán ser?

Según esta manera de discurrir, diríase que el mundo ha sido hecho, deshecho y rehecho por las ideas, como ciertos sistemas aprioristas. Las ideas vendrían a poseer una virtud recóndita, un «soplo» venido no se sabe de dónde, ni cómo ni porqué, pero al cual no resiste nada. Arrojad una idea en medio de una sociedad, y veréis que la sociedad se mueve; arrojad dos, y el movimiento será más veloz; arrojad un grupo, y corréis peligro de hacer una revolución.

Jamás combatirán bastante los estudiosos este prejuicio todavía general. Hegel no quiere morir. Las ideas (usted mismo lo ha dicho) no son más que representaciones mentales de los hechos sociales, son más bien los mismos hechos sociales descompuestos, primero en sus elementos, y resumidos y sublimados después en una forma breve, simple y general, de valor puramente lógico. Las ideas brotan del substrato de nuestras relaciones materiales; no surgen si no existen ciertas condiciones, y allí donde faltan estas, no brotan por hermosas que se las quiera imaginar, por grande que sea la pericia y la inteligencia del sembrador.

¿Se quiere un ejemplo de ello? La idea de nacionalidad, también yo lo digo, es una idea útil, hermosa y luminosa, y lo saben los que han tenido la habilidad o la fortuna de solidificarla de varias maneras, provechosas todas ellas. Pues bien, hace tres siglos y medio, un italiano ilustre, Machiavelli, que tenía un cerebro sólido y el corazón en su sitio, lo predicó a sus conciudadanos en un libro que leían hasta los turcos; pero perdió el tiempo y él se tuvo la culpa. Los italianos de aquel tiempo no lo comprendieron ni podían comprenderlo: al principio lo miraron con cierta curiosidad, luego lo dejaron de lado porque no sabían qué hacer con ello.

Yo, que gusto de las comparaciones, parangono las ideas a las flores. Cuando la flor está separada de su tallo, es como la idea arrancada a todo el proceso histórico de los hechos que la han determinado. Podréis creer de aquella flor todo lo que queráis, podréis creer que ha caído del cielo, que es obra de hadas que le han prestado los colores y el perfume; y, sin embargo, aquella flor es hija de una humilde planta que vivía en cierto terreno, quizá en medio del estiércol de que sacaba con raíces invisibles los jugos nutritivos que después de larga elaboración han formado los pétalos de la corola olorosa. Sin tales condiciones, la flor no habría nacido, como sin el concurso de condiciones análogas no asoman las ideas, sumidades florales de nuestras obscuras y complejas relaciones sociales.

Yo no sé si este razonamiento es invisible e impalpable; a mí me parece claro y verdadero. Para muchos, sin embargo, las ideas son todavía reactivos químicos completamente preparados, con los cuales se pretende probar y volver a probar todo lo que ha sucedido, y prever hasta lo futuro en plazo lejano. Y como cada cual ha dado una solución más o menos concentrada o tiene un método particular de investigación y criterios suyos propios de interpretación, no es de maravillar que los resultados sean varios y multiformes los juicios.

Esta suerte, que en el comercio al por menor de la ciencia es común a todas las ideas, llega a ser una especie de privativa respecto de la idea del derecho. Pero aquí la operación cambia de naturaleza y se hace por lo general así: primero se reduce el derecho a denominador común de todos los fenómenos sociales; importa poco que reine el más completo desacuerdo acerca del valor de este término. Después se toma un hecho determinado, se aplica a él la misma medida y se cuenta: si la medida cabe muchas veces, el hecho es justo; si cabe menos, el hecho es injusto.

Con este sistema se ha disparado bala rasa contra la esclavitud, sin parar mientes en las condiciones que la hicieron necesaria. Con este sistema, al anuncio de cada nuevo *lynchamiento* que llega de América, elevamos la voz en nombre del derecho y de la humanidad, mientras los buenos *yankees,* en nombre de un derecho igualmente razonable, se reirán alegremente de las consideraciones que en la vieja Europa se tienen a los malhechores vulgares. ¿Qué Edipo descifrará este enigma?

Este modo de considerar los hechos de la historia, de querer justificarlos o recriminarlos a toda costa, es un residuo de la vieja metafísica. Puede pasar en el lenguaje usual, pero en la ciencia resulta la cosa más bufa que pueda verse. Los hechos históricos son necesarios, son lo que son y no otra cosa, y como tales hemos de aceptarlos. Únicamente podemos explicarlos, lo que vale tanto como decir buscar sus causas y orígenes y seguir su desenvolvimiento; pero si nos da por querer justificarlos, podremos hacer una colección de hechos escogidos *ad usum Delphini*, pero la historia de veras no la haremos.

El sistema de la justificación y del peso exacto supone un término de comparación conocido y bien determinado, y puede emplearse con ventaja en las cosas pequeñas de la vida. Decimos que una sentencia es injusta si es contraria a la ley, como es injusto el sistema tributario italiano, porque es en un todo el reverso de lo que prescribe la Constitución; pero desde un punto de vista objetivo, no podemos llamar injusto que la burguesía reine, gobierne y legisle desde el momento en que es la más fuerte, como no será injusto que otra clase más poderosa y mejor organizada la expulse de su nido. *Ex facto oritur ius.*

Pero aquí, caro Turati, los contradictores de usted podrían decirme: «¿Entonces, ningún juicio podemos emitir sobre los hechos de la historia? ¿Satisfechos con haber trazado sus causas, habremos de pronunciar en cuanto a lo demás el repugnante *nec plus ultra?*»

Nada de esto, egregios señores. Podemos emitir también juicios; podemos decir, por ejemplo, que una forma de derecho es más elevada y perfecta que otra, y viceversa. Pero entendámonos bien: este juicio tiene un valor puramente subjetivo y relativo, que las más de las veces depende de la apreciación individual; pero no puede entrar en la relación entre las dos formas, como tercero en discordia, un derecho absoluto que nadie ha dicho ni dirá jamás en qué consiste. Y cuando se dice que «el derecho es juez, no rufián de los hechos sociales», quizá se hace una hermosa frase, pero seguramente se anuncia una proposición equivocada. El derecho no es ni juez ni rufián: el derecho es una resultante, o, como dice usted, «una expresión».

Sucede, sin embargo, una cosa singular. Tenemos la idea de un derecho superior, por decirlo así, al derecho histórico y al mismo derecho contemporáneo; decimos que una ley es injusta, que una forma de explotación es inicua (todas lo son, a decir verdad), que la acción del poder político organizado es contraria al derecho. Todo esto parece contradecir lo dicho, y no es así. ¿Qué sucede pues? ¿Cómo se explica esto y qué quiere significar?

Esta indagación es bastante interesante, pero por desgracia es larga también. Sin embargo, toda vez que tengo la pluma en la mano, me aprovecho de ello para decir algunas palabras.

Voy a suponer una sociedad cuyos miembros se encuentren y vivan en estado de perfecta igualdad. En esta sociedad, el derecho, si es que en ella existe, es lo que es y a nadie se le ocurre creerlo otra cosa. La igualdad de que gozan todos los individuos los pone a cubierto de toda tentación, y el que quisiese hacer una construcción metafísica del concepto del derecho, trabajaría en vano.

Pero esta edad de oro, si los poetas y los hombres primitivos han podido festejarla, jamás ha existido en la realidad. En cambio, han existido sociedades en las cuales una clase ha esclavizado completamente a la otra, quitándole aras, armas y bienes y muchas veces hasta la memoria. En estas sociedades, el derecho es, mejor y con más claridad que en otras, la expresión de la fuerza que domina y se propone la conservación del privilegio económico y político. El derecho es el mando mismo, la ley misma: *ius a iubendo*, y una cosa es *justa* o *injusta* según que es conforme o no al derecho. La posibilidad de un derecho superior a la ley, la posibilidad de una justicia que se mida con otro rasero, no se concibe ni puede concebirse.

Pero cuando en la clase esclavizada se despierta la conciencia de su ser, inmediatamente apunta la lucha de clase, y en ella se desenvuelve y afirma una fuerza nueva que trae en su seno los gérmenes de un derecho nuevo. Este proceso histórico es importante siempre, dramático con bastante frecuencia. Los dominados dicen a los dominadores: «Vosotros nos oprimís y nos expoliáis, nos lo habéis quitado todo y ni siquiera nos habéis dejado lo necesario para alimentarnos. Nosotros trabajamos, nosotros creamos la riqueza, nosotros concurrimos a la defensa del territorio y soportamos mucha parte de las cargas del Estado, si no todas. Sin embargo, nuestros intereses son desconocidos, no se nos da participación alguna en el gobierno de la cosa pública, de la cual nos alejan inexorablemente vuestras leyes y vuestros jueces. Estas leyes son injustas, estos jueces son inicuos, vuestro derecho es inadecuado para comprender la nueva fuerza que representamos. Es preciso cambiar, reformar, abolir.»

Así se manifiesta la lucha. El derecho constituido y el que quiere constituirse, están uno contra otro, pero uno y otro son formas diversas de intereses y de fuerzas diversas. En el fondo, lo que lucha son los intereses: el derecho es una bandera que no se confunde con los combatientes.

Históricamente, esta disidencia acaba con la victoria de una clase sobre otra; pero todavía no ha terminado, que ya empieza otra y se manifiesta con el mismo proceso.

Teóricamente, no puede arreglarse más que en un terreno neutro, en el cual las dos formas opuestas de derecho se concilian pero sin hacerse concesiones recíprocas, sin perder nada de su vigor. Entonces surgen los conceptos negativos o relativos del *neminem laedere,* del *suum cuique tribuere,* de la *equilas,* de la *recta vatio,* de la *proportio,* conceptos puramente formales en que nada se indica acerca del contenido real y verdadero del derecho, y que pueden servir indiferentemente a Dios y al diablo. Nada nos enseñan ni pueden enseñarnos, como el sombrero en la tienda del sombrerero no nos dice si lo llevará un cretino o un hombre de genio. Nosotros decimos que un ordenamiento, que una ley son injustos cuando nos perjudican a nosotros mismos, no cuando perjudican a la equidad, lo cual significa que tomamos por término de comparación el derecho tal como lo pensamos, tal como lo sentimos nosotros, tal como corresponde a nuestros intereses de individuo o de clase.

Todas las formas jurídicas no son pues más que otras tantas manifestaciones de la lucha de clases. La historia no es, como dice Bovio, el pensamiento que se desenvuelve, sino que es la historia de la lucha de clases, la cual tiene una base esencialmente materialista y se origina de dos necesidades indepreciables, la de comer y la de amar. Y si para sostener esta lucha, hacen falla armas y una insignia, el derecho, esto no quiere decir que el derecho sea una cosa absoluta que puede alquilarse cuando convenga; quiere decir, por lo contrario, que es la flor de que antes he hablado, que puede llamar a su alrededor los más numerosos y fieles combatientes.

Después de esto, si el socialismo combate la presente organización económica, me parece que usa de su derecho, ni más ni menos. Es una fuerza que se contrapone a otra, y si esto no place a los defensores del derecho natural, no sabemos qué hacerle. La cosa será una bribonada, pero ,es así y no puede ser de otro modo.

Y aquí termino, caro Turati. Si continuase, seria usted capaz de decirme que no tengo el *derecho* de jorobar a la gente, y no le faltaría a usted razón.

LUCIO.

# VI

## Nota final

Llegado a este punto, habría tenido que seguir combatiendo, más bien que por mí mismo, por la coherencia de las ideas, enviada tan en hora mala por mis adversarios; pero esta cuestión ya no era de mi incumbencia, y les he abandonado sin más al juicio de su público favorito, contento con haberles sorprendido en mi última respuesta y puestos en flagrante contradicción con ellos mismos.

Me conviene, sin embargo, insistir aquí algo más, a modo de conclusión final, en la extraña situación en que se ha colocado el socialismo que se llama científico, pero es puramente empírico y anárquico, y esto, no tanto por pavonearme de una fácil victoria, cuanto para hacer ver la fragilidad de las fuerzas de un enemigo de la libertad y del orden, que tan poderoso y temible parece a los ojos superficiales.

Ante un libro como el *Derecho del más fuerte,* que descarna las bases del socialismo en lo que tiene de absurdo y de insultante respecto de la majestad de las leyes naturales, los socialistas empiezan por fingir que no comprenden su verdadera y honrada significación, y me vilipendian llamándome cariátide de la burguesía, himnificador de todos los éxitos, justificador de cualquier tiranía social.

De este modo, hacían suponer que tenían (como habrían debido tener) un sentido exquisito del derecho, al que podía haber ofendido mi lenguaje, sino antijurídico, bastante severo. En tal caso, hubieran sido bastante de respetar. ¿Qué sucede al contrario? Cuando respondo que no me inclino ante cualquier éxito, sino solo ante los que son legítimos; cuando respondo que, respetando los privilegios naturales, combato los legales; cuando llego hasta decir que los éxitos ilegítimos, o sea los obtenidos a despecho de las exigencias del derecho, han de derribarse con todas las armas, incluso las revoluciones, y que el ideal que cultivo y defiendo es el de una verdadera, efectiva e igualadora justicia social, ellos, los señores socialistas, que de este modo se ven completamente derrotados, salen del paso diciendo que no creen en la ley, que ha sido siempre instrumento de dominio en manos de los más poderosos; que no creen tampoco en el derecho, palabra absolutamente vacía de sentido o, cuando más, expresión de un hecho consumado, sea justo o injusto; y que su único fin es *llegar.*

La carga a fondo contra el derecho natural, dada por Lucio en apoyo de las teorías de Turati, es la prueba más elocuente de la media vuelta de estos pretendidos reformadores. ¿Acaso no llegó Lucio a sostener en 1893 que la esclavitud fue históricamente justa, mientras que Turati, en 1891 y en la misma *Critica Súdale,* había parafraseado un pasaje de Aristóteles con palabras mías para convencer al mundo de que yo sostenía, siguiendo las huellas del filósofo griego, una nueva especie de esclavitud? ¿No pone el mismo Lucio en solfa a los que protestan contra los *linchamientos* americanos, linchamientos que él trata de justificar? ¡Así, estos socialistas caen en los mismos errores, más que errores, que a mi tan sin razón me echaban en cara!

Loria fue, no yo, el primero en notar esta enorme contradicción y en sorprenderse de ella. En efecto, Loria escribió a Turati (*Critica Sociale* de 1.º de diciembre de 1892): «Por lo menos, así lo veo yo, y así lo veías tú mismo en una bellísima crítica del *Derecho del más fuerte* de Cimbali, publicada en 1891.»

Loria olvida aquí ingenuamente que Turati no podía insistir en las primeras ideas vertidas contra mí, porque yo había demostrado ya que su batalla había sido, no una batalla contra mi libro, sino contra unos molinos de viento, o sea contra lo que yo no había dicho ni podía decir.

Ahora, convencidos Turati y los socialistas parecidos a él de que el contenido de mi libro era intangible en lo que se refiere al derecho, y de que mantenido firme el respeto del derecho, este les desconcierta, ¿qué caminos les quedaban por seguir? Los dos siguientes: o darme la razón por completo y destruirse cerrando su oficina, o negar el derecho. No me han dado la razón para no destruirse y para no tener que cerrar la oficina, y han preferido negar el derecho, sin pensar que esto habría sido para ellos un descrédito mayor, una destrucción peor.

No seguiré a Lucio en la disertación que hace para derribar la noción de derecho natural; a esto responden el sentido común y la tradición perenne de la humanidad. Haré notar solamente que en cierto punto, sacudido

Lucio por la voz de la razón, no puede menos de reconocer la necesidad de que exista una regla para juzgar los hechos sociales (el Derecho). Pero este intervalo lúcido dura bien poco: inmediatamente después lo destruye todo, diciendo que esta regla es subjetiva y no puede tener jamás un valor absoluto, añadiendo que, al final de la jornada, el derecho no es otra cosa que la expresión de la victoria de los grupos sociales predominantes.

De esto deduce la necesidad eterna de la lucha de clases[135].

Así resulta evidente que el ideal de los socialistas no es la justicia, sino el predominio. Ellos, que no ven justicia de ningún género en lo que llaman reinado de la burguesía, dan a comprender que tampoco la harían si para ellos llegaba la hora del predominio. Al predominar, serían prepotentes, como creen que lo es ahora la burguesía.

Pues bien: todo esto significa, por una parte, negar la ciencia y la historia; por otra, abrigar propósitos criminales.

Se niega la ciencia, porque su objetivo ha sido buscar normas de la vida social tan objetivas y tan correspondientes a las necesidades de la naturaleza, que aseguren el bienestar de todos, grandes y pequeños, fuertes y débiles.

Se niega la historia, porque si la burguesía ha cometido algún exceso en las aplicaciones, ha luchado, sin embargo, para extender a todos los hombres, sin distinción de clases, los beneficios de la reivindicación de los derechos naturales inherentes a la persona humana.

Después, se alimentan propósitos criminales, porque incitar a las clases sociales a subyugarse alternativamente, es como incitar al ladrón al hurto y al asesino al homicidio.

Después de esto, no quiero repetir la acusación de facineroso dirigida al socialismo anárquico, y que está plenamente justificada por el hecho de que no solo está fuera de la ley, sino, lo que importa más, fuera del derecho. Solo diré que me da miedo el porvenir de la humanidad, cuyo corazón amenazan tan violentamente los nuevos bárbaros llamados socialistas, que,

---

135 Para la responsabilidad que de estos propósitos subversivos corresponde a la falsa dirección positiva de la filosofía moral y jurídica contemporánea, véase mi ensayo *Herbert Spencer restauratore del diritto naturale*, Roma, Tipografia dell'Unione Cooperativa Editrice, 1893. (Extracto de la *Nuova Rassegna)* y todo lo que he escrito en los dos años 1891-92 en mi Revista *Lo Spedalieri.*

instrumentos inconscientes de las tinieblas, declaran abierta y únicamente que combaten, no por santos ideales de justicia provechosos para todos los hombres, sino por el bienestar egoísta de la clase que creen representar.

GIUSEPPE CIMBALI.

*El derecho del más fuerte*
de
GIUSEPPE CIMBALI
se imprimió en la República Argentina en
mayo de 2023.

www.ingramcontent.com/pod-product-compliance
Lightning Source LLC
Chambersburg PA
CBHW061357240926
51846CB00007B/1438
* 9 7 8 9 5 6 4 0 7 3 2 4 8 *